Marion Schröder

Präsentationen entwickeln & gestalten mit PowerPoint 2016

Lern- und Übungsbuch
für Lehrende und Lernende an Berufsschulen, Berufsfachschulen, Oberschulen, Gymnasien, Universitäten und Fachhochschulen, Einrichtungen der Erwachsenenbildung und alle, die überzeugende Präsentationen entwickeln wollen

- Leicht verständlich geschrieben
- Zahlreiche Abbildungen und Folienbeispiele
- Aufgabenbasiertes Lernen
- Berufsbezogene Inhalte
- Kleine, überschaubare Übungen
- Testfragen und Checklisten für die Lernzielkontrolle

Merkur
Verlag Rinteln

Wirtschaftswissenschaftliche Bücherei für Schule und Praxis
Begründet von Handelsschul-Direktor Dipl.-Hdl. Friedrich Hutkap †

Autorin: Marion Schröder, Diplom-Pädagogin,
Dipl. Betriebswirtin (Wirtschafts- und Verwaltungsakademie),
Dozentin in der beruflichen Weiterbildung

Umschlag: Merkur Verlag Rinteln
Fotos: Marion Schröder

1. Auflage 2017

E-Mail: info@merkur-verlag.de
Internet: www.merkur-verlag.de

Gesamtherstellung:
MERKUR VERLAG RINTELN Hutkap GmbH & Co. KG, 31735 Rinteln

ISBN 978-3-8120-0815-0

Herzlich willkommen zum PowerPoint-Training!

Dieses Buch vermittelt Ihnen grundlegendes und auch fortgeschrittenes Wissen zu PowerPoint 2016.

Sie können das Buch für Ihr persönliches Lerntraining verwenden, zur Vorbereitung von Unterrichtsinhalten nutzen, als Nachschlagewerk gebrauchen und im Unterricht als Übungsbuch einsetzen.

Die Lernenden finden hier zahlreiche Übungen zu allen wichtigen Themenbereichen, Folienbeispiele mit wirtschaftsbezogenen Inhalten, Tipps für die Foliengestaltung und Vorführung von Offline- und Online-Präsentationen.

Schon nach kurzer Zeit können Sie Inhalte anschaulich aufbereiten, professionelle Bildschirmshows entwickeln, Notizenseiten und Handzettel erstellen. Man benötigt keine PowerPoint-Vorkenntnisse, um mit dem Buch arbeiten zu können. Wer bereits über Vorkenntnisse verfügt, kann die Übungen nach Bedarf auswählen; Neueinsteiger erproben die Folienentwicklung eher in der vorgegebenen Reihenfolge. Schritt für Schritt und aufgabenbasiert eignen sich die Lernenden die Handhabung der Werkzeuge an.

Die Gestaltung der Folien macht eine Menge Spaß und führt im Unterricht zu einem anregenden Ideen- und Gedankenaustausch. Am Ende des Buches wird gezeigt, wie man PowerPoint-Präsentationen in Internet-Clouds speichern, gemeinsam nutzen und im Tablet-Unterricht sowie auf dem eigenen Smartphone vorführen und bearbeiten kann.

BUCHINHALTE

1. Folientexte übersichtlich gestalten, WordArt- und SmartArt-Texte
2. Inhalte veranschaulichen mit Grafiken, Fotos, Internetverknüpfungen, Videos und Animationen
3. Präsentation vertonen mit Sprache und Musik
4. Tabellen und Diagramme entwickeln
5. Präsentationsvorlagen erstellen
6. Handzettel, Notizenseiten, PowerPoint in anderen Office-Programmen
7. Präsentationen vorführen: Laserpointer, interaktive Schaltflächen, 2 Bildschirme
8. Präsentationen weitergeben, online präsentieren und zusammenarbeiten
9. PowerPoint auf elektronischen Whiteboards und im Tablet-Unterricht

Inhalt

1 POWERPOINT 2016: Grundfunktionen

In diesem Kapitel machen Sie sich mit der Bildschirmoberfläche und den Grundfunktionen von POWERPOINT 2016 vertraut. Sie geben Texte auf neu eingefügte Folien ein, ändern die Foliengröße und arbeiten mit unterschiedlichen Bildschirmansichten und Zoom-Stufen. Sie starten und beenden das Programm und blenden Bildschirmelemente ein und aus. Schließlich werden Sie die Datei speichern und die Druckvarianten (für Folien, Handzettel, Notizenseiten und die Gliederung) erproben.

Lernziele in diesem Kapitel

a) POWERPOINT 2016 starten und beenden

b) Präsentationsdatei öffnen und schließen

c) Den Bildschirmaufbau kennen

d) Die Foliengröße ändern: STANDARD (4:3), BREITBILD (16:9)

e) Text eingeben, korrigieren und löschen

f) Neue Folien einfügen und dazu ein geeignetes Folienlayout wählen

g) Die Zoom-Stufe ändern

h) Mit unterschiedlichen POWERPOINT-Ansichten arbeiten

i) Die Präsentation speichern

j) Folien, Notizenseiten und Handzettel drucken, im Gliederungsformat drucken

1.1 POWERPOINT 2016 starten

Das Präsentationsprogramm POWERPOINT 2016 ist ein Teil des OFFICE-Paketes (wie WORD, EXCEL und ONENOTE) und läuft unter den Betriebssystemen WINDOWS 7, WINDOWS 8, WINDOWS 8.1 und WINDOWS 10.

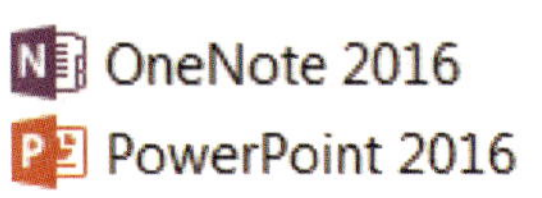

Unter WINDOWS 7 starten Sie POWERPOINT 2016 folgendermaßen: Klicken (bei einem Touch-Bildschirm tippen) Sie auf die WINDOWS-Schaltfläche unten am Bildschirmrand und im Menü auf ALLE PROGRAMME, dann in der Liste auf POWERPOINT 2016.

Alternative Vorgehensweise: Klicken (oder tippen) Sie auf die POWERPOINT-Schaltfläche auf Ihrem Desktop; das Programm wird sofort gestartet. - Sollte die Schaltfläche auf dem Desktop nicht vorhanden sein, aktivieren Sie diese: Klicken oder tippen Sie auf die WINDOWS-Schaltfläche, dann auf ALLE PROGRAMME und führen Sie den Mauszeiger auf POWERPOINT 2016. Drücken Sie die rechte Maustaste und wählen Sie im Kontextmenü SENDEN AN, dann DESKTOP (VERKNÜPFUNG ERSTELLEN).

Start unter WINDOWS 8, WINDOWS 8.1 und WINDOWS 10: Klicken Sie mit der Maus oder tippen Sie einfach auf die POWERPOINT-Kachel, um das Programm zu starten.

2 Schröder ISBN 978-3-8120-0815-0

Tipps

Sollte die Kachel auf der START-Seite nicht zu sehen sein, blättern Sie weiter, bis die Programmliste von OFFICE 2016 unter den APPS erscheint: Zeigen Sie hier auf POWERPOINT 2016 und drücken Sie die rechte Maustaste. Klicken (oder tippen) Sie unten am Bildschirmrand auf das Symbol AN „START" ANHEFTEN. Verschieben Sie die Kachel auf der START-Seite an eine Stelle Ihrer Wahl.

Wenn das POWERPOINT-Symbol auf Ihrem Bildschirm auch unten in der Taskleiste erscheinen soll, markieren Sie bitte die POWERPOINT-Kachel und klicken (oder tippen) Sie am Bildschirmrand auf die Schaltfläche AN TASKLEISTE ANHEFTEN. Verschieben Sie die Schaltfläche in der Taskleiste an eine Stelle Ihrer Wahl.

POWERPOINT erkennen Sie an folgendem Programmsymbol →

1.2 Der Arbeitsbildschirm von POWERPOINT 2016

Übung

Beim Start von POWERPOINT 2016 entscheiden Sie, ob Sie mit einer leeren Präsentation beginnen (die keine Inhalte oder Grafiken enthält) oder ob Sie eine Vorlage nutzen wollen (mit farbigem Hintergrund und Grafik-Elementen, ohne Text). Links am Bildschirmrand werden die Namen der zuletzt bearbeiteten Präsentationen angezeigt: Zum Öffnen klicken oder tippen Sie auf den gewünschten Namen.

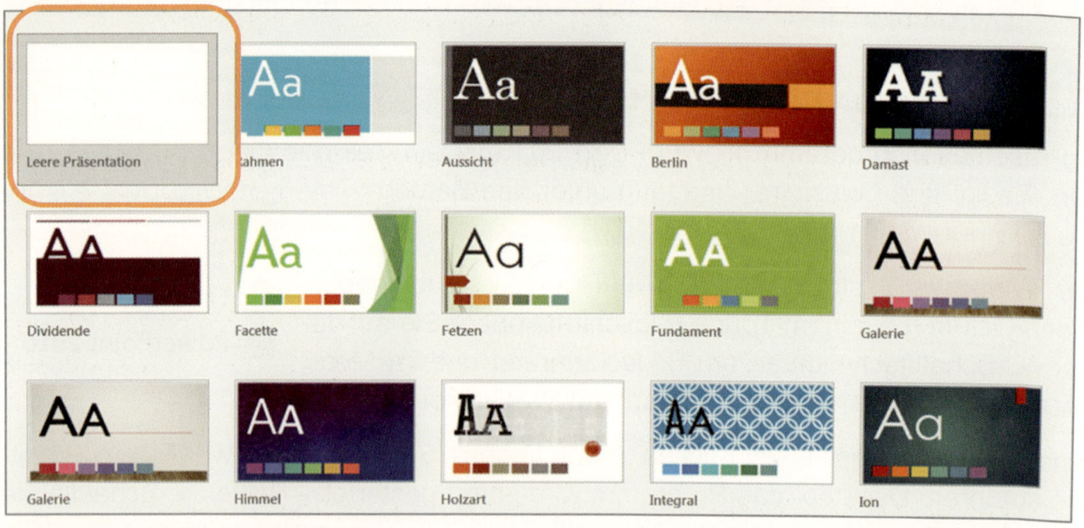

Wählen Sie hier die Leere Präsentation (anklicken oder antippen); anschließend wird der Arbeitsbildschirm von POWERPOINT 2016 eingeblendet.

a) Sie sehen links oben am Bildschirmrand die SYMBOLLEISTE FÜR DEN SCHNELLZUGRIFF. Klicken oder tippen Sie auf deren Listenpfeil:

↖ Im geöffneten Menü können Sie Schaltflächen für Funktionen aktivieren, die Sie häufig brauchen, zum Beispiel SPEICHERN oder RÜCKGÄNGIG. Mit der Funktion UNTER DEM MENÜBAND ANZEIGEN und ÜBER DEM MENÜBAND ANZEIGEN legen Sie fest, wo die Leiste erscheinen soll.

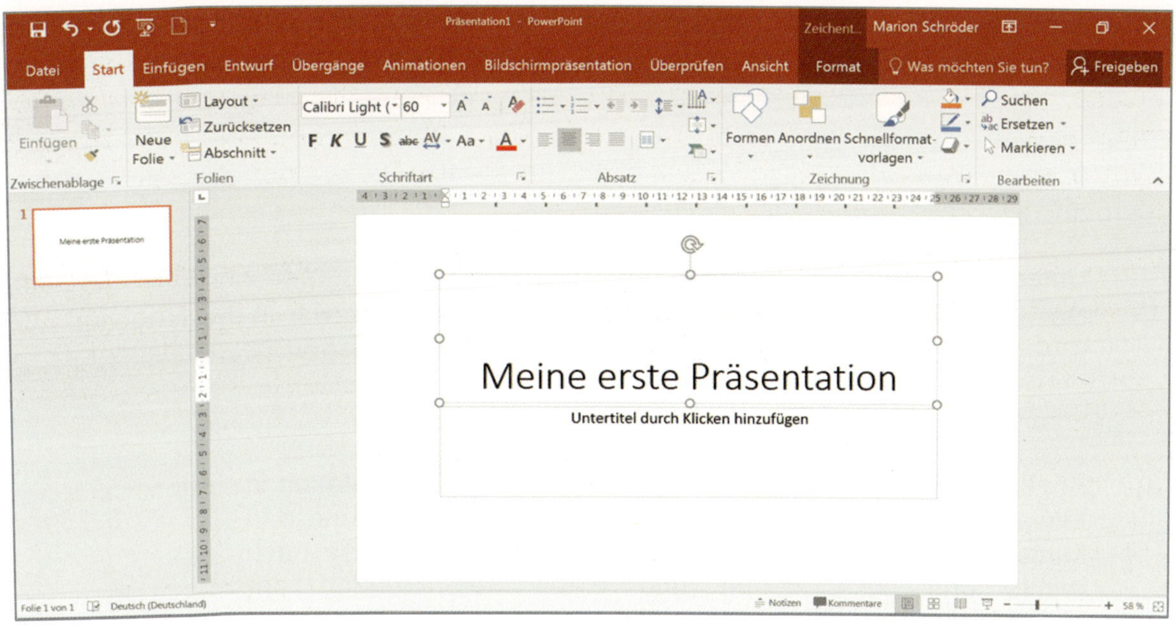

b) Rechts oben in der Titelleiste werden folgende Schaltflächen angezeigt:

 MINIMIEREN: Diese Schaltfläche verwandelt das POWERPOINT-Fenster in ein Symbol, das unten am Bildschirmrand abgelegt wird: Klicken (oder tippen) Sie hier das Symbol an, öffnet sich das POWERPOINT-Fenster wieder.

 Mithilfe der Schaltfläche VERKLEINERN ändern Sie die Größe des POWERPOINT-Fensters. An gleicher Stelle erscheint dann die Schaltfläche MAXIMIEREN: Damit können Sie das Fenster wieder in der vollen Größe darstellen.

 SCHLIESSEN: Das Schließkreuz beendet POWERPOINT.

Um die POWERPOINT-HILFE aufzurufen, wählen Sie wie immer die Taste F1. Geben Sie dann einen Suchbegriff ein: POWERPOINT liefert eine passende Beschreibung.

POWERPOINT-Hilfe: F1

 Über die Schaltfläche MENÜBAND-ANZEIGEOPTIONEN kann man das MENÜBAND AUTOMATISCH AUSBLENDEN oder nur dessen REGISTERKARTEN ANZEIGEN oder die REGISTERKARTEN UND BEFEHLE ANZEIGEN. Die Anzeige des Menübands ändern Sie auch schnell über die Tasten Strg + F1.

Menüband: Strg + F1

c) In der Mitte der Titelleiste steht der Name der Datei und des Programms:

Präsentation1 - PowerPoint

d) Unter der Titelleiste sehen Sie das Menüband mit den Registerkarten START, EINFÜGEN, ENTWURF usw. In den Registerkarten finden Sie die Werkzeuge, die Sie für die Präsentationsentwicklung benötigen.

Jede Registerkarte ist in Gruppen aufgeteilt. Die Registerkarte START zeigt zum Beispiel die Gruppen ZWISCHENABLAGE, FOLIEN, SCHRIFTART usw.

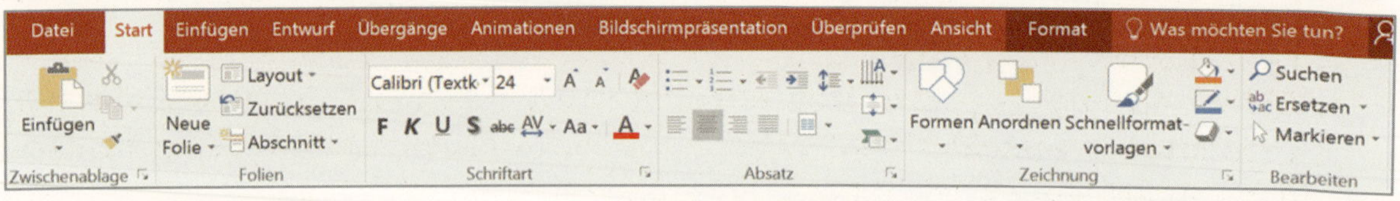

Unter dem Menüband sollte bei der Texterstellung das Lineal eingeblendet sein. Das Lineal können Sie aktivieren und deaktivieren, und zwar in der Registerkarte ANSICHT, Kontrollkästchen LINEAL.

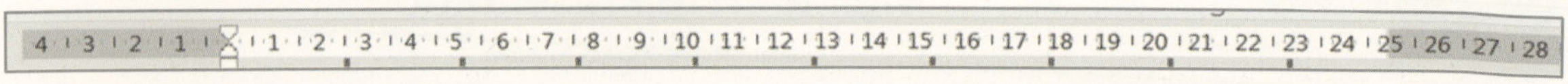

e) Am linken Bildschirmrand werden die Folien der Präsentation in Miniaturform gezeigt. Zwischen dem vertikalen Lineal und den Miniaturfolien gibt es eine Rahmenlinie. Man kann diese nach rechts und links ziehen und damit den Bereich der Miniaturfolien vergrößern und verkleinern.

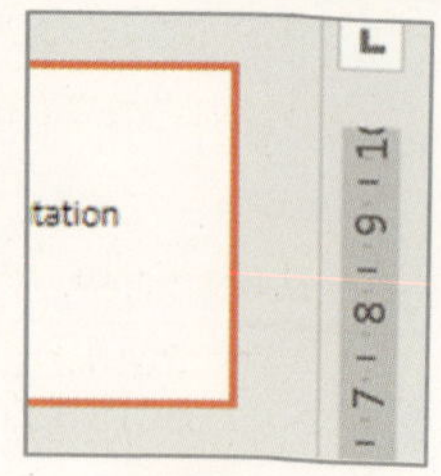

f) **Die Foliengröße in POWERPOINT ändern**

In der Mitte des Bildschirms sehen Sie die Folie. Man kann diese in der häufig verwendeten Größe (4:3) oder im **Breitbildformat (16:9)** anzeigen. Legen Sie (möglichst am Anfang einer Präsentation) eine Größe für die Folien fest: Tippen oder klicken Sie dazu im Menüband, Register ENTWURF, auf den Listenpfeil der Schaltfläche FOLIENGRÖẞE .

g) **Die Statusleiste in PowerPoint 2016**

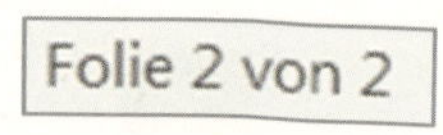

Links unten am Bildschirmrand sehen Sie in der Statusleiste, welche Folie gerade eingeblendet ist und die Anzahl der Folien dieser Präsentation. Rechts daneben erscheinen die Symbole für die Rechtschreibhilfe und die Spracheinstellung. Die Schaltfläche für die Rechtschreibhilfe ist sichtbar, sobald Text auf einer Folie eingegeben wurde.

 bedeutet KEINE RECHTSCHREIBFEHLER GEFUNDEN.

 weist auf Fehler bei der Rechtschreibung hin.

In der Statusleiste finden Sie auch die **Schaltfläche NOTIZEN**. Klicken (oder tippen) Sie auf diese Schaltfläche: darauf wird ein Eingabebereich für Textnotizen unter der Folie geöffnet. Hier kann man während der Folienentwicklung Notizen eingeben oder während der Vorführung der Präsentation Beiträge aus dem Publikum sammeln (Siehe auch Kapitel 9). Die Texte erscheinen zugleich auf der Notizenseite (Register ANSICHT, Schaltfläche NOTIZENSEITE. Zurück im Register ANSICHT, Schaltfläche NORMAL).

Erneutes Klicken (oder Tippen) auf diese Schaltfläche schließt den Eingabebereich für Notizen wieder.

Merke: **Der Notizenbereich in der Folien-Normalansicht dient der zügigen Texterfassung, nicht der Textformatierung**. Wählen Sie die Registerkarte ANSICHT und die Schaltfläche NOTIZENSEITE. Nun sehen Sie die vollständige Notizenseite, deren Texte Sie hier formatieren und ergänzen können, auch durch Bilder und Tabellen. **Eine Notizenseite wird automatisch für jede Folie der Präsentation erstellt**. Oben auf der Seite erscheint das zugehörende Folienbild, darunter ein großes Feld für die Texteingabe.

Notizenseite

Kehren Sie in die **Normalansicht** zurück: Registerkarte Registerkarte ANSICHT, Schaltfläche NORMAL.

Was gibt es noch in der Statusleiste? **Die Schaltfläche KOMMENTARE** ist zum Beispiel hilfreich, wenn mehrere Personen an einer Präsentation arbeiten und Kommentare zu den Folien hinzusetzen wollen.

Häufiger nutzt man die **Zoom-Funktion**. Rechts unten in der Statusleiste erscheint der Zoom-Regler, mit dem Sie die Folie für die Bearbeitung größer oder kleiner einblenden können. Ziehen Sie den Zoom-Regler nach rechts oder links (oder klicken Sie auf seine Laufspur). Alternativ dazu kann man auch das Plus- oder Minuszeichen anklicken (oder antippen). Besonders hilfreich ist das Symbol ganz rechts in der Leiste: FOLIE AN DAS AKTUELLE FENSTER ANPASSEN (optimale Bearbeitungsgröße).

Zoom

Schließlich gibt es neben dem Zoom-Regler noch die vier **Schaltflächen für die Präsentationsansichten**:

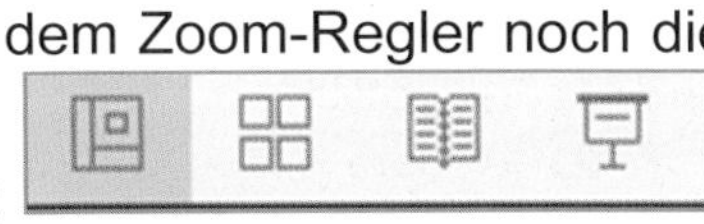

Folienansichten

- NORMAL: Normale Ansicht für die Folienentwicklung.
- FOLIENSORTIERUNG: Hier gewinnen Sie einen Überblick über alle Folien. Man kann hier auch Folien verschieben und löschen.
- LESEANSICHT: Die Folie wird größer und ohne Menüband gezeigt.
- BILDSCHIRMPRÄSENTATION: Sie sehen das Vollbild für die Folienvorführung. Drücken Sie die Taste ESC, um die Bildschirmpräsentation wieder zu verlassen.

ESC

Tipp: Um zu den Registerkarten und Werkzeugen oben im Menüband zu gelangen, kann man auch die Tastatur verwenden: Drücken Sie die Taste ALT. Darauf werden an den Registerkarten und Schaltflächen Buchstaben angezeigt. Geben Sie diese Buchstaben auf Ihrer Tastatur ein, dann gelangen Sie schnell ans Ziel.

ALT

1.3 Übung: Folientexte erstellen

Starten Sie POWERPOINT 2016 und beginnen Sie mit einer neuen, leeren Präsentation.

Übung

Erstellen Sie vier Folien mit den Folientexten des nachfolgenden Musters:

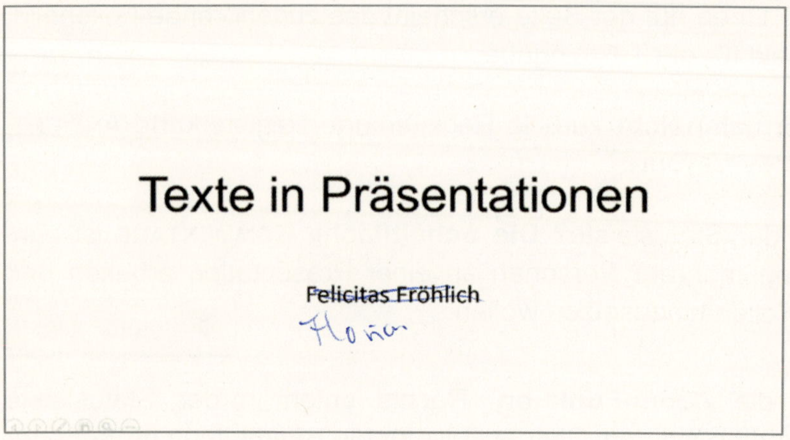

Geben Sie auf der ersten Folie (Titelfolie) in das erste Textfeld den Haupttitel ein.

Schreiben Sie darunter in das zweite Textfeld Ihren Namen.

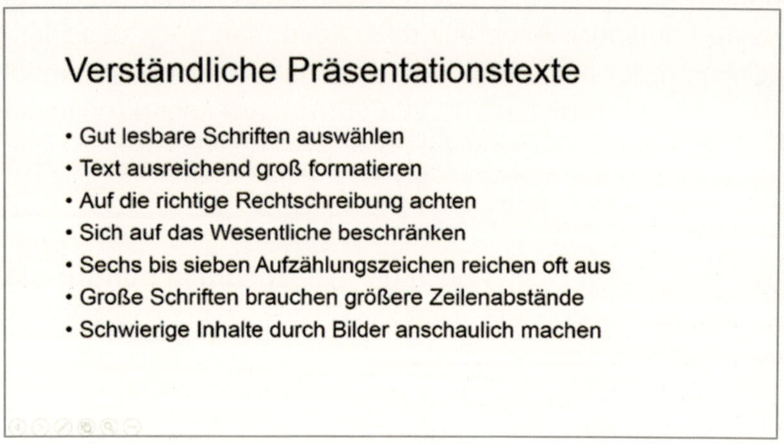

Fügen Sie eine neue Folie ein: Wählen Sie im Register START die Schaltfläche NEUE FOLIE und anschließend das Folienlayout TITEL UND INHALT (Beschreibung auf der nächsten Seite).

Geben Sie den Aufzählungstext ein.

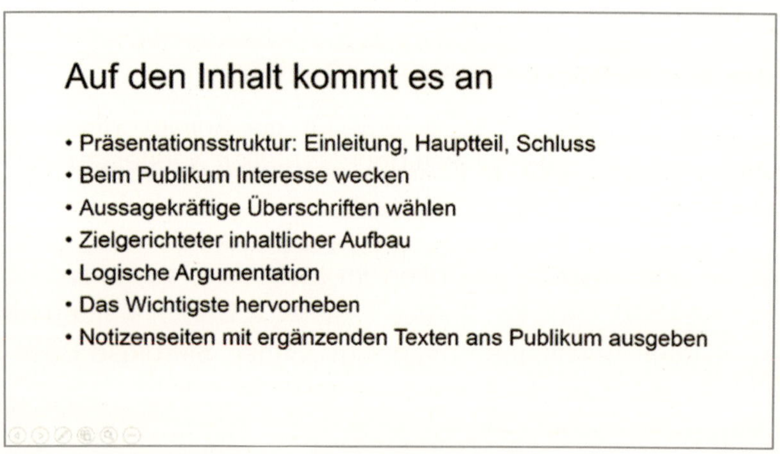

Fügen Sie eine weitere Folie ein: Register START, Schaltfläche NEUE FOLIE.

Geben Sie den Text des Musters ein.

Prüfen Sie am Ende die drei Folien und verbessern Sie entstandene Rechtschreibfehler.

Rücktaste: letzte Schritte rückgängig machen

Sie werden feststellen, dass Sie in den Textfeldern in gleicher Weise Text eingeben, verändern und löschen können (Rücktaste, Löschtaste), wie Sie es aus anderen Programmen gewohnt sind. Außerdem gibt es auch in POWERPOINT 2016 die Schaltfläche RÜCKGÄNGIG. Sie finden diese oben links am Bildschirmrand in der Leiste für den Schnellzugriff. Die Funktion RÜCKGÄNGIG sollte hier auf jeden Fall aktiviert sein.

Folie einfügen und das passende Folienlayout wählen

Um weitere Folien einzufügen, klicken (oder tippen) Sie in der Registerkarte START auf den Listenpfeil der Schaltfläche NEUE FOLIE. Darauf erscheint ein Katalog mit FOLIENLAYOUTS.

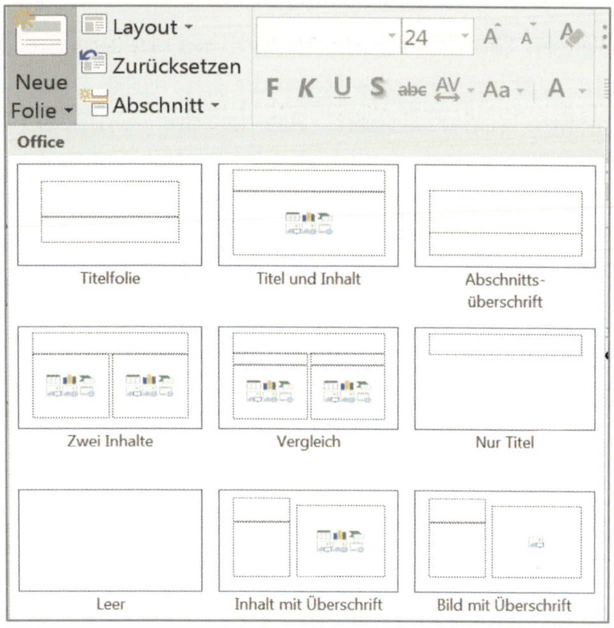

Man sieht, dass die Folien unterschiedlich aufgebaut sind: Viele Folien haben mehrere Textfelder für die Texteingabe. Daneben gibt es das Layout NUR TITEL und das Layout LEER.

Unter jedem Folienlayout steht dessen Name. Klicken (tippen) Sie ein Layout an: dann wird die Folie in die Präsentation eingefügt.

Merke: Ein Folienlayout kann man jederzeit über die Schaltfläche LAYOUT (im Register START) ändern.

1.4 Das Folienformat ändern

Arbeiten Sie lieber im Folienformat 4:3 als im Breitbildformat (16:9)? Dann wählen Sie das gewünschte Format im Register ENTWURF, Schaltfläche FOLIENGRÖẞE (Listenpfeil).

Auf einer vorangehenden Buchseite wurde empfohlen, die Foliengröße möglichst schon am Anfang der Präsentationsentwicklung festzulegen. Wenn Sie aber bereits Inhalte auf den Folien erstellt haben, hilft POWERPOINT, die Objekte an die neue Foliengröße anzupassen. Sollen alle Inhalte vollständig auf der Folie erscheinen, wählen Sie im Dialogfenster PASSEND SKALIEREN.

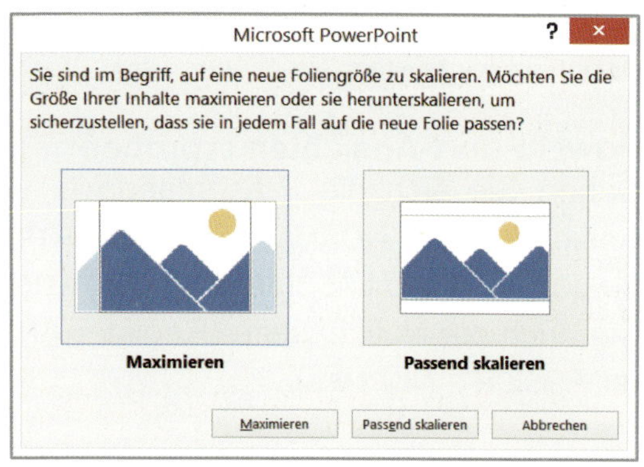

Bitte beachten Sie: Aufzählungszeilen, die zuvor einzeilig waren, können nach dem Wechsel zu einem kleineren Folienformat mehrzeilig sein. Wenn Sie dagegen zu einem größeren Folienformat wechseln wollen, nutzen Sie die Schaltfläche MAXIMIEREN.

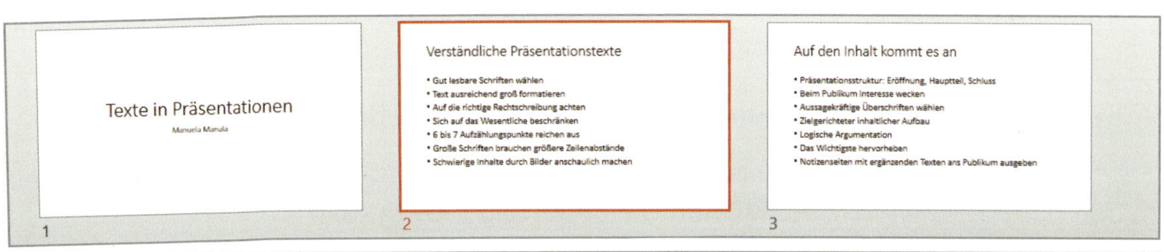

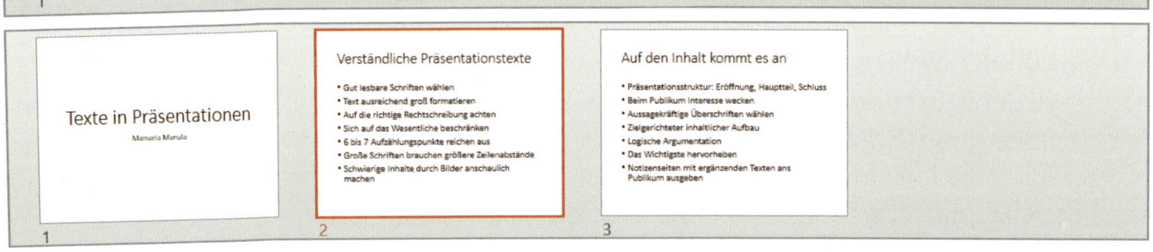

1.5 Übung: Designs zuweisen, Varianten erproben

Übung

Setzen Sie die Übung 1a fort und weisen Sie der Präsentation ein einheitliches Design zu: Wählen Sie das Register ENTWURF und klicken (oder tippen) Sie in der Gruppe DESIGNS auf den unteren Listenpfeil: Darauf wird der Design-Katalog geöffnet.

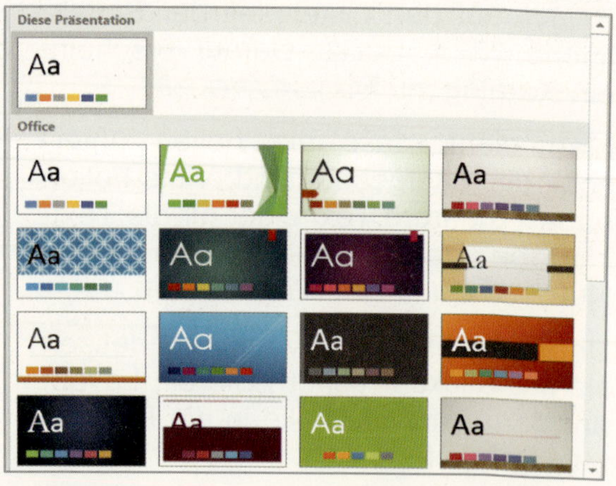

Über die Pfeile am rechten Rand können Sie im Katalog weiterblättern.

Wählen Sie durch Mausklick oder Antippen ein Design aus.

Design-Varianten

POWERPOINT bietet zu den Designs auch Varianten an. Wählen Sie eine Variante aus:

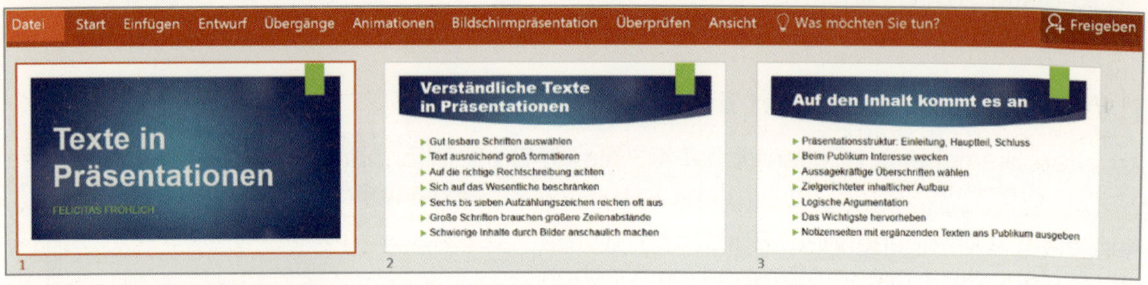

Design dieses Musters: ION-SITZUNGSSAAL, Variante 3

POWERPOINT-Ansichten erproben

Sehen Sie sich die Präsentation in verschiedenen Ansichten an: NORMAL, FOLIENSORTIERUNG, LESE-ANSICHT und BILDSCHIRMPRÄSENTATION. Wechseln Sie auch zur Notizenseite (Register ANSICHT, NOTIZENSEITE) und wieder zurück (Register ANSICHT, NORMAL).

Die Zoom-Stufe ändern

Ändern Sie in der ANSICHT NORMAL die Zoom-Stufe:

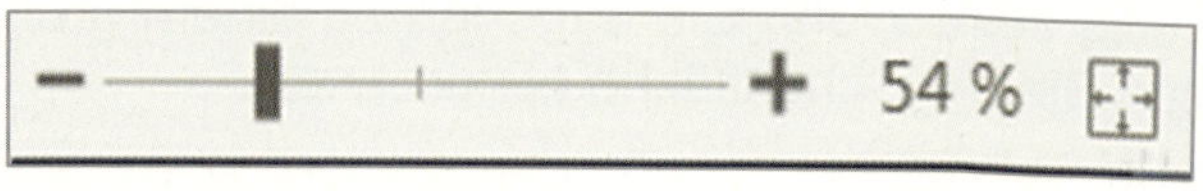

Übung

Notizenseite nutzen: Ergänzungen zu den Folien eingeben

Geben Sie auf zwei Notizenseiten im Textfeld unter der Folienabbildung Ergänzungen zu den Folientexten ein. Beantworten Sie dabei folgende Fragen:

a) Was kann man außerdem tun, um die Verständlichkeit der Folientexte zu erhöhen? (Notizenseite 2)

b) Welche Empfehlungen würden Sie für die Entwicklung hochwertiger Folieninhalte geben? (Notizenseite 3)

1.6 Präsentationen speichern

Übung

Speichern: Strg + s

Nachdem Sie Ihre Präsentation fertiggestellt haben, können Sie diese speichern. Wählen Sie dazu das Register DATEI, SPEICHERN. Anschließend legen Sie fest, wo die Datei abgelegt werden soll.

POWERPOINT 2016 schlägt als Speicherort den Cloud-Dienst ONEDRIVE vor. Wenn Sie die Cloud nutzen möchten, müssen Sie sich beim ersten Mal anmelden und ein Konto einrichten. Wählen Sie dazu in POWERPOINT das Register DATEI, KONTO und anschließend die Schaltfläche ANMELDEN.

Bevorzugen Sie eine spezielle Internet-Cloud, dann wählen Sie DATEI, SPEICHERN, ORT HINZUFÜGEN.

Möchten Sie die Präsentation lieber auf Ihren Computer, einen USB-Stick oder ein externes Festplattenlaufwerk speichern, wählen Sie DATEI, SPEICHERN, DIESER PC und anschließend den gewünschten Speicherort.

Tipp: Sie können in POWERPOINT 2016 auch die Schaltfläche SPEICHERN oben in der Leiste für den Schnellzugriff nutzen. Beim ersten Speichern wird das Dialogfenster SPEICHERN UNTER geöffnet, danach wird die Datei einfach überschrieben.

SPEICHERN UNTER

Zum **Ändern des Dateinamens und des Speicherortes** wählen Sie bitte das Register DATEI, SPEICHERN UNTER und dann das Verzeichnis und den Ordner, in die Sie die Datei ablegen wollen.

- DATEINAME: Geben Sie hier einen Dateinamen ein. Übung 1.3
  Die Dateiendung lautet auch in dieser PowerPoint-Version **.PPTX.**
- DATEITYP: Ändern Sie den Dateityp, wenn Sie die Präsentation zum Beispiel im PDF-Format speichern wollen (Pfeil rechts am Ende des Auswahlfeldes nutzen, dann das gewünschte Dateiformat auswählen).

Klicken Sie abschließend auf die Schaltfläche SPEICHERN.

1.7 Druckvarianten

Übung

DRUCKEN: Strg + p

Um die Folien zu drucken, können Sie oben in der Leiste für den Schnellzugriff die Schaltfläche SCHNELLDRUCK nutzen: Die Präsentation wird sofort gedruckt.

Wenn Sie das Register DATEI, DRUCKEN wählen, können Sie detailliert festlegen, welche Folien gedruckt werden sollen, wie die Präsentation ausgegeben wird (als Folienblatt, Notizenseite, Handzettel oder Gliederung) und in welchem Format gedruckt wird (Hoch- oder Querformat).

Nach der Eingabe des Druckbefehls erhalten Sie eine Vorschau auf die Folienseiten. Mithilfe des Schiebereglers am rechten Bildschirmrand kann man nach oben und unten weiterblättern. Unter der Folie sehen Sie die Foliennummer.

Im linken Bereich des Dialogfensters ändern Sie die Einstellungen für den Druck:

3 Schröder ISBN 978-3-8120-0815-0

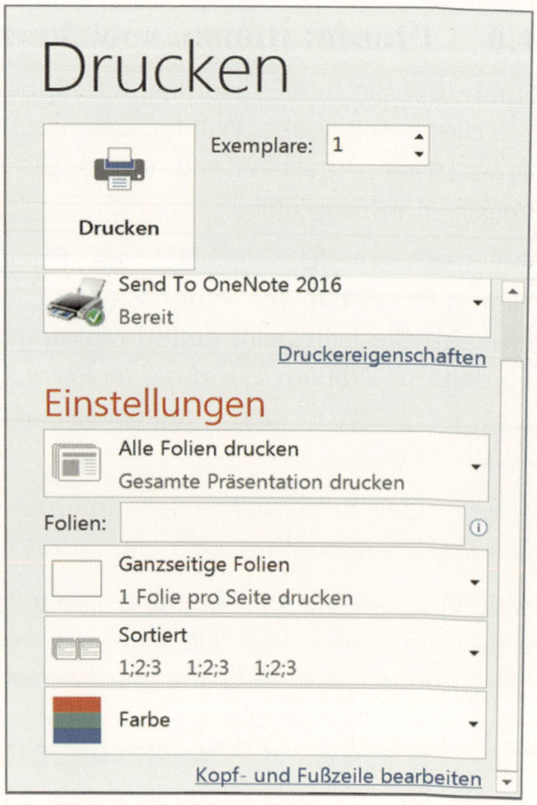

- EXEMPLARE: Hier geben Sie die Anzahl der gewünschten Drucke vor.
- Achten Sie darauf, dass der richtige Drucker eingestellt ist. (Im Beispiel rechts ist SEND TO ONENOTE 2016 aktiviert: damit können Sie die Folien direkt in ein ONENOTE-Notizbuch einfügen).
- ALLE FOLIEN DRUCKEN: Klicken oder Tippen Sie rechts auf den Listenpfeil und nehmen Sie gewünschte Änderungen vor.
- FOLIEN: Geben Sie die Nummern der Folien ein, die Sie drucken wollen.
- GANZSEITIGE FOLIEN (Listenpfeil nutzen): Legen Sie hier fest, ob Sie Folien, Notizenseiten, Handzettel oder die Gliederung drucken wollen und welches Format dabei verwendet wird.
- SORTIERT: Bestimmen Sie hier die Reihenfolge der Druckseiten.
- FARBE: Farbdruck, Reines SCHWARZWEIß oder GRAUSTUFEN wählen.
- KOPF- UND FUßZEILE BEARBEITEN: Hier kann man eingeben, was in der Fußzeile der Folien oder in der Kopf- und Fußzeile der Notizenseiten und Handzettel erscheinen soll.

Klicken Sie am Ende auf die große Schaltfläche DRUCKEN.

1.8 Datei schließen, POWERPOINT beenden

Zum Schließen einer POWERPOINT-Datei wählen Sie das Register DATEI, SCHLIEßEN.

DATEI SCHLIEßEN: Alt + F4

Zum Beenden von POWERPOINT nutzen Sie das Schließkreuz rechts oben in der Ecke.

Präsentationen öffnen

Wenn Sie eine vorhandene Präsentation öffnen wollen, wählen Sie DATEI, ÖFFNEN.

DATEI ÖFFNEN: Strg + o

Sie können unter ZULETZT VERWENDETE PRÄSENTATION eine kürzlich bearbeitete Datei öffnen. Anderenfalls entscheiden Sie sich in der Mitte unter ÖFFNEN für ein bestimmtes Verzeichnis und öffnen dann die gewünschte Datei.

1.9 Übung: Bildschirmelemente in POWERPOINT 2016

Übung

a) Wie heißen die Elemente 1 bis 4 auf dem POWERPOINT-Bildschirm?

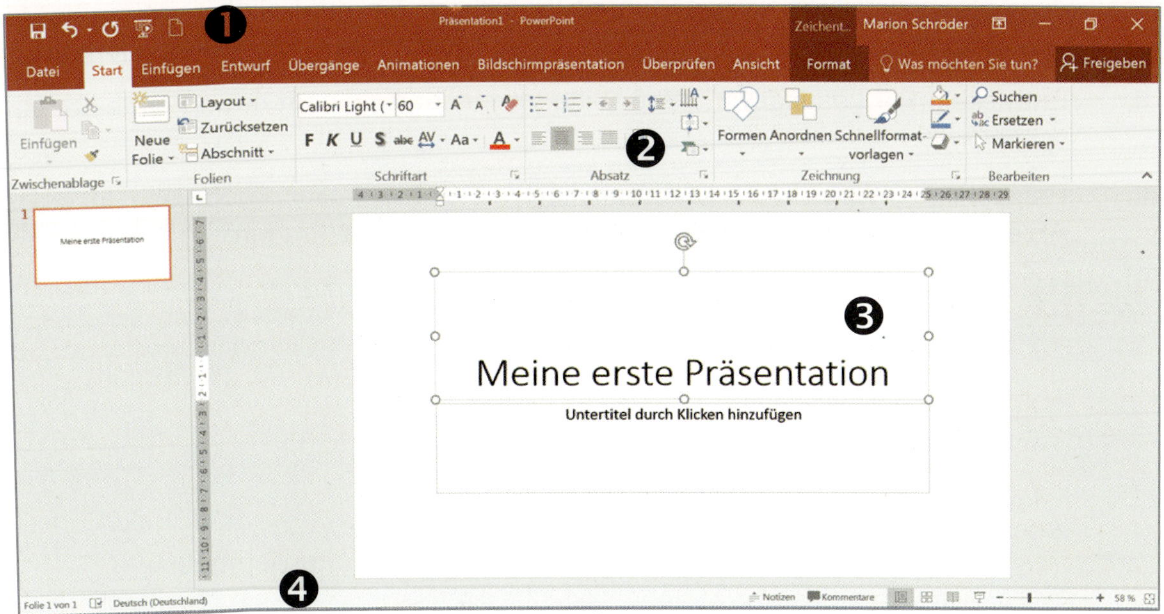

❶ Schnell zugriff

❷ Menü band ~~Titel~~

❸ Folien texte

❹ Notizen band

b) Welche Funktionen der Leiste für den Schnellzugriff sollte man Ihrer Meinung nach auf jeden Fall aktivieren? Diskutieren Sie dies ggf. mit anderen Personen.

c) Betrachten Sie nachfolgende Schaltflächen, die hier in der Statusleiste abgebildet werden. Was verbirgt sich jeweils dahinter?

1 Note

1.10 Hinweise zu den Übungen in diesem Buch

I. Lösen Sie die Übungsaufgaben dieses Buches **Schritt für Schritt**, so wie es in der Aufgabenstellung vorgegeben ist. Speichern Sie die Folien regelmäßig ab und kontrollieren Sie Ihre Ergebnisse in der ANSICHT BILDSCHIRMPRÄSENTATION.

II. Entwickeln Sie Lösungsvarianten (bitte jeweils unter einem neuen Dateinamen speichern).

III. Präsentieren, vergleichen und diskutieren Sie Ihre Folienergebnisse in einer Arbeits- oder Lerngruppe und beantworten Sie folgende Fragen:

(1) Ist die Gestaltung Ihrer Präsentation gelungen? - Kriterien:

a) Lesbarkeit

b) Übersichtlichkeit

c) Reduktion der Inhalte auf das Wesentliche

d) Zielführende Inhalte

e) Sprachliche Angemessenheit und passende Formulierungen

f) Ansprechende Gestaltung (Auswahl und Einsatz der Farben, Formen, Grafiken, Fotos und multimedialen Objekte)

g) Angemessene Menge der Bilder und Effekte

(2) Prüfen Sie: Wie beeinflusst die Gestaltung der Elemente einzelne Textaussagen?

(3) Welche Wirkung hat das Hintergrunddesign?

(4) Kommen die wichtigsten Botschaften beim Publikum richtig an?

(5) Wurden die Präsentationsziele am Ende erreicht?

(6) Was bleibt den Betrachterinnen und Betrachtern im Gedächtnis?

1.11 Hinweise zur Arbeit an Touch-Bildschirmen

POWERPOINT 2016 unterstützt die Arbeit an berührungsempfindlichen Bildschirmen. Statt der Maus nutzen Sie Ihre Finger, um Aktionen auszulösen und Elemente auf der Bildschirmseite zu bewegen. In diesem Buch wird regelmäßig darauf hingewiesen, dass Sie nicht nur mit der Maus, sondern auch mit den Fingern die Präsentationsentwicklung steuern können. Falls Ihnen die Touch-Gesten noch nicht sehr vertraut sind, finden Sie nachfolgend einige Hinweise für die Fingereingabe:

Ein Finger

- tippt auf dem Bildschirm, um Aktionen auszulösen
- zieht und verschiebt Objekte auf der Folie
- streift über den Bildschirm, z.B. um in einer Leiste zu scrollen
- drückt leicht und länger anhaltend auf eine Stelle: Kontextmenü einblenden

Zwei Finger

- drehen ein Objekt auf der Folie oder vergrößern und verkleinern Objekte

2 Folieninhalte übersichtlich gestalten, WordArt-Texte

Texte in Präsentationen müssen gut lesbar, verständlich und zielgerichtet gestaltet sein, damit die Präsentationsinhalte beim Publikum störungsfrei ankommen. Daher wählt man bei der Präsentationsentwicklung leicht lesbare Grundschriften (wie zum Beispiel Arial oder Calibri). Besondere Schriften (wie zum Beispiel Forte, Broadway und *Lucida Calligraphy*) werden für Überschriften verwendet und zur Hervorhebung ausgewählter Inhalte.

Wichtig ist auch, dass alle Texte auf den Folien ausreichend groß formatiert sind, damit selbst jene Betrachterinnen und Betrachter, die weit hinten im Präsentationsraum sitzen, die Folientexte mühelos lesen können.

Durch eine gezielte Schrift- und Absatzformatierung sowie eine übersichtliche, ansprechende Gestaltung der Textobjekte, kann man das Interesse des Publikums an den Präsentationsinhalten verstärken, die Relevanz besonderer Informationen deutlich machen, Mitdenken erleichtern und langfristiges Behalten fördern.

Erkunden Sie in diesem Kapitel die Gestaltungsmöglichkeiten, die PowerPoint 2016 für Folientexte bietet. Sie trainieren dabei die Schrift- und Absatzformatierung, die Listengestaltung mit Nummerierungen und Aufzählungszeichen, die Herstellung von Texteffekten und WordArt-Objekten. Am Ende dieses Kapitels entwickeln Sie bereits eine selbstablaufende Bildschirmshow (vergleichbar mit einem Messekiosk).

Lernziele und Themen in diesem Kapitel

a) Mit einem Hintergrund-Design beginnen
b) Das Design ändern
c) Text eingeben und die Schrift formatieren
d) Absatzformate zuweisen und ändern
e) Die Aufzählungszeichen und Nummerierungen ändern
f) Textteile kopieren, verschieben, suchen und ersetzen
g) Tabstopps festlegen
h) Textfelder einfügen, Füllfarben und Rahmen zuweisen und löschen
i) Texteffekte herstellen
j) WordArt-Objekte einfügen und formatieren
k) Fußzeilentexte eingeben und verändern
l) Folien duplizieren, verschieben und löschen
m) Eine Präsentation als PDF-Datei speichern und drucken

2.1 Eine neue Präsentation mit einem Design beginnen

Übung

Neue Datei: Strg + n

Klicken Sie im Register DATEI auf NEU. Dann entscheiden Sie, ob Sie mit einer leeren Präsentation beginnen wollen oder mit einem der zu POWERPOINT 2016 gehörenden Hintergrunddesigns.

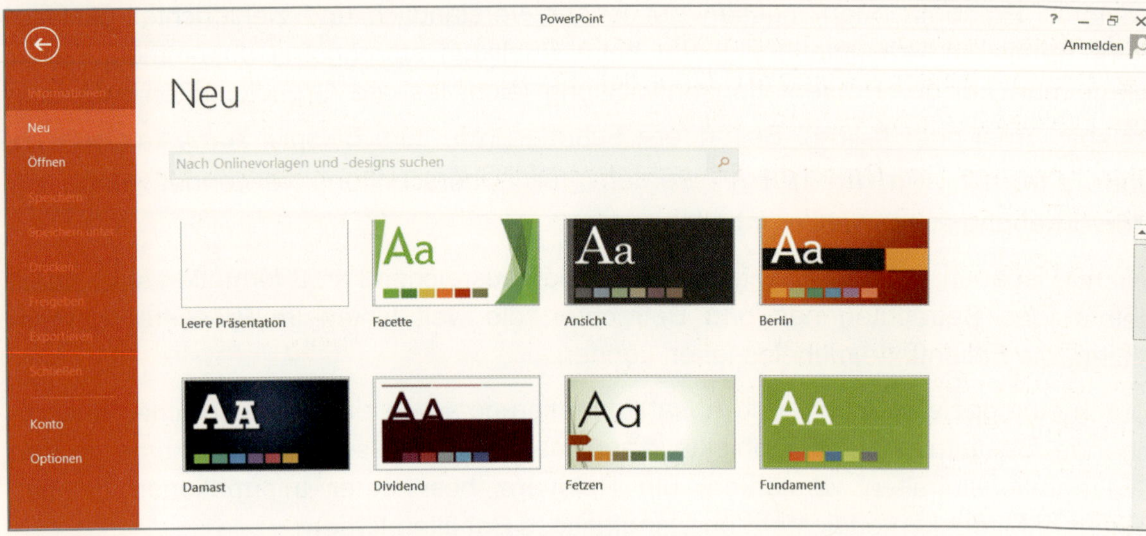

Die einzelnen Designs unterscheiden sich nicht nur in der Hintergrundfarbe und grafischen Gestaltung. Auch die Grundschriften und Schriftfarben sind jeweils unterschiedlich und genau auf die Hintergrundgestaltung abgestimmt.

Sie können also viel Zeit sparen, wenn Sie mit fertigen Designs arbeiten. Ist das langweilig? Keineswegs, denn im Internet gibt es weitere Design-Vorlagen (OFFICE.COM) und außerdem finden Sie im Register ENTWURF Varianten zu jedem Design (rechts neben dem Design-Katalog).

In Kapitel 4 dieses Buches lernen Sie zudem, wie Sie fertige Design-Vorlagen nach Ihren Wünschen ändern können. Manch einem gefällt es zum Beispiel vielleicht nicht, dass die Fußzeile in einigen Design-Vorlagen am oberen Folienrand platziert ist, andere finden das spannend.

Schließlich kann man aber auch mit einer leeren Präsentation beginnen und daraus eine eigene, vollkommen neue und höchst originelle Design-Vorlage anfertigen (Kapitel 4). Langeweile kommt so schnell nicht auf ;-). Es gibt viel zu tun …

Standard-Design OFFICE

Wenn Sie ein bereits zugewiesenes Design auf Ihren Folien auswechseln wollen, wählen Sie die Registerkarte ENTWURF. Dort finden Sie den Design-Katalog. Das Standard-Design heißt OFFICE (erstes Design im Katalog). Auch für das Standard-OFFICE-Design gibt es Varianten:

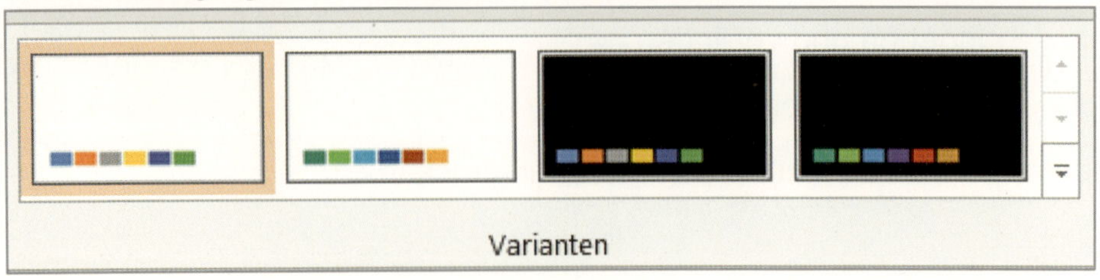

2.2 Folienschriften formatieren

Ähnlich wie in WORD gibt es auch in POWERPOINT im Register START die Gruppe SCHRIFTART für die Schriftgestaltung. Sie finden hier eine Menge mehr oder minder bekannter Formatierungen (FETT, KURSIV, …) und außerdem einen kleinen Pfeil rechts unten in der Gruppe (Dialog Launcher), über den Sie das Dialogfenster SCHRIFTART öffnen.

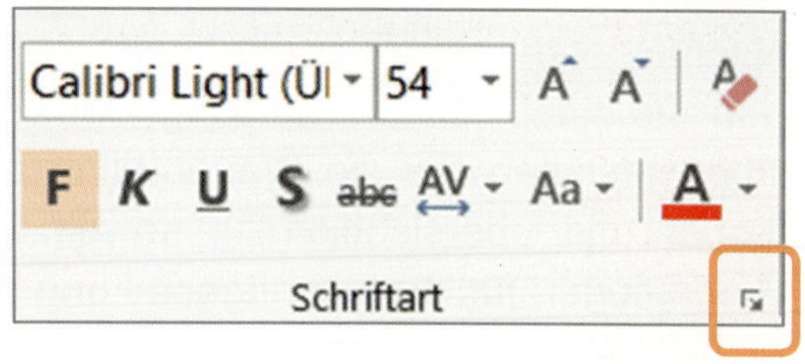

Dialogfeld SCHRIFTART: Strg + t

Bitte beachten Sie: Damit die Schaltflächen aktiviert werden, muss der Mauszeiger in einem Textfeld sein.

Im Dialogfenster SCHRIFTART finden Sie auch KAPITÄLCHEN, weitere Gestaltungsmöglichkeiten für die UNTERSTREICHUNG und eine zweite Registerkarte für den ZEICHENABSTAND.

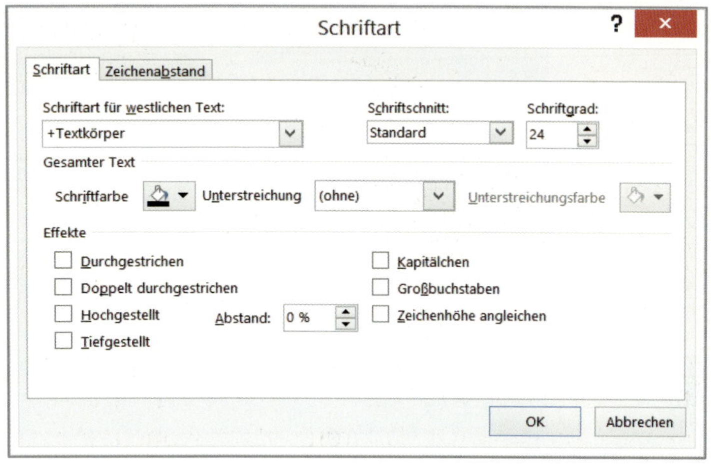

Markieren Sie jeweils einen Textteil und erproben Sie die Möglichkeiten der Schriftformatierung.

Übung

2.3 Absatzformate

Ähnlich wie in WORD gibt es auch in POWERPOINT im Register START die Gruppe ABSATZ mit den Funktionen für die Absatzgestaltung (Textausrichtung, ZEILENABSTAND, AUFZÄHLUNGSZEICHEN, …). Auch hier gibt es den kleinen Pfeil rechts unten in der Gruppe (Dialog Launcher), über den Sie zum Dialogfenster ABSATZ gelangen.

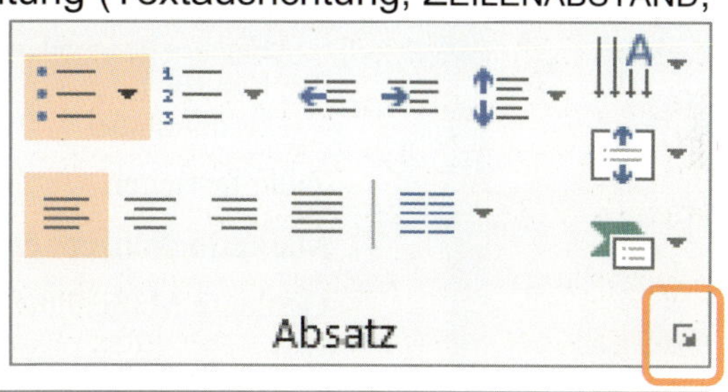

Bitte beachten Sie: Damit die Schaltflächen aktiv sind, muss der Mauszeiger im Text sein.

Markieren Sie jeweils etwas Text auf der Folie und erproben Sie die Möglichkeiten der Absatzformatierung.

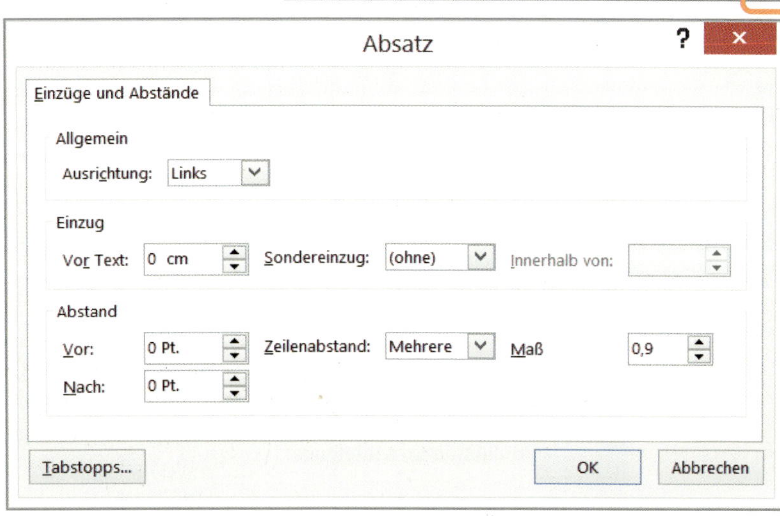

2.4 Übung: Folienlayouts und Textformate

Entwickeln Sie eine neue Präsentation mit fünf Folien zum Thema „Marketing“.

Übung

Nachfolgend sehen Sie ein Muster, an dem Sie sich orientieren können. Darunter finden Sie eine Arbeitsanweisung, die Schritt für Schritt zeigt, wie man die Folien erstellt. Aber gestalten Sie die Präsentation auch nach Ihren eigenen Vorstellungen (kreativ, lesbar und übersichtlich ☺), soweit Sie bereits (zum Beispiel aus WORD) mit den Werkzeugen für die Schriftgestaltung vertraut sind. Noch ein Tipp: Falls Sie die Folien nicht im Breitbild-Format erstellen wollen, ändern Sie das Format (siehe Kapitel 1, Übung 1a).

Folie 1 (Titelfolie)

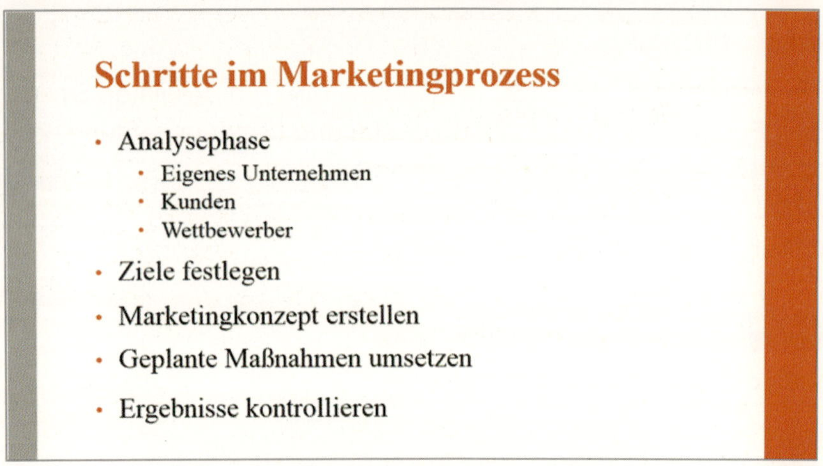

Folie 2 (Folienlayout TITEL UND INHALT)

Folie 3 (Folienlayout VERGLEICH)

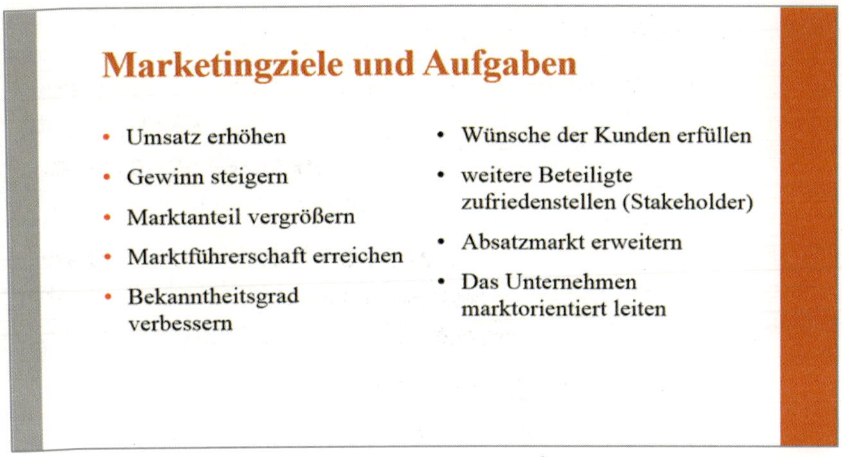

Folie 4 (Folienlayout ZWEI INHALTE)

Folie 5 (Folienlayout ABSCHNITTSÜBERSCHRIFT)

Übung

1. Starten Sie POWERPOINT und wählen Sie für eine neue Präsentation ein DESIGN aus (im Muster wurde eine Variante des Designs VIEW gewählt).

2. Geben Sie das Hauptthema auf der TITELFOLIE ein. Schreiben Sie Ihren Namen in das Textfeld für den Untertitel.

Neue Folie einfügen: Strg + m

3. Fügen Sie hinter der Titelfolie vier neue Folien ein: Register START, NEUE FOLIE (auf den Listenpfeil klicken/tippen). Wählen Sie als Folienlayout:
   - Folie 2: TITEL UND INHALT, - Folie 3: VERGLEICH,
   - Folie 4: ZWEI INHALTE, - Folie 5: ABSCHNITTÜBERSCHRIFT.

   Wenn Sie während der Arbeit ein Folienlayout ändern möchten, wählen Sie im Register START die Schaltfläche LAYOUT (Listenpfeil).

4. Geben Sie die Texte des Musters auf den Folien ein und achten Sie auf eine korrekte Rechtschreibung. Überflüssige oder falsch eingegebene Zeichen kann man mithilfe der Rücktaste oder Löschtaste ENTF entfernen.

   - Rücken Sie auf der zweiten Folie die Unterpunkte der Aufzählung (nach rechts) ein, indem Sie am Zeilenanfang die Tabulatortaste drücken oder im Register START, Gruppe ABSATZ die Schaltfläche LISTENEBENE ERHÖHEN anklicken oder antippen.
   - Schreiben Sie auf die fünfte Folie das Datum des heutigen Tages.

4 Schröder ISBN 978-3-8120-0815-0

Übung

5. Markieren Sie den Titel der ersten Folie und formatieren Sie ihn mit einer neuen Schriftart: Registerkarte START, Gruppe SCHRIFTART.

6. Verändern Sie die Schriftgrößen auf den Folien. Dazu gibt es drei Schaltflächen: SCHRIFTGRAD 44 (Listenpfeil), SCHRIFTGRAD VERGRÖßERN, SCHRIFTGRAD VERKLEINERN.

Dialogfeld SCHRIFTART: Strg + t

7. Markieren Sie Textinhalte und erproben Sie die Formatierungsmöglichkeiten der Gruppe SCHRIFTART: **fett**, *kursiv*, unterstrichen schattiert, ~~durchgestrichen~~, Z e i c h e n a b s t a n d ,GROSSBUCHSTABEN, **Schriftfarben**. Nutzen Sie sowohl die Schaltflächen im Menüband als auch das Dialogfenster SCHRIFTART. Dort finden Sie zum Beispiel die KAPITÄLCHEN.

Textfarben

Es gibt zusätzlich zwei Registerkarten für die Farbauswahl: Klicken Sie im Register START auf den Pfeil der Schaltfläche SCHRIFTFARBE, dann unten im Menü auf WEITERE FARBEN.

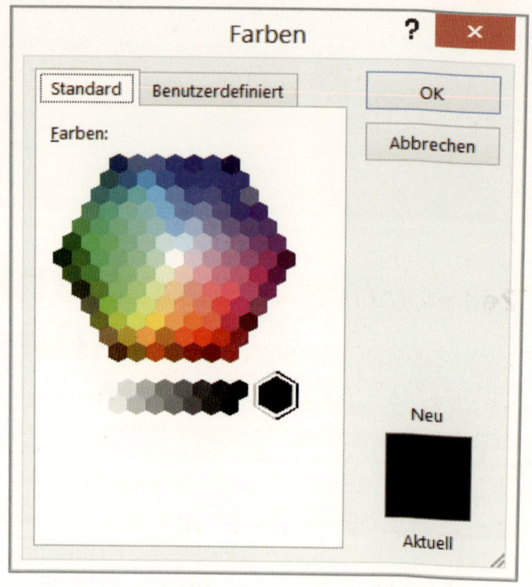

8. Löschen Sie Formatierungen: „Weniger ist mehr." Nutzen Sie erneut die Schaltflächen der Gruppe SCHRIFTART und die Kontrollkästchen im Dialogfenster.

Tipp: Wenn Sie die Schaltfläche ALLE FORMATIERUNGEN LÖSCHEN verwenden, wird dem Text die Ausgangsschrift zugewiesen.

Zeilenabstand

9. Zentrieren Sie die Überschrift auf der vierten Folie und den gesamten Text auf der fünften Folie.

Format ABSATZABSTAND NACH für Aufzählungstext

10. Markieren Sie den Aufzählungstext und ändern Sie den Zeilenabstand: Register START, Gruppe ABSATZ. Klicken Sie auf den Listenpfeil der Schaltfläche ZEILENABSTAND. Erproben Sie die Abstände.

Ändern Sie Zeilenabstände in Listentexten auf eine andere Weise: Markieren Sie Textzeilen. Wählen Sie dann im Dialogfenster der Gruppe ABSATZ den ABSTAND VOR 0 PT. und den ABSTAND NACH 6 PT. (Ändern Sie wenn nötig Schriftgrößen, damit der Aufzählungstext vollständig ins Textfeld passt.)

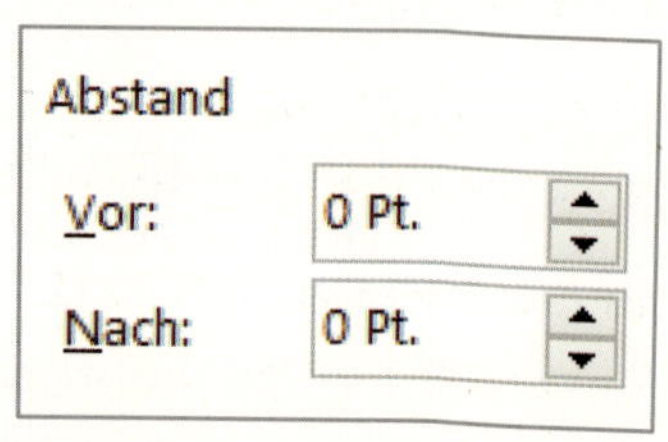

Textfelder verschieben

11. Verschieben Sie Textfelder, indem Sie diese an deren Rahmen (nicht an den Ziehpunkten!) an eine andere Position auf der Folie ziehen.

12. Speichern Sie die Präsentation: Registerkarte DATEI, SPEICHERN. Dateiname: MARKETING1.PPTX.

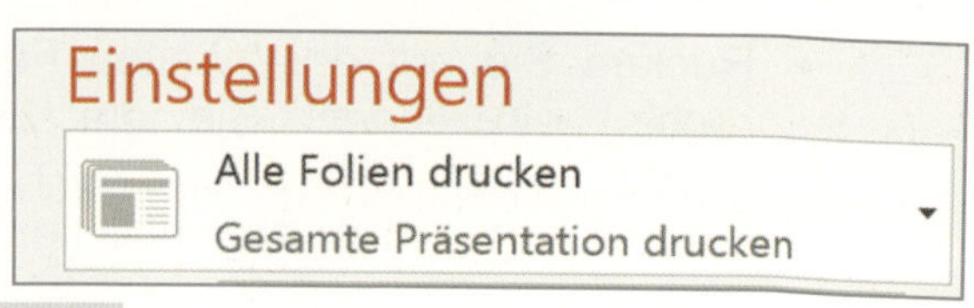

Druckvarianten

13. Drucken Sie die Folien: Register DATEI, DRUCKEN.

14. Drucken Sie die Folien auch als Gliederung, Notizenseiten und Handzettel.

Absatzformatierung: Zeilenabstand, Abstand nach und Abstand vor

Wenn Sie im Register START, Gruppe ABSATZ, die Schaltfläche ZEILENABSTAND wählen (Listenpfeil), können Sie den Abstand zwischen allen markierten Folienzeilen gleichmäßig vergrößern oder verkleinern.

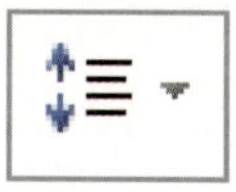

Zweite Möglichkeit: Wählen Sie über die Schaltfläche den einfachen Zeilenabstand (1) und im Menü die ZEILENABSTANDOPTIONEN. Nun wird das Dialogfenster ABSATZ geöffnet (genauso wie über den kleinen Pfeil in der Gruppe ABSATZ). Hier kann man den ABSTAND NACH (und ABSTAND VOR) ändern. Dies hat den Vorteil, dass im Aufzählungstext nicht jede Zeile einen Abstand erhält. Stattdessen wird der Abstand hinter (oder vor) den Aufzählungspunkten eingefügt, was häufig übersichtlicher wirkt ☺.

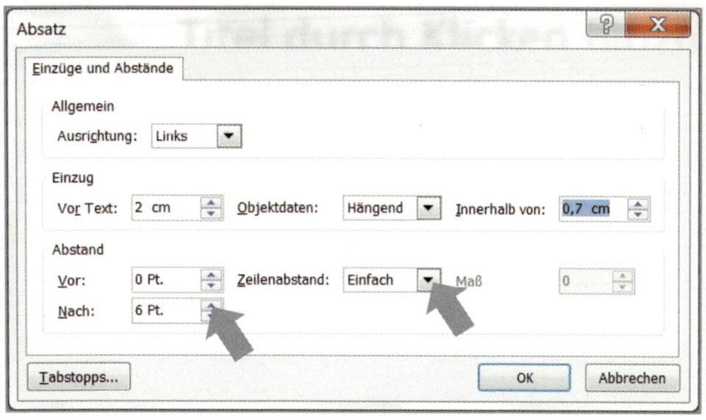

Zeilenumbruch innerhalb eines Listenpunktes

Wenn Sie innerhalb einer Aufzählungszeile den Text umbrechen wollen (nachfolgender Text erscheint in neuer Zeile), ohne dass ein neues Absatzzeichen entsteht, drücken Sie die Taste Umschalt (Shift) + die Eingabetaste.

Zeilenumbruch: Umschalt + Enter-Taste (Return)

Von Folie zu Folie blättern

Am rechten Bildschirmrand sehen Sie die VERTIKALE BILDLAUFLEISTE. Ziehen Sie den grauen Balken in der Leiste nach oben oder unten. So gelangen Sie von Folie zu Folie. Sie können auch weiterblättern, indem Sie auf die Pfeile am Ende der Bildlaufleiste klicken (oder tippen) oder auf der Tastatur die Pfeiltasten BILD▲ und BILD▼ nutzen.

Folien verschieben und sortieren

Klicken Sie im Register ANSICHT auf die Schaltfläche FOLIENSORTIERUNG. Hier verschieben und sortieren Sie die Folien (zwischen zwei andere Folien ziehen).

In der ANSICHT NORMAL können Sie auch Folien sortieren und verschieben: Ziehen Sie die Miniaturfolien am linken Rand an die gewünschte Position.

Kontextmenü und Minisymbolleiste

Sicher ist Ihnen schon aufgefallen, dass beim Formatieren des Textes automatisch eine kleine Leiste mit Schaltflächen eingeblendet wird. Diese Minisymbolleiste kann man auch zur Textformatierung verwenden.

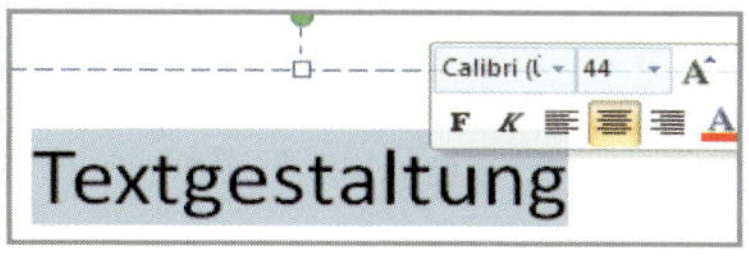

Kontextmenü: Umschalt + F10

Schließlich gibt es noch die Möglichkeit, das Kontextmenü für die Formatierung zu nutzen: rechte Maustaste klicken (oder bei einem Touch-Bildschirm mit dem Finger länger auf eine Stelle zeigen).

2.5 Aufzählungszeichen und Nummerierungen

Listentext kann man mit Aufzählungszeichen oder mit Nummerierungen formatieren.

Wenn man eine Aufeinanderfolge, eine Rangfolge oder einen Ablauf darstellen will, nutzt man im Register START, Gruppe ABSATZ, die Schaltfläche für die NUMMERIERUNG. Diese Schaltfläche wirkt wie ein Ein-/Aus-Schalter: man kann die Nummerierung eines markierten Textes über diese Schaltfläche ein- und abstellen.

Aufzählungszeichen oder Nummerierung entfernen: Schaltflächen deaktivieren

Genauso verhält es sich mit den AUFZÄHLUNGSZEICHEN: Auch dafür gibt es eine Schaltfläche im Register START, Gruppe ABSATZ.

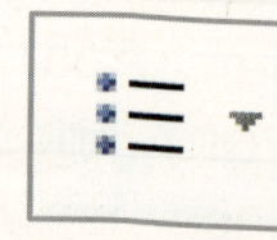

In beiden Schaltflächen gelangen Sie jeweils über den Listenpfeil zu den Katalogen mit Zeichenvarianten. Sie haben die Wahl:

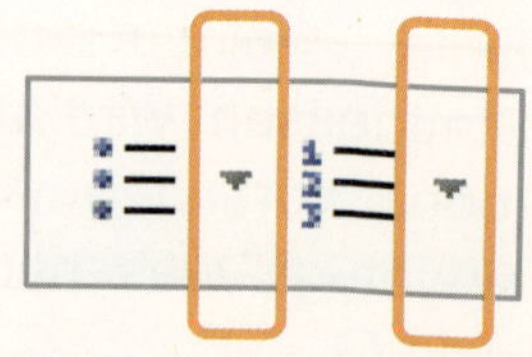

Übung

Markieren Sie auf einer Folie den Aufzählungstext und klicken oder tippen Sie auf den Listenpfeil der Schaltfläche AUFZÄHLUNGSZEICHEN. Darauf erscheinen Vorschläge für neue Zeichen. Aber es gibt noch ein größeres Sortiment: Wählen Sie unten im Dialogfenster NUMMERIERUNG UND AUFZÄHLUNGZEICHEN. Im neu geöffneten Fenster können Sie die Größe und Farbe des Zeichens ändern. Zudem finden Sie hier die Schaltflächen BILD und ANPASSEN:

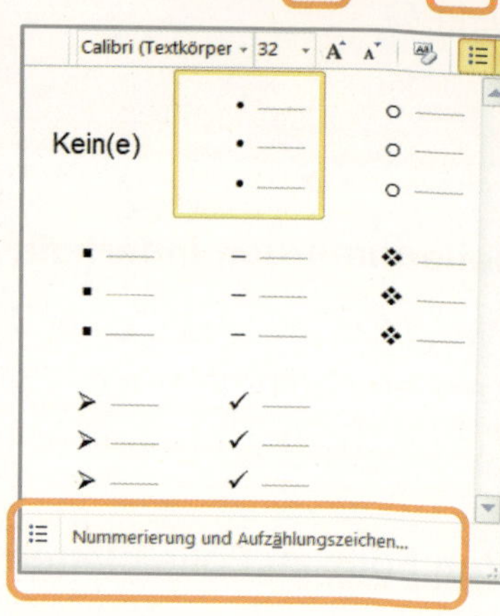

- BILD für kleine Bildzeichen (z. B. winzige Fotos), die Sie in POWERPOINT 2016 aus dem Internet oder aus einem Verzeichnis Ihres Rechners einfügen.
- ANPASSEN führt Sie zum Zeichenkatalog der Symbolschriften: Für Aufzählungen eignen sich vor allem die Schriften WEBDINGS und WINGDINGS.

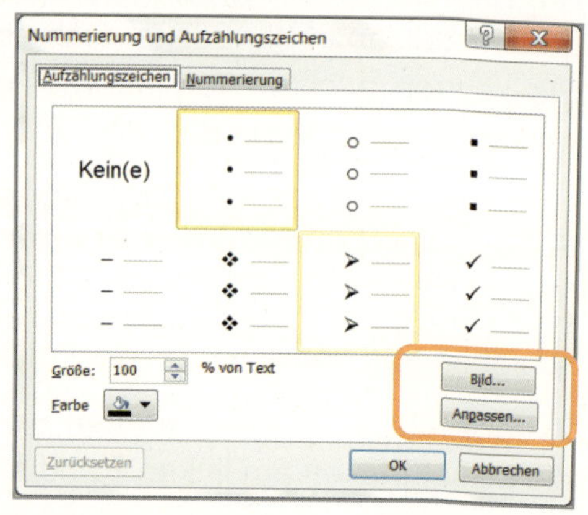

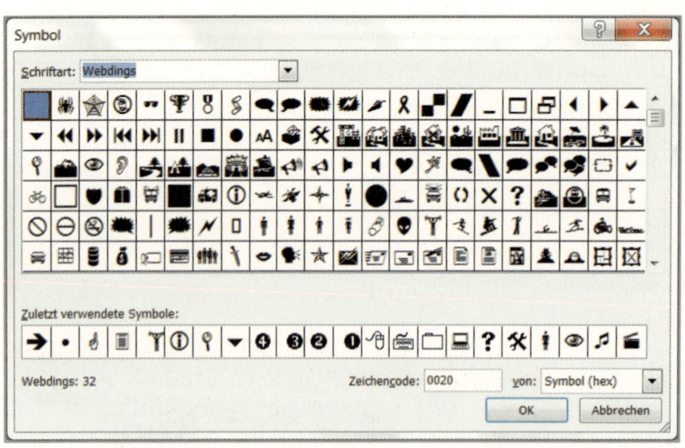

Klicken Sie am Ende auf OK.

Erproben Sie die Möglichkeiten. Formatieren Sie Listentexte mit Aufzählungszeichen und Nummerierungen. Ändern Sie die Größe und Farbe der Zeichen.

2.6 Übung: Absatzformatierung in Listentexten

1. Öffnen Sie die (in der Übung 2 erstellte) Präsentation MARKETING.PPTX.

2. Ändern Sie auf der vierten Folie „Marketingziele und Aufgaben" in der linken Spalte die Aufzählungszeichen: Wählen Sie hier eine blaue NUMMERIERUNG im Format „a, b, c …" und in der Größe 120% VOM TEXT.

Übung

3. Weisen Sie der rechten Spalte rote Pfeile ➲ als AUFZÄHLUNGSZEICHEN zu, Größe 100% VOM TEXT.

4. Achten Sie darauf, dass die Texte in der Aufzählung exakt untereinander beginnen. Dazu müssen Sie die Schieberegler im Lineal ggf. an eine andere Position verschieben: Klicken Sie auf das kleine Dreieck (nicht auf das Rechteck) unten im Lineal und ziehen Sie es nach links.

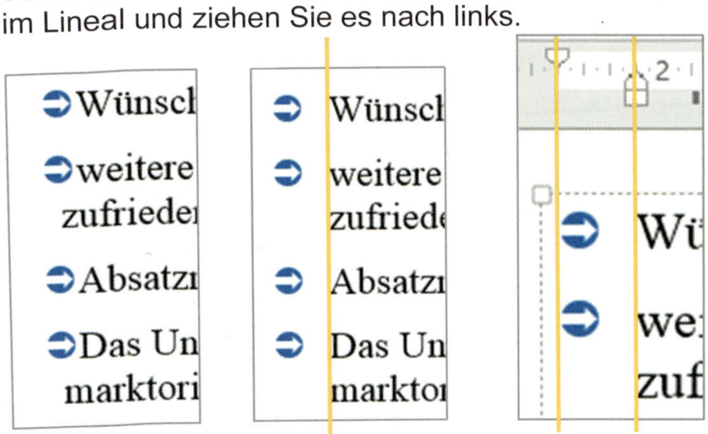

↑ Keine Anpassung ↑ Textposition angepasst ↑ Aufzählungszeichen und Textposition angepasst

Merke: Der obere Schieberegler (Dreieck) im Lineal zeigt, wo das Aufzählungszeichen in der Textzeile steht. Das untere Dreieck im Lineal zeigt, wo der Text in der Zeile beginnt. Beide Dreiecke kann man verschieben. Zieht man an dem Rechteck unter dem Dreieck im Lineal, verschiebt sich das Aufzählungszeichen und der Text gleichzeitig.

Sollte das **Lineal** nicht eingeblendet sein, aktivieren Sie es im Register ANSICHT, Kontrollkästchen LINEAL.

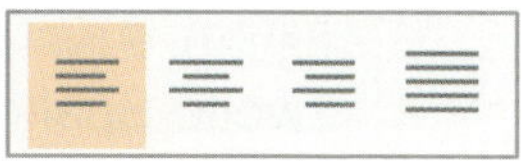

5. Richten Sie die Überschrift auf der Folie LINKSBÜNDIG aus (Register START, Gruppe ABSATZ).

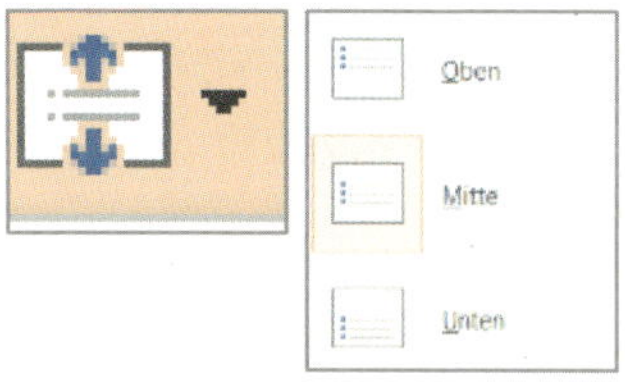

6. Der Überschriftentext soll vertikal in der Mitte des Textfeldes beginnen: Registerkarte START, Gruppe ABSATZ, Schaltfläche TEXT AUSRICHTEN.

7. Formatieren Sie „Umsatz" mit einer blauen Schriftfarbe.

8. Markieren Sie das blau formatierte Wort und übertragen Sie die Farbe auf die Wörter „Gewinn", „Marktanteil", „Marktführerschaft", „Bekanntheitsgrad": Nutzen Sie dabei die Schaltfläche FORMAT ÜBERTRAGEN. (Register START, Gruppe ZWISCHENABLAGE).

9. Löschen Sie die Aufzählungszeichen auf der dritten Folie „Vom Verkäufermarkt zum Käufermarkt" (Schaltfläche oder Rücktaste nutzen).

10. Speichern Sie die Präsentation unter dem Dateinamen MARKETING2.PPTX und drucken Sie diese Folie aus.

2.7 Übung: Texte mit mehreren Gliederungsebenen

Übung

1. Fügen Sie in der Präsentation MARKETING2.PPTX hinter der Folie 4 eine neue Folie ein: Wählen Sie dabei das Folienlayout TITEL UND INHALT.

2. Geben Sie den nachfolgenden Listentext ein und weisen Sie den Textzeilen unterschiedliche Gliederungsebenen zu (Haupt- und Unterpunkte). In der Registerkarte START, Gruppe ABSATZ, finden Sie die beiden Schaltflächen LISTENEBENE ERHÖHEN (Text für den Unterpunkt nach rechts setzen) und LISTENEBENE VERRINGERN. (Text für einen übergeordneten Listenpunkt nach links setzen).

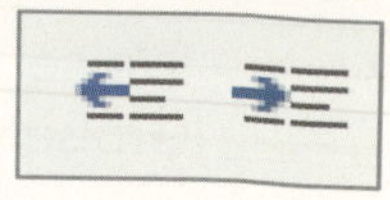

Tabulatortaste nach rechts stufen (Unterpunkt)

Umschalt + Tab: eine Ebene höher

- **Konsumgütermarketing**
  - Massenprodukte
  - Hohe Anzahl von Nachfragern
  - Mehrstufiger Vertrieb
- **Investitionsgütermarketing**
  - Anlagen, Maschinen, Spezialanfertigungen
  - Nachfrager: Unternehmen
  - Direkter Vertrieb
- Individuelle Beratung
- Internationale Geschäfte

3. Ändern Sie Aufzählungszeichen.

4. Ändern Sie die Abstände zwischen den Aufzählungszeichen und dem Text. Ziehen Sie dazu im Lineal das untere Dreieck mit gedrückter linker Maustaste  nach rechts.

5. Ändern Sie das Folienlayout: Registerkarte START, Gruppe FOLIEN, Schaltfläche LAYOUT. Wählen Sie das Folienlayout ZWEI INHALTE.

6. Markieren Sie den zweiten Teil des Textes und schneiden Sie ihn aus: Register START, Gruppe ZWISCHENABLAGE, Schaltfläche AUSSCHNEIDEN. Fügen Sie den Text in die zweite Spalte ein: Register START, Gruppe ZWISCHENABLAGE, Schaltfläche EINFÜGEN. Tipp: Man kann den markierten Text auch einfach in die zweite Spalte ziehen (Drag & Drop)!

7. Vergrößern Sie die Zeilenabstände. Arbeiten Sie dabei mit dem normalen ZEILENABSTAND 1 und den Formaten ABSTAND NACH und ABSTAND VOR (Register START, Gruppe ABSATZ, Listenpfeil unten in der Gruppe).

Merke: **Textfelder kann man an ihren Ziehpunkten in der Breite vergrößern und verkleinern** (z. B. um dreizeiligen Aufzählungstext in zweizeiligen Text umzuwandeln). Will man das ganze Textfeld vergrößern, muss man die Schrift vergrößern!

Will man ein Textfeld verschieben, ziehe man es an seinem Rahmen an eine andere Position (nicht an den Ziehpunkten ziehen).

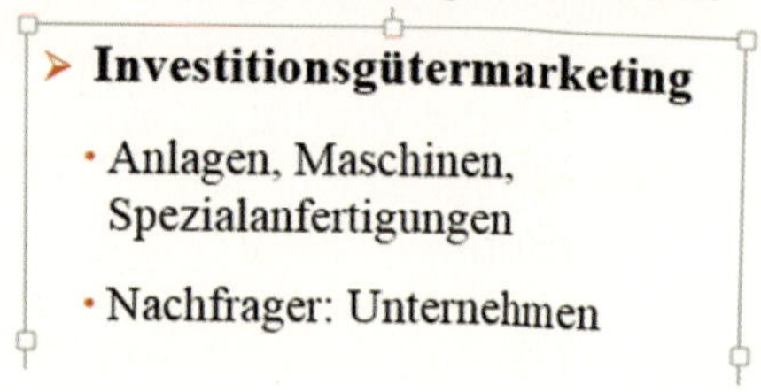

8. Speichern Sie die Präsentation unter MARKETING3.PPTX und drucken Sie diese Folie aus.

Folie nach der Texteingabe (in der Ansicht BILDSCHIRMPRÄSENTATION)

Folie im Folienlayout ZWEI INHALTE

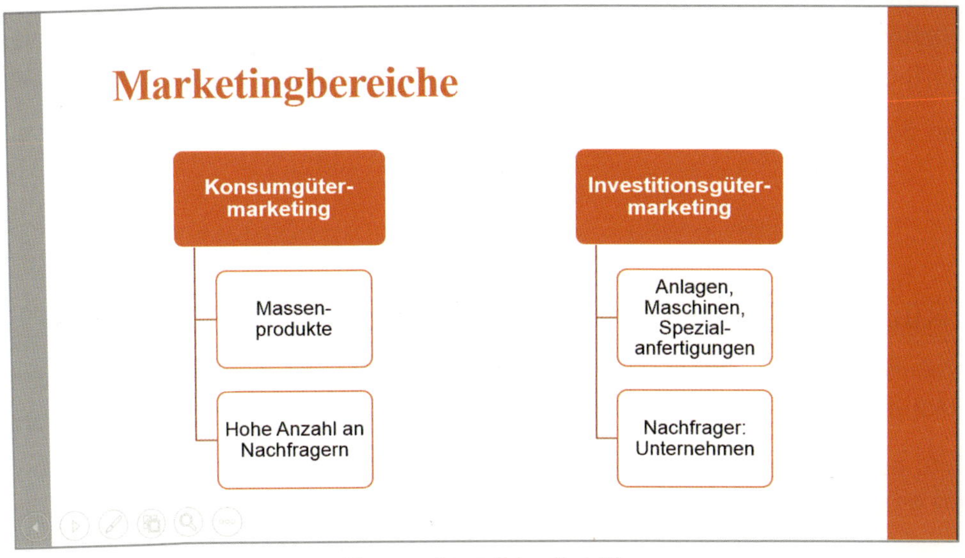

SMARTART (Kapitel 7)

2.8 Objekte kopieren, umstellen, die Zwischenablage nutzen

KOPIEREN
Strg + c

AUSSCHNEIDEN:
Strg + x

EINFÜGEN
Strg + v

Wenn Sie einen Textteil kopieren wollen, müssen Sie ihn **erst markieren.** Wählen Sie dazu im Register START, Gruppe ZWISCHENABLAGE, die Schaltfläche KOPIEREN. Klicken oder tippen Sie an eine andere Stelle im Text und auf die Schaltfläche EINFÜGEN. Der kopierte Text wird hier eingefügt.

Wenn Sie einen Textteil verschieben wollen, markieren Sie diesen, wählen Sie das Register START und in der Gruppe ZWISCHENABLAGE die Schaltfläche AUSSCHNEIDEN. Klicken (tippen) Sie an eine andere Stelle im Text, dann auf die Schaltfläche EINFÜGEN.

So geht es schneller: Text kann man auch mithilfe der Drag & Drop-Funktion verschieben. Markieren Sie den Text und ziehen Sie ihn an eine andere Stelle. Bitte beachten: Damit es funktioniert, muss im Register DATEI, OPTIONEN, Kategorie ERWEITERT, das Kontrollkästchen TEXTBEARBEITUNG DURCH DRAG & DROP ZULASSEN aktiviert sein.

Die Zwischenablage

Klicken Sie unten rechts in der Gruppe ZWISCHENABLAGE auf den kleinen Pfeil. Der Inhalt der Zwischenablage wird eingeblendet. Was Sie hier anklicken, wird auf der Folie, die sie rechts im Foliennavigator auswählen, eingefügt. Schließen Sie die Zwischenablage über das Schließkreuz.

Tipp: Die Zwischenablage gibt es auch im Menüband der anderen OFFICE-Programme. Was man in der Zwischenablage ablegt (durch KOPIEREN oder VERSCHIEBEN), kann man hieraus auch in anderen OFFICE-Programmen einfügen.

2.9 Schriftformate übertragen

Um Textformate zu übertragen, markieren Sie ein Wort, dessen Format Sie übernehmen wollen. Klicken oder tippen Sie dann auf die Schaltfläche FORMAT ÜBERTRAGEN (Register START). Die Maus verwandelt sich in einen Pinsel. Markieren Sie mit dem Pinsel einen anderen Textteil, der das Format erhalten soll: Das Format wird übertragen.

RÜCKGÄNGIG:
Strg + z

WIEDERHOLEN:
Strg + y

Um das Format auf beliebig viele Wörter zu übertragen, klicken Sie zweimal auf die Schaltfläche FORMAT ÜBERTRAGEN. Dann ist sie länger aktiv. Mit der Taste ESC beenden Sie die Formatübertragung.

Erproben Sie die Werkzeuge.

2.10 Rückgängig machen und wiederholen

Wenn Sie die letzten Arbeitsschritte rückgängig machen wollen, klicken Sie auf die Schaltfläche RÜCKGÄNGIG oben in der Leiste für den Schnellzugriff.

Beachten Sie bitte: Über den Listenpfeil der Schaltfläche wird eine Liste der letzten Aktionen eingeblendet.

In der Leiste finden Sie außerdem die Funktion WIEDERHOLEN. Klicken Sie auf die Schaltfläche, um den letzten Vorgang zu wiederholen.

Absatzausrichtung

Die AUFZÄHLUNGSZEICHEN und die NUMMERIERUNG gehören zu den Absatzformaten: Register START, Gruppe ABSATZ. Die Gruppe zeigt weitere wichtige Absatzformate, wie z. B. den ZEILENABSTAND und die Einzüge für die Gliederungsebenen LISTENEBENE VERRINGERN, LISTENEBENE ERHÖHEN.

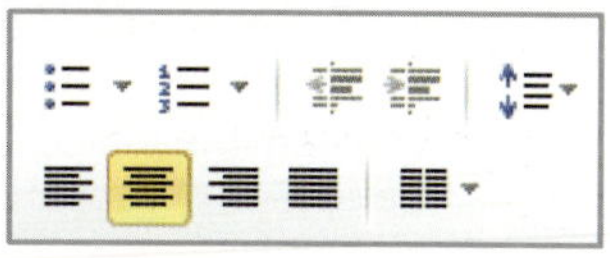

Sie können hier Texte LINKSBÜNDIG, ZENTRIERT, RECHTSBÜNDIG und im BLOCKSATZ ausrichten. Außerdem gibt es eine Schaltfläche für Text-Spalten (für den eher seltenen Fall, dass Sie Folien mit sehr viel Text erstellen).

LINKSBÜNDIG:
Strg + l

RECHTSBÜNDIG:
Strg + r

ZENTRIERT:
Strg + e

Zusätzliche Absatzformate finden Sie im Dialogfenster ABSATZ. Dorthin gelangen Sie über den kleinen Pfeil (DIALOG-LAUNCHER) rechts unten in der Gruppe ABSATZ. Hier finden Sie auch den Zeilenabstand, den ABSTAND VOR und NACH einem Absatz. Zudem gibt es hier die Schaltfläche **TABSTOPPS** für die Arbeit mit Tabulatoren.

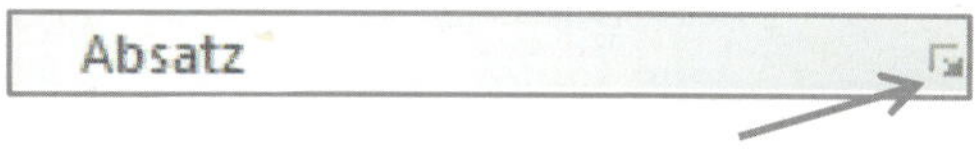

2.11 Voreinstellungen ändern

Tipp

Vielleicht stört es Sie, wenn der Aufzählungstext automatisch mit Großbuchstaben beginnt. Die Einstellung ändern Sie im Register DATEI, OPTIONEN, DOKUMENTPRÜFUNG, Schaltfläche AUTOKORREKTUR-OPTIONEN.

Deaktivieren Sie auf der Registerkarte AUTOKORREKTUR:

- ☐ JEDEN SATZ MIT EINEM GROßBUCHSTABEN BEGINNEN

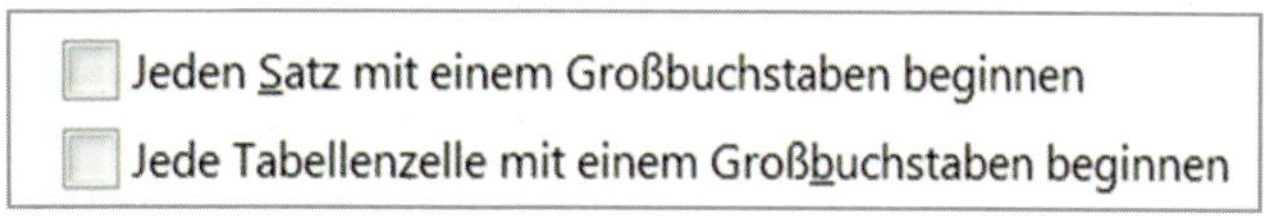

und für die Tabellen:

- ☐ JEDE TABELLENZELLE MIT EINEM GROßBUCHSTABEN BEGINNEN

Soll die Größe der Schriften nicht automatisch an das Textfeld angepasst werden, deaktivieren Sie auf der Registerkarte AUTOFORMAT WÄHREND DER EINGABE:

- ☐ TITELTEXT AN PLATZHALTER AUTOMATISCH ANPASSEN
- ☐ UNTERTITELTEXT AN PLATZHALTER AUTOMATISCH ANPASSEN

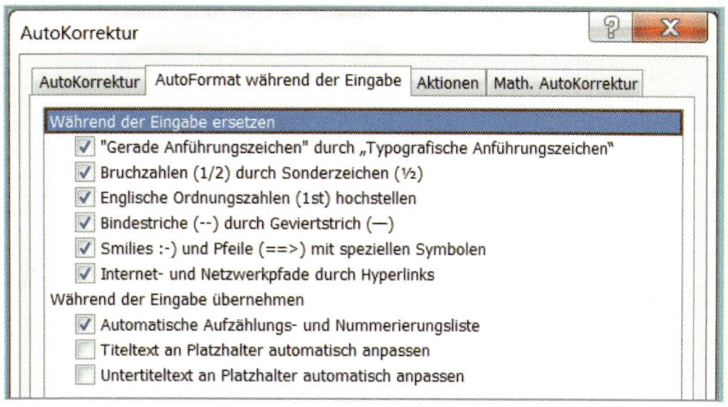

Werden nun auf einer Folie viele Textzeilen eingegeben, läuft der Text irgendwann über das Textfeld hinaus. Dieser Text ist dann in der Bildschirmpräsentation nicht zu sehen. Um das zu verhindern, muss man die Schriftgröße des Textes selbst anpassen, hier also verkleinern.

5 Schröder ISBN 978-3-8120-0815-0

2.12 Übung: Fußzeilen erstellen

Übung

1. Öffnen Sie eine Präsentation, die Sie bereits erstellt haben, z. B. MARKETING.PPTX aus der Übung 2 oder MARKETING3.PPTX aus der Übung 4.
   (Sollten Sie beide Präsentationen nicht erstellt haben, öffnen Sie bitte eine neue leere Präsentation und fügen Sie mehrere Folien ein.)

2. Erstellen Sie eine Fußzeile: Register EINFÜGEN, Schaltfläche KOPF- UND FUßZEILE. Das Dialogfenster KOPF- UND FUßZEILE erscheint auf Ihrem Bildschirm. Hier können Sie festlegen, was in der Fußzeile gezeigt werden soll:

Datum direkt auf einer Folie einfügen: Alt +Umschalt + d

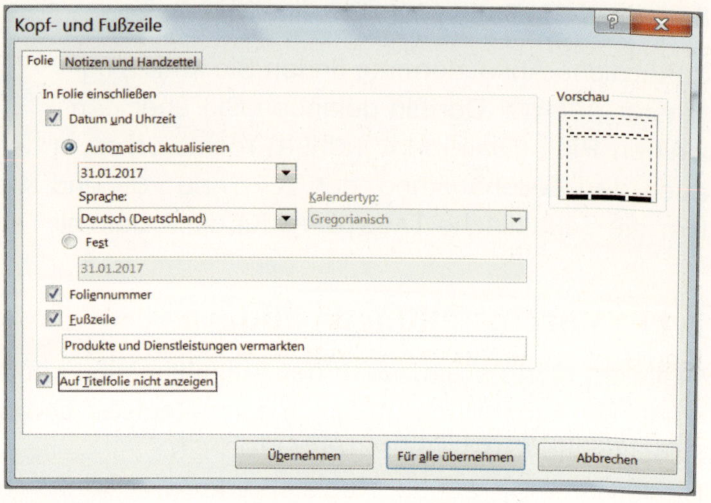

- Wenn Sie wünschen, dass immer das aktuelle Datum eingeblendet wird, wählen Sie AUTOMATISCH AKTUALISIEREN.

  Soll stets das gleiche Datum in der Präsentation gezeigt werden, klicken (oder tippen) Sie auf FEST. Geben Sie das Datum ein.
- Sie können auch die FOLIENNUMMER aktivieren (probieren Sie es aus).
- Ihren Fußzeilentext schreiben Sie in das dafür vorgesehene Textfeld. Schreiben Sie zum Beispiel: „Produkte und Dienstleistungen vermarkten".
- Wählen Sie anschließend AUF TITELFOLIE NICHT ANZEIGEN: Die Fußzeileneinstellungen werden nun auf Folien, die das Layout TITELSEITE haben, nicht übernommen. (Sie sehen das Folienlayout, wenn Sie im Register START die Schaltfläche LAYOUT anklicken oder antippen).

Am Ende entscheiden Sie, ob die Fußzeile nur auf der eingeblendeten Folie oder auf allen Folien der Präsentation gezeigt werden soll. Wählen Sie FÜR ALLE ÜBERNEHMEN. Dann sehen Sie sich die Folien an: Register BILDSCHIRMPRÄSENTATION, Schaltfläche VON BEGINN AN.

Bitte beachten Sie: Die Fußzeile sitzt bei vielen Designs nicht unten auf der Folie. Manchmal erscheint sie am oberen Folienrand, ein anderes Mal rechts oder links an der Folienseite.

3. Wechseln Sie zur ANSICHT FOLIENSORTIERUNG.

4. Fügen Sie am Ende der Präsentation neue Folien ein: Sie werden im gleichen Design übernommen. Löschen Sie leere Folien: Taste ENTF.

5. Sortieren Sie Folien, indem Sie eine Folie anklicken und (mit gedrückter Maustaste oder dem Finger) zwischen zwei andere Folien ziehen.

6. Kehren Sie zurück zur ANSICHT NORMAL und speichern Sie die Präsentation unter MARKETING4.PPTX.

2.13 Symbole und Formeln einfügen und bearbeiten

Wenn Sie Bildzeichen in Ihre Texte einfügen wollen, wählen Sie im Register EINFÜGEN die Schaltfläche SYMBOL. Darauf wird ein Dialogfenster geöffnet, das einen großen Vorrat an Bildzeichen bereithält. Suchen Sie eine Symbolschrift aus (Pfeiltaste am Listenfeld SCHRIFTART). Besonders beliebt sind die Symbole der Schriften WINGDINGS und WEBDINGS. Sehen Sie sich die Zeichen an. (Zum Weiterblättern nutzen Sie den Schieberegler am rechten Rand.) Klicken oder tippen Sie auf ein Symbol und dann auf die Schaltfläche EINFÜGEN.

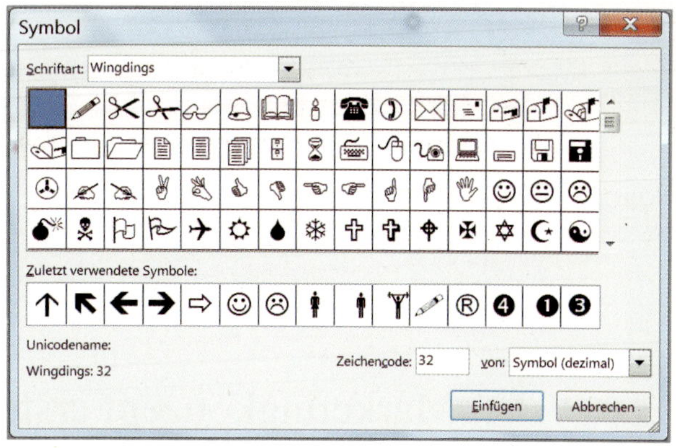

Tipp: Klicken oder tippen Sie doppelt oben auf den Rahmen des Symbolkatalogs: dann erscheint er in voller Größe auf Ihrem Bildschirm.

Erproben Sie im Register EINFÜGEN auch die Schaltfläche FORMEL. Sie gelangen hier zur Formelbibliothek. Wenn Sie eine Formel auf der Folie markieren, erscheint das Register ENTWURF im Menüband. Es liefert die Werkzeuge für die Erstellung und Bearbeitung von Formeln.

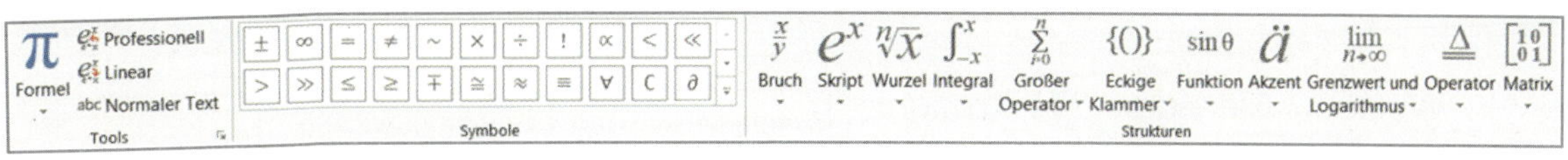

2.14 Tabstopps setzen

Auch in POWERPOINT gibt es Tabstopps. Wählen Sie eine Textzeile aus, für die ein neuer Tabstopp gelten soll. Dann setzen Sie durch Anklicken oder Antippen den Tabstopp an die gewünschte Stelle ins Lineal (auf den unteren Rand des Lineals klicken oder tippen). Gewöhnlich erscheint der linksbündige Tabstopp. Doch das kann man ändern: Klicken Sie solange auf die Tabstopp-Schaltfläche links neben dem Lineal, bis der gewünschte Tabulatortyp erscheint: LINKSBÜNDIG, ZENTRIERT, RECHTSBÜNDIG, DEZIMAL.

Beim nächsten Klick ins Lineal wird dieser Tabstopp verwendet.

Tabstopps im Lineal: LINKSBÜNDIG ↑, RECHTSBÜNDIG ↑, ZENTRIERT ↑, DEZIMAL ↑.

Im Text springen Sie durch Drücken der Tabulatortaste an die nächste Tabstopp-Position. Probieren Sie auch Folgendes aus:

- Verschieben Sie einen Tabstopp im Lineal an eine andere Position (mit dem Finger oder der gedrückten linken Maustaste nach rechts oder links ziehen).
- Löschen Sie einen Tabstopp: Mit gedrückter linker Maustaste oder dem Finger nach unten aus dem Lineal ziehen.
- Fügen Sie Tabstopps über das Register START, Gruppe ABSATZ, im Dialogfeld für die Absatzformatierung ein: Schaltfläche TABSTOPPS.

2.15 Übung: Tabulatoren in Listentexten

Übung

1. Lesen Sie zunächst die vorangehenden Buchabschnitte „2.11 Symbole einfügen“ und „2.12 Tabstopps“. Verändern Sie anschließend die Inhalte der zweiten Folie Ihrer Präsentation MARKETING4.PPTX nach dem folgenden Muster.
   (Sollten Sie die Präsentation nicht erstellt haben, entwickeln Sie eine einzelne Folie.)

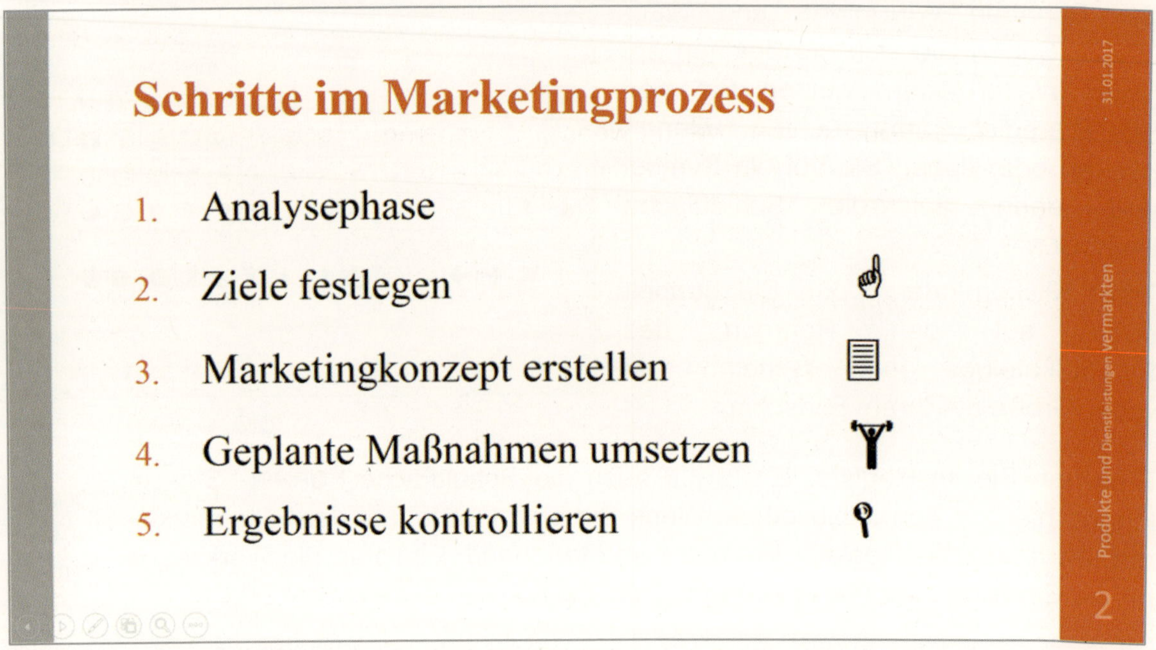

2. Weisen Sie den Textzeilen eine Nummerierung zu. Erproben Sie die Varianten.

   Ändern Sie die Farbe und die Größe der Nummerierung.

   Sie können im Dialogfeld auch festlegen, mit welcher Zahl die Nummerierung beginnen soll.

3. Ändern Sie über die Schieberegler im Lineal die Abstände zwischen der Nummerierung und dem Text daneben.

4. Ändern Sie im Lineal die Tabstopp-Position.

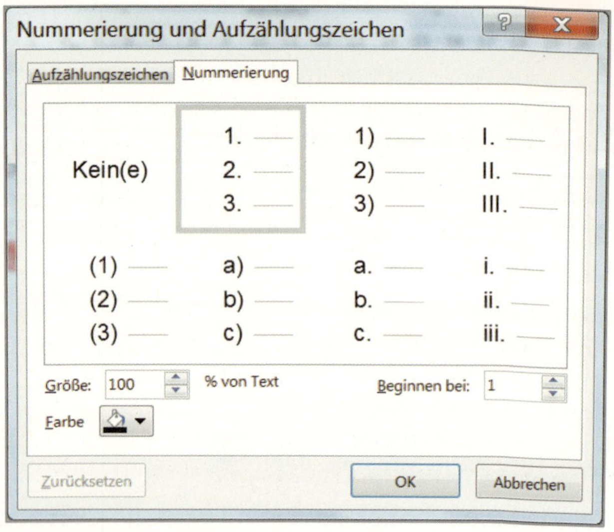

5. Speichern Sie die Präsentation unter MARKETING5.PPTX.

6. Speichern Sie die Präsentation unter dem gleichen Dateinamen als PDF-Datei: Wählen Sie dazu im Dialogfenster SPEICHERN UNTER im Feld für den DATEITYP (Listenpfeil anklicken) das Format PDF (*.PDF). Klicken (oder tippen) Sie auf SPEICHERN.

7. Sehen Sie sich die Darstellung der Folien im PDF-Format an. Sie verlassen die PDF-Ansicht über das Schließkreuz links oben.

2.16 Übung: Textfelder

Übung

Man kann auf allen Folien zusätzliche Textfelder einfügen. Probieren Sie es aus: Geben Sie auf einer leeren Folie (START, NEUE FOLIE, Folienlayout LEER) Textfelder ein:

1. Registerkarte EINFÜGEN, Schaltfläche TEXTFELD. Ziehen Sie auf der Folie mit gedrückter linker Maustaste ein Textfeld auf und geben Sie sofort den Text ein: Notieren Sie zum Beispiel einen Filmtitel.

2. Den Text können Sie wie gewohnt formatieren: Register START, Gruppe SCHRIFTART, und START, Gruppe ABSATZ (für mehrzeiligen Text). Fügen Sie vier weitere Textfelder ein und beschriften Sie diese mit weiteren Filmtiteln. Vergrößern Sie die Schriften, sodass der Raum auf der Folie genutzt wird. Vergrößern Sie auch, (wenn nötig) die Textfelder: an den seitlichen Ziehpunkten am Textfeldrahmen ziehen.

3. Gestalten Sie die Textfelder auf der Folie mit Rahmen, Farben und Effekten: Das Register START, Gruppe ZEICHNUNG liefert SCHNELLFORMATVORLAGEN, FÜLLEFFEKTE, FORMKONTUREN und FORMEFFEKTE (jeweils den Listenpfeil anwählen).

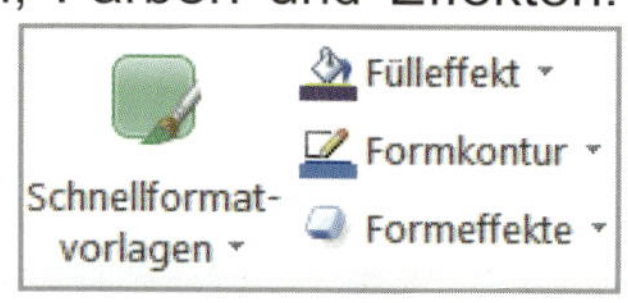

   Bitte beachten:
   Der Text muss markiert sein, bevor man ihn formatieren kann.

   Das Textfeld muss markiert sein, bevor man Rahmenlinien oder Farben zuweisen kann.

4. Es gibt weitere spannende Möglichkeiten, Textfelder zu gestalten. Sie können in einem Textfeld zum Beispiel die Textrichtung ändern: Register START, Gruppe ABSATZ, Schaltfläche TEXTRICHTUNG.

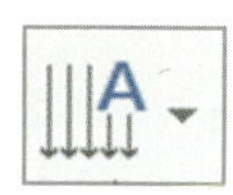

5. Außerdem kann man den Text in einem Textfeld vertikal ausrichten, am oberen oder unteren Rand und auch in der Mitte des Textfeldes: Register START, Gruppe ABSATZ, Schaltfläche TEXT AUSRICHTEN.

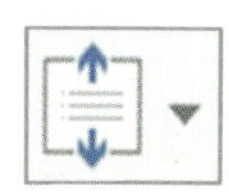

6. Zum Löschen eines Textfeldes klickt man auf dessen Rahmen, dann drückt man die Löschtaste ENTF.

7. Textfelder kann man oben an ihrem Drehpunkt drehen. Drehen Sie ein Textfeld (mit dem Finger oder gedrückter linker Maustaste) in die gewünschte Richtung.

8. Um ein Textfeld auf der Folie zu verschieben, ziehen Sie es an seinem Rahmen an eine neue Position.

9. Speichern Sie die Folie unter FILMTIPPS.PPTX und drucken Sie die Folie aus.

Beachten Sie bitte: In POWERPOINT 2016 werden auch im Kontextmenü (rechte Maustaste) Funktionen für die Gestaltung der Objekte angeboten.

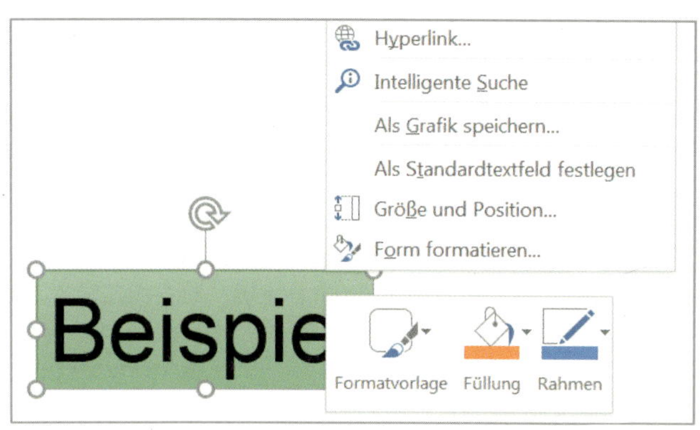

2.17 Übung: Textfelder mit Rahmen, Farben und Effekten

Übung

1. Fügen Sie in der Präsentation MARKETING5.PPTX eine neue Folie ein: Folienlayout NUR TITEL. (Sie können auch nur eine einzelne Folie erstellen.)
2. Erstellen Sie Textfelder und Inhalte nach dem folgenden Muster:

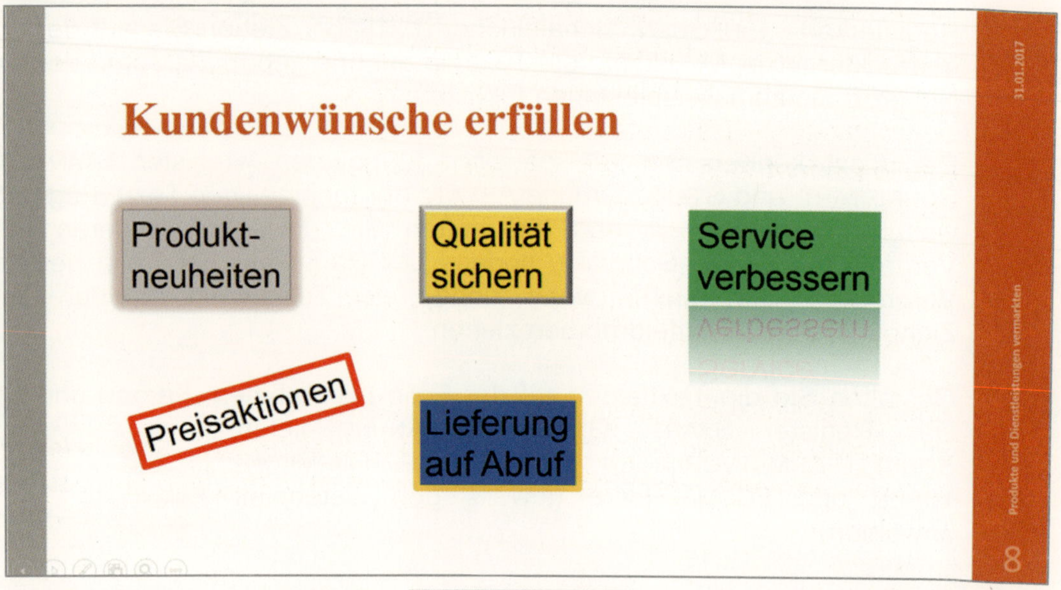

3. Weisen Sie den Textfeldern Füllfarben, Rahmenlinien und Formeffekte zu. Erproben Sie auch die SCHNELLFORMATVORLAGEN. Verschieben Sie die Textfelder auf der Folie. Drehen Sie Textfelder.

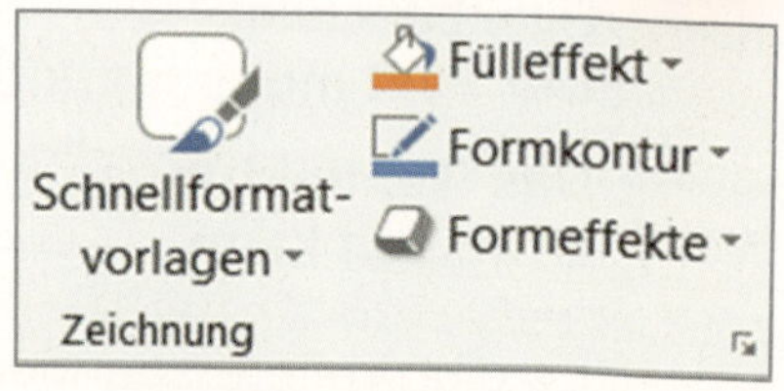

4. Ändern Sie die Zoom-Einstellung (sodass man die Objekte leicht bearbeiten kann): Wenn Sie mit der Maus arbeiten, steht Ihnen unten rechts unter der Folie der Zoom-Regler zur Verfügung. Bei einem Touch-Bildschirm ziehen Sie die Folie mit zwei Fingern auseinander oder zusammen.

5. Kopieren Sie ein Textfeld: Taste STRG drücken und das Textfeld am Rahmen mit gedrückter linker Maustaste wegziehen (die Taste STRG zuletzt loslassen).

6. Wählen Sie die Registerkarte ANSICHT und aktivieren Sie die GITTERNETZLINIEN. Nun können Sie die Textfelder leichter auf gleicher Höhe und untereinander positionieren. Über den gleichen Weg deaktivieren Sie die Gitternetzlinien wieder.

   Beachten Sie bitte: POWERPOINT 2016 blendet beim Ausrichten der Objekte sogenannte Ausrichtungslinien ein. An diesen Linien kann man sich wunderbar orientieren, um Objekte auf der Folie exakt nebeneinander, auf gleicher Höhe oder in gleichen Abständen anzuordnen.

   Gitternetzlinien nutzt man vor allem dann, wenn man ein Objekt auf mehreren Folien an genau die gleiche Position setzen will.

7. Zum Ausrichten von Textfeldern gibt es im Register FORMAT, Gruppe ANORDNEN, die Schaltfläche AUSRICHTEN. Markieren Sie mehrere Felder (mit gedrückter linker Maustaste oder dem Finger einen Rahmen darüber aufziehen) und wählen Sie über den Listenpfeil der Schaltfläche eine Anordnungsvariante aus.

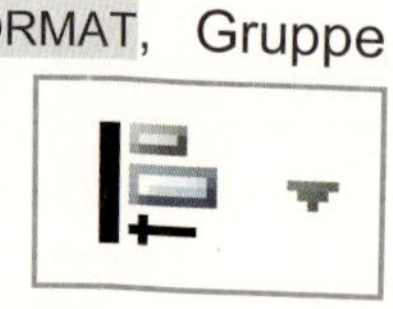

8. Speichern und drucken Sie die Folie.

2.18 WordArt

Texte in Textfeldern kann man auch im WORDART-Stil formatieren. Dabei gibt es zwei Vorgehensweisen:

a) Man markiert den Text in einem Textfeld. Dann wählt man das Register FORMAT (ZEICHENTOOLS) und in der Gruppe WORDART-FORMATE die Schaltfläche SCHNELLFORMATVORLAGEN (Listenpfeil). Der WORDART-Katalog öffnet sich. Klicken Sie auf eine der Varianten: Das Format wird dem Text zugewiesen.

Bitte beachten: unten im Katalog kann man das WORDART-Format wieder löschen.

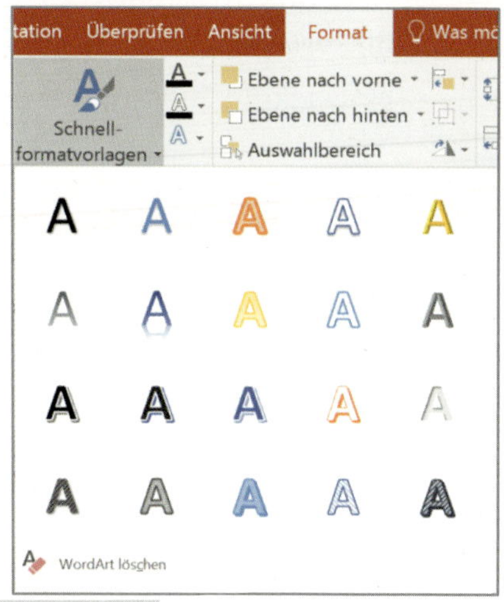

b) Zweite Möglichkeit: Zunächst den WORDART-Stil auswählen. Hier lautet der Weg EINFÜGEN, WORDART. Dann klickt man auf eine der WORDART-Varianten und tippt den Text in das auf der Folie geöffnete Textfeld ein.

In beiden Fällen können Sie den WORDART-Text weiter ausgestalten. Nutzen Sie dazu die drei Schaltflächen rechts neben dem WORDART-Katalog in der Gruppe WORDART-FORMATE (Register FORMAT). Erproben Sie die Schaltflächen TEXTFÜLLUNG, TEXTKONTUR und TEXTEFFEKTE.

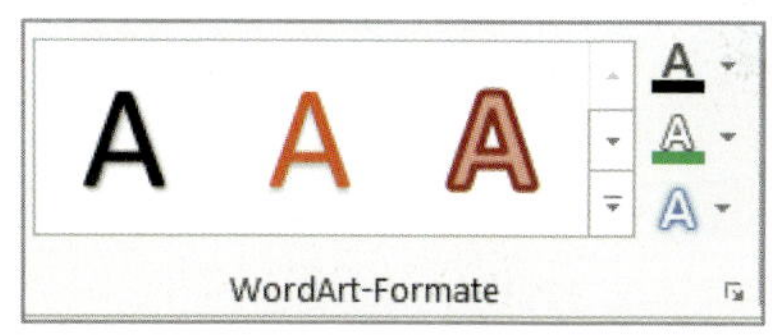

Über den kleinen Pfeil  rechts unten in der Gruppe WORDART-FORMATE wird am rechten Seitenrand der Aufgabenbereich eingeblendet. Hier kann man detailliert festlegen, wie die einzelnen Objekte auf der Folie dargestellt werden sollen. Erproben Sie für Ihr WORDART-Objekt die FORM- und TEXTOPTIONEN.

Sie schließen den Aufgabenbereich über sein Schließkreuz links oben.

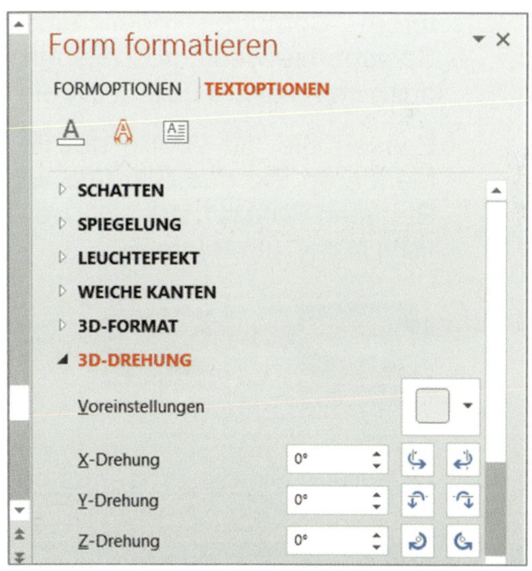

WORDART-Objekt

2.19 Übung: WORDART-Texte

Übung

1. Fügen Sie in die Präsentation MARKETING5.PPTX eine neue Folie ein. Wählen Sie das Folienlayout LEER. (Sie können auch eine einzelne neue Folie erstellen.)

2. Entwickeln Sie auf der Folie WORDART-Texte nach dem folgenden Muster:

3. Fügen Sie ein Bild auf der Folie ein, das Sie auf Ihrem Computer oder einem anderen externen Speicherlaufwerk gespeichert haben: Wählen Sie dazu im Register EINFÜGEN die Schaltfläche BILDER.

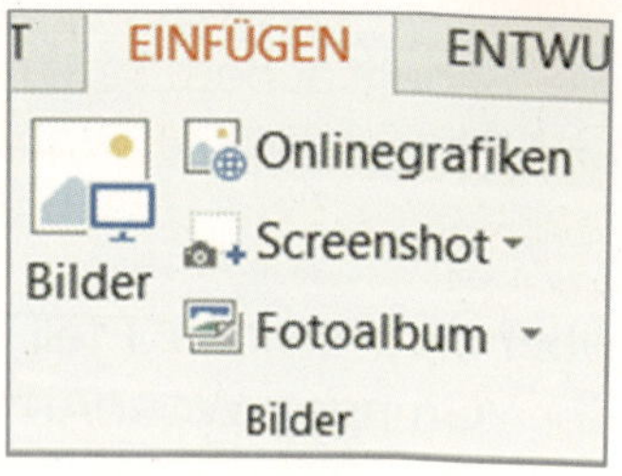

   Passen Sie die Größe des Bildes auf der Folie an. Markieren Sie das Bild und weisen Sie ihm aus dem Register FORMAT (BILDTOOLS), Gruppe BILDFORMATVORLAGEN, ein Bildformat zu.

4. Speichern Sie die Präsentation.

5. Drucken Sie
   a) alle Folien der Präsentation als Handzettel (3 Folien auf einer Seite).
   b) alle Folien als Handzettel (6 Folien pro Seite im Querformat).
   c) alle Folien als Gliederung.
   d) nur die zweite Folie.
   e) nur die dritte Folie als Notizenseite.

6. Schließen Sie die Präsentation und beenden Sie POWERPOINT.

2.20 Inhalte durch Bilder anschaulich machen

Die Bilder, Fotos und Online-Grafiken finden Sie auch in POWERPOINT 2016 im Register EINFÜGEN. Hier können Sie in der Gruppe BILDER über verschiedene Schaltflächen auf die gewünschten Objekte aus den Verzeichnissen Ihres Rechners oder externer Datenspeicher zugreifen (USB, CD, DVD usw.) sowie aus dem Internet. Wählen Sie jeweils ein Bild aus und klicken oder tippen Sie auf die Schaltfläche EINFÜGEN.

Nach dem Einfügen muss man das Bild meistens noch in der Größe anpassen und an die richtige Position auf der Folie schieben. Zum Vergrößern und Verkleinern haben die Bilder Ziehpunkte. Über die Ziehpunkte an den vier Ecken ändert man die Bildgröße proportional zum Seitenverhältnis.

Zum Verschieben zieht man das Bild von der Mitte aus mit gedrückter linker Maustaste oder dem Finger an die gewünschte Position.

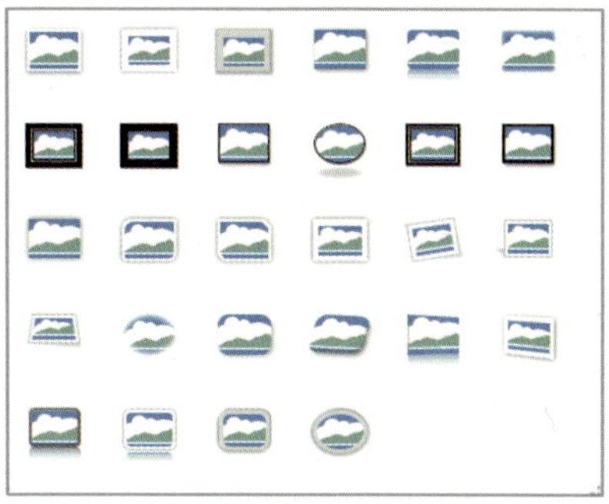

Oben über dem Bildrahmen gibt es einen Drehpfeil. Damit dreht man das Bild per Maus oder Finger in die gewünschte Richtung.

Ist das Bild markiert, liefert die Registerkarte FORMAT eine Vielzahl von Werkzeugen für die Bildbearbeitung.

2.21 Folien duplizieren

Öffnen Sie eine Präsentation. Verdoppeln Sie die erste Folie: Wählen Sie dazu im Register START die Schaltfläche NEUE FOLIE (Listenpfeil) und im Menü unter den Folienlayouts AUSGEWÄHLTE FOLIE DUPLIZIEREN.

6 Schröder ISBN 978-3-8120-0815-0

2.22 Übung: Kiosk erstellen mit Folienübergängen

Übung

1. Öffnen Sie eine der bereits erstellten Marketing-Präsentationen aus den vorangehenden Übungen (oder eine eigene andere Präsentation).

2. Aktivieren Sie die ANSICHT, FOLIENSORTIERUNG.

3. Weisen Sie den einzelnen Folien Folienübergänge zu: Wählen Sie das Register ÜBERGÄNGE.

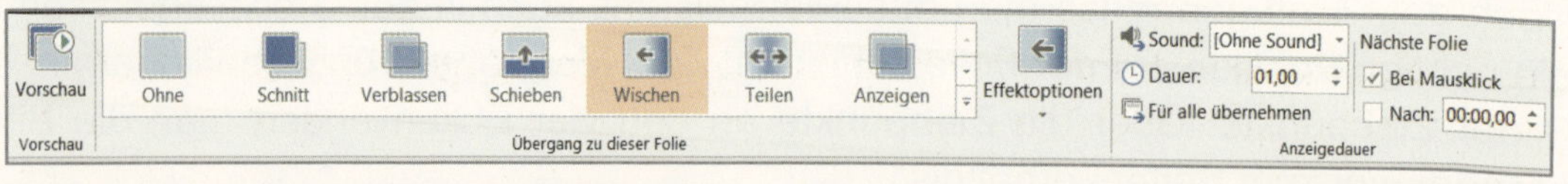

Deaktivieren Sie rechts im Menüband unter NÄCHSTE FOLIE das Kontrollkästchen BEI MAUSKLICK und wählen Sie stattdessen NACH: 00:02. Weisen Sie diese Übergangszeit allen Folien zu: Schaltfläche FÜR ALLE ÜBERNEHMEN.

Klicken Sie jeweils eine Folie an und wählen Sie aus dem Katalog (Gruppe ÜBERGANG ZU DIESER FOLIE) einen Übergang aus. Anschließend können Sie mithilfe der Schaltfläche EFFEKTOPTIONEN (Listenpfeil) den Übergang noch detaillierter gestalten.

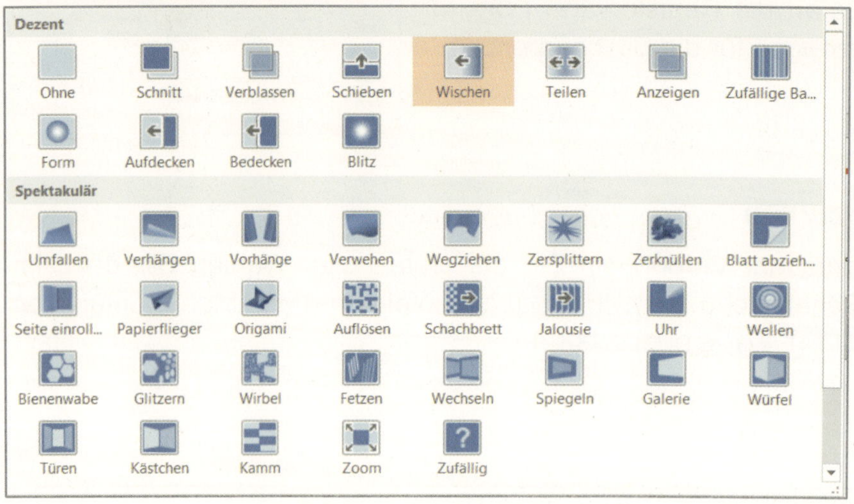

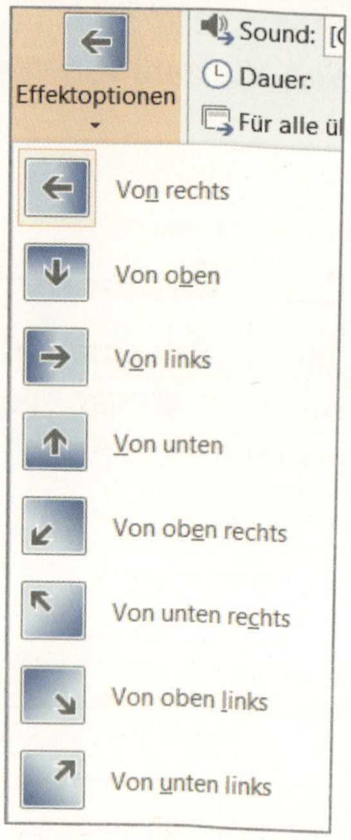

4. Wenn Sie nun die Bildschirmpräsentation starten, läuft sie automatisch ab (in der ANSICHT, BILDSCHIRMPRÄSENTATION!). Die Show endet mit einem schwarzen Bildschirm. Wenn man weiterklickt, wird die Ansicht eingeblendet, in der man die Präsentation zuletzt bearbeitet hat.

5. Vielleicht wünschen Sie sich lieber eine Endlos-Show, die vergleichbar ist mit einem Messe-Kiosk: Wenn die Bildschirmpräsentation am Ende angelangt ist, beginnt sie wieder von vorn.
Wählen Sie dazu im Register BILDSCHIRMPRÄSENTATION die Schaltfläche BILDSCHIRMPRÄSENTATION EINRICHTEN und im Dialogfenster die Option ANSICHT AN EINEM KIOSK (VOLLE BILDSCHIRMGRÖSSE). Klicken Sie auf OK und lassen Sie die Bildschirmshow ablaufen.

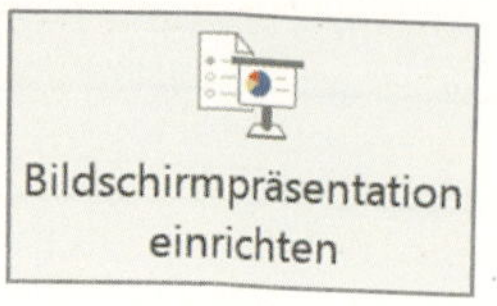

2.23 Empfehlungen für die Textgestaltung

Übung

a) Schriftgröße für den Basistext: etwa 20 bis 24 Pt. ☐

b) Schriftgröße für Überschriften: ab 32 Pt. ☐

c) Grundregel: „Weniger ist mehr“ ☐

d) Sechs bis sieben Aufzählungspunkte auf einer Folie ☐

e) Nach Möglichkeit nicht mehr als zwei Textzeilen pro Aufzählungspunkt (Übersichtlichkeit) ☐

f) Nach Möglichkeit nicht mehr als zwei Textzeilen pro Überschrift (Übersichtlichkeit) ☐

g) Größere Zeilenabstände bei großen Schriften ☐

h) Zielgerichtete Hervorhebungen ☐

i) Sparsamer Einsatz von Effekten und Animationen ☐

j) Publikumsorientierte Gestaltung ☐

Quizfragen

1. Wie kann man die Zoom-Einstellung ändern?
2. Wo kann man im Menüband die Gitternetzlinien aktivieren?
3. Was sind „Ausrichtungslinien“?
4. Welche Tabstopps werden im nachfolgenden Zeilenlineal gezeigt?

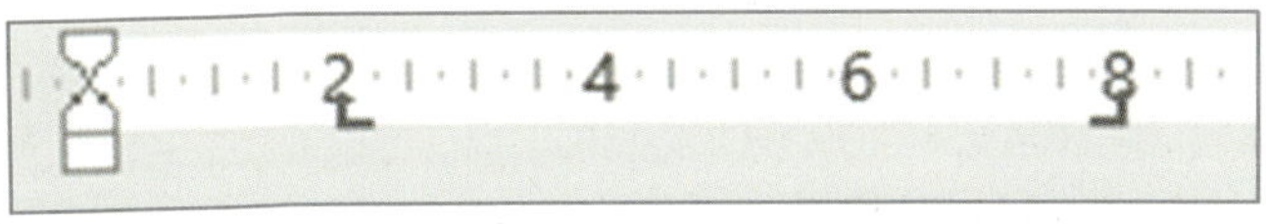

Nennen Sie die Position und die Ausrichtung:

a) ____

b) ____

3 Wie man in kurzer Zeit eine Präsentation erstellt

In diesem Kapitel geht es um die Seitengestaltung der Präsentationsfolien. Dazu finden Sie fast alle wichtigen Werkzeuge in der Registerkarte ENTWURF. Sie erkunden in den nachfolgenden Übungen die Darstellungsvarianten von POWERPOINT 2016 und die vielfältigen Möglichkeiten der Hintergrundgestaltung. Sie arbeiten mit Farb- und Schriftkatalogen, erfahren, wie man Folienformate ändert und Folien, Handzettel und Notizenseiten ins Hoch- oder Querformat setzt.

Damit Sie blitzschnell Präsentationen entwickeln können, lernen Sie, Präsentationen in der Gliederungsansicht zu entwerfen. Hier kann man erste Textideen sammeln und übersichtlich strukturieren. Außerdem stellen Sie neue Präsentationen aus bereits vorhandenen Folien zusammen. Nach der Fertigstellung senden Sie die vollständige Präsentation nach Word.

Lernziele und Themen in diesem Kapitel

a) Präsentation in der Gliederungsansicht entwerfen, Inhalte strukturieren

b) Das Seitenformat festlegen: Hoch- und Querformat, Breitbildformat

c) Ein Design zuweisen und ändern, Farb- und Schriftkataloge nutzen

d) Den Hintergrund mit Farbverläufen, Fülleffekten, Bildern und Fotos gestalten

e) Die Präsentation speichern, Handzettel und Notizenseiten im Hoch- und Querformat drucken

f) Den Gliederungstext und die Folien als Bilder nach WORD senden

g) Fertige Folien aus verschiedenen Präsentationen zu einer neuen Präsentation zusammenstellen

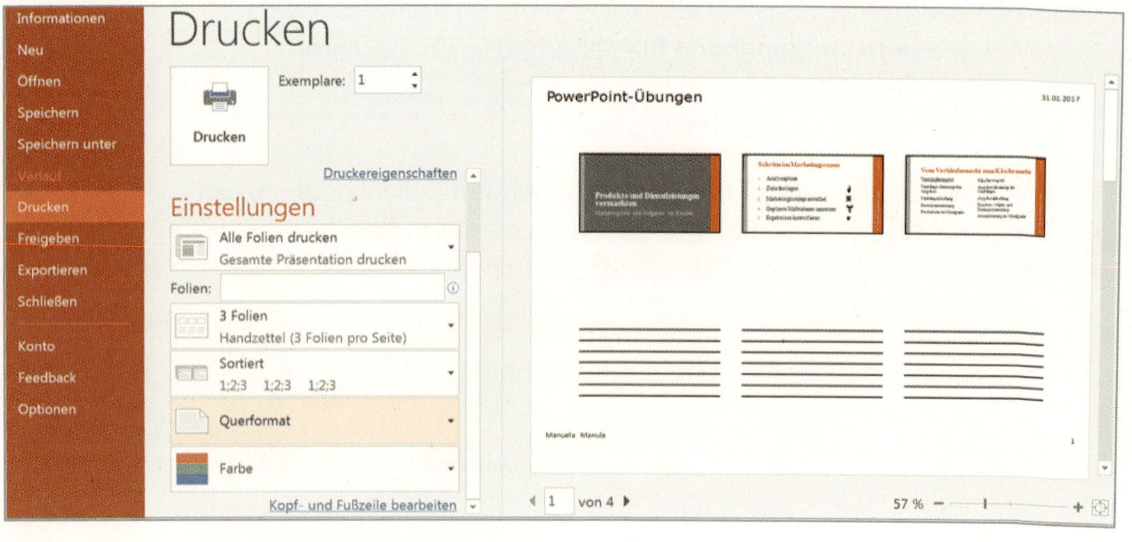

3.1 Farbschemata und Schriftkombinationen

Im Register ENTWURF finden Sie den Design-Katalog für Ihre Folien: Klicken Sie auf den Listenpfeil rechts unten am Rand des Kataloges:

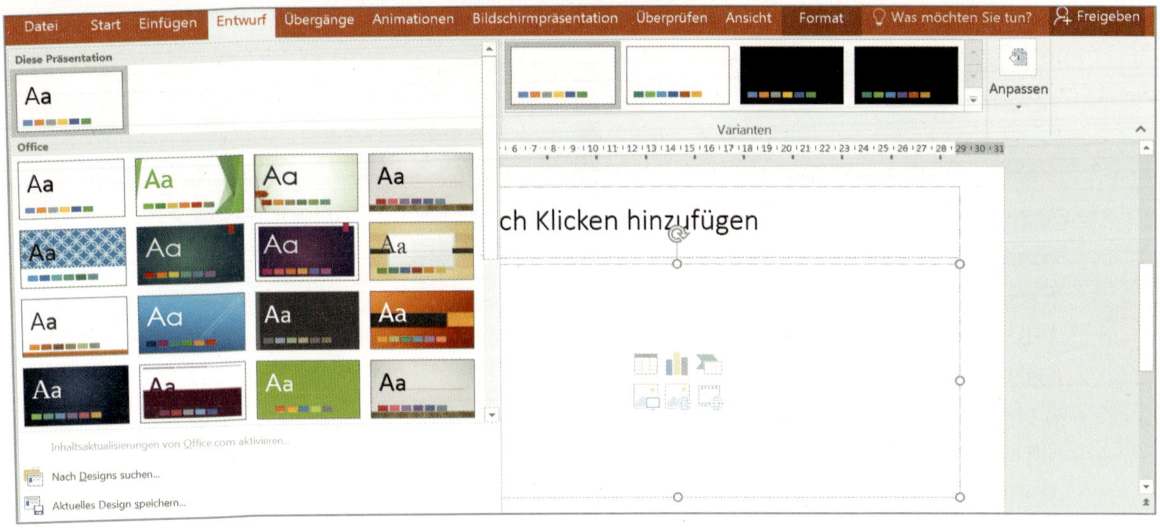

Zeigen Sie im aufgeklappten Katalog auf den unteren Rand eines Designs, dann wird der **Designname** eingeblendet.

Mit dem Schieberegler neben den Designs blättern Sie im Katalog weiter.

Manchmal gefällt die grafische Gestaltung eines Designs, aber nicht die Farbe des Hintergrundes. Für die individuelle Farbwahl liefert POWERPOINT die Varianten rechts neben dem Design-Katalog: Register ENTWURF, Gruppe VARIANTEN. Über den Listenpfeil gelangen Sie zu weiteren Formatierungshilfen: Hier finden Sie Farbkataloge, in denen man passende Farbkombinationen auswählen (siehe auch nächste Buchseite), Farbschemata ändern und jede gewünschte Farbe einzeln festlegen kann.

Erproben Sie die HINTERGRUNDFORMATE ➜

Zusätzlich gibt es im Register ENTWURF, Gruppe VARIANTEN die Schriftkataloge mit aufeinander abgestimmten Schriftarten. ➔

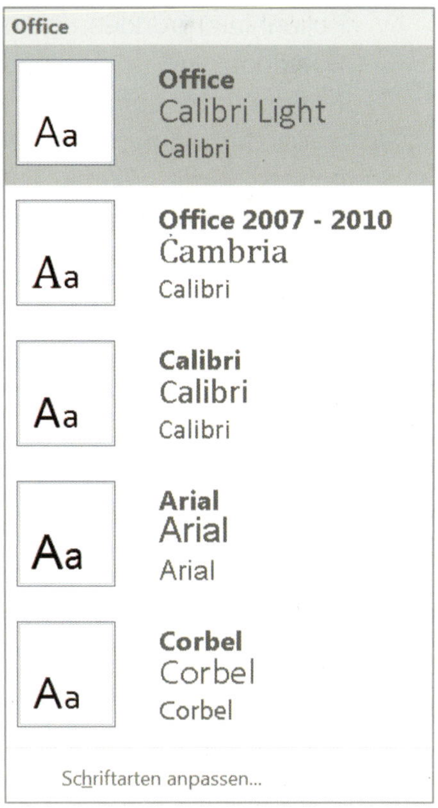

- **Farbkatalog**: Klicken oder tippen Sie auf den Menüpunkt FARBEN: Es werden Farbschemata mit abgestimmten Hintergrund- und Objektfarben aufgelistet. Wenn Sie ein Schema auswählen, werden dessen Farben auf die Objekte, die Sie auf den Folien einfügen, übertragen.

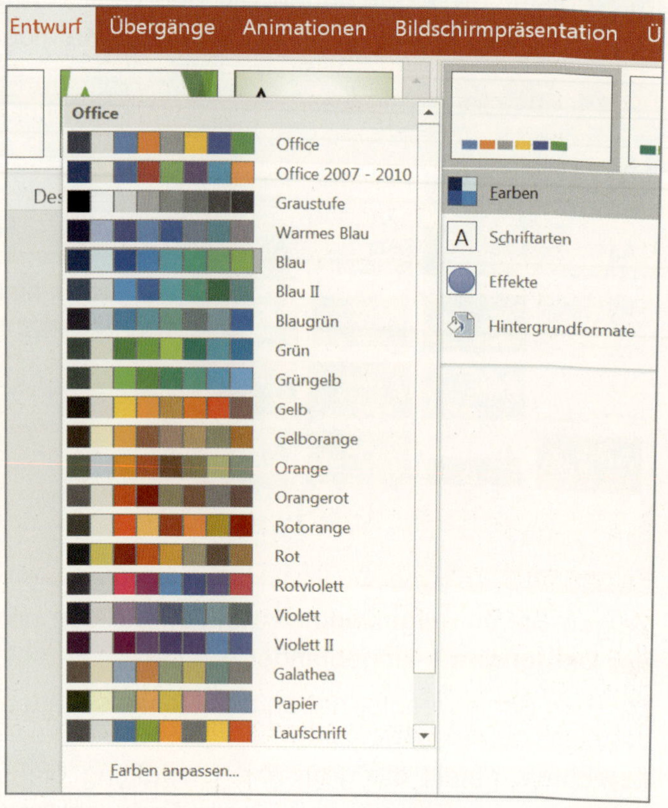

Farbschema ersetzen

Mithilfe des Katalogs kann man auch das vollständige Farbschema einer Präsentation durch ein neues ersetzen (zum Beispiel ein Schema mit hellem Hintergrund durch ein Schema mit dunklem Hintergrund).

Farbschema ändern

Um ein neues Farbschema auf der Basis eines bereits vorhandenen zu erstellen, wählt man im Farbkatalog unten FARBEN ANPASSEN. Im Dialogfenster NEUE DESIGNFARBEN ERSTELLEN kann man die Farben des Folienhintergrundes und der Designobjekte festlegen. Klicken (oder tippen) Sie jeweils auf den Listenpfeil neben einer Farbe und wählen Sie eine neue Farbe aus.

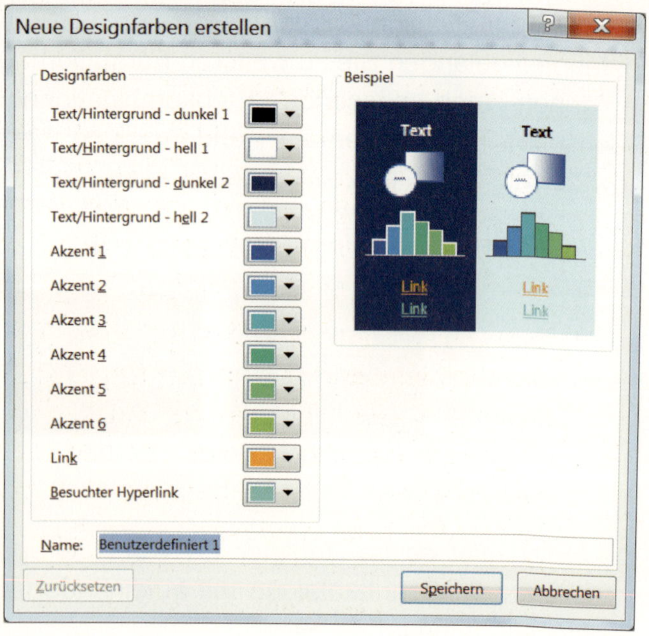

Am Ende geben Sie Ihrem neuen Farbschema einen Namen: Tippen Sie ihn in das Eingabefeld unten im Dialogfenster ein; dann wählen Sie die Schaltfläche SPEICHERN.

- **Schriftarten-Katalog:** Dieser liefert Vorschläge für die Schriftgestaltung auf den Folien. Manch ein Muster in der Liste beschränkt sich auf nur eine Schriftart, liefert aber zugleich aufeinander abgestimmte Schriftgrößen (für Überschriften und Listentexte). Dort, wo verschiedene Schriften kombiniert werden, wurden äußerst klare Grundschriften gewählt, z. B. TIMES NEW ROMAN und ARIAL.

Schriftschema ändern

Auch die Schriften kann man nach eigenen Vorstellungen zusammenstellen. Wählen Sie SCHRIFTARTEN ANPASSEN am Ende des Schriftenkatalogs. Geben Sie im Dialogfenster NEUE DESIGNSCHRIFTARTEN ERSTELLEN die gewünschten Schriften ein. Das neue Schema braucht noch einen Namen. Danach können Sie es SPEICHERN.

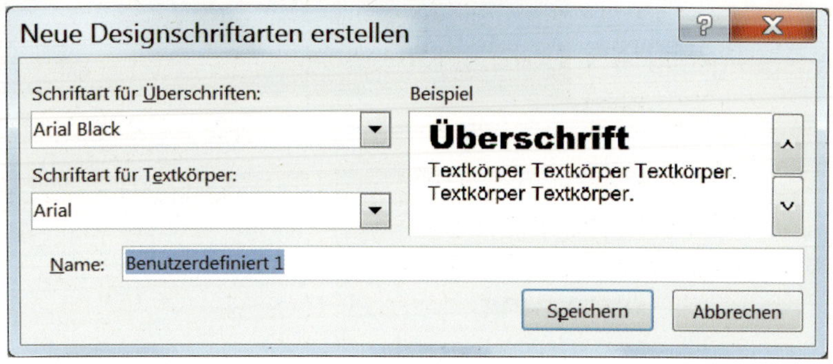

3.2 Den Folienhintergrund entwerfen

Es gibt eine Vielzahl von Möglichkeiten, den Hintergrund der Folien selbst zu gestalten, zum Beispiel im Register ENTWURF, Gruppe ANPASSEN, Schaltfläche HINTERGRUND FORMATIEREN. Erproben Sie Farben, Farb-verläufe, Bild,- Textur- und Musterfüllungen im eingeblendeten Aufgabenbereich am rechten Rand:

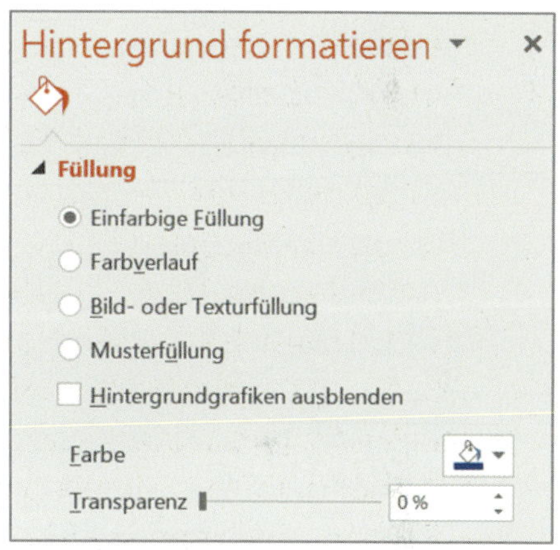

- EINFARBIGE FÜLLUNG: Tippen oder klicken Sie auf den Listenpfeil der Farbschaltfläche. Ändern Sie auch die TRANSPARENZ.
- FARBVERLAUF: Hier kann man mehrfarbige Hintergründe erzeugen. Den Verlauf kann man nach TYP und RICHTUNG detailliert festlegen. Es lassen sich weitere Farben einbinden. Farbverlaufstopps zeigen, wo eine Farbe in eine andere übergeht.

  BILD- ODER TEXTURFÜLLUNG: Diese Option ist sehr interessant: Man findet hier Texturen (Listenpfeil der Schaltfläche TEXTUR) und kann auch Bilder und Fotos aus den Dateiverzeichnissen als Hintergrund einfügen! Sehr hilfreich ist wieder der Regler für die Transparenzeinstellung. Hellen Sie den Hintergrund soweit auf, bis der Text auf der Folie gut lesbar ist.
- MUSTERFÜLLUNG: Wählen Sie hier Muster und deren Linien- und Hintergrundfarben.

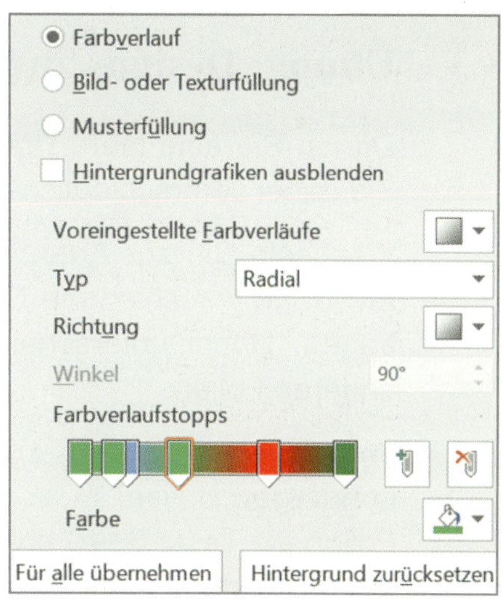

Die jeweils gewünschte Hintergrundeinstellung wird auf die aktuelle Folie übertragen. Um sie auf alle Folien zu übertragen, klicken oder tippen Sie auf die Schaltfläche FÜR ALLE ÜBERNEHMEN.

Ausgangsbild →

↓

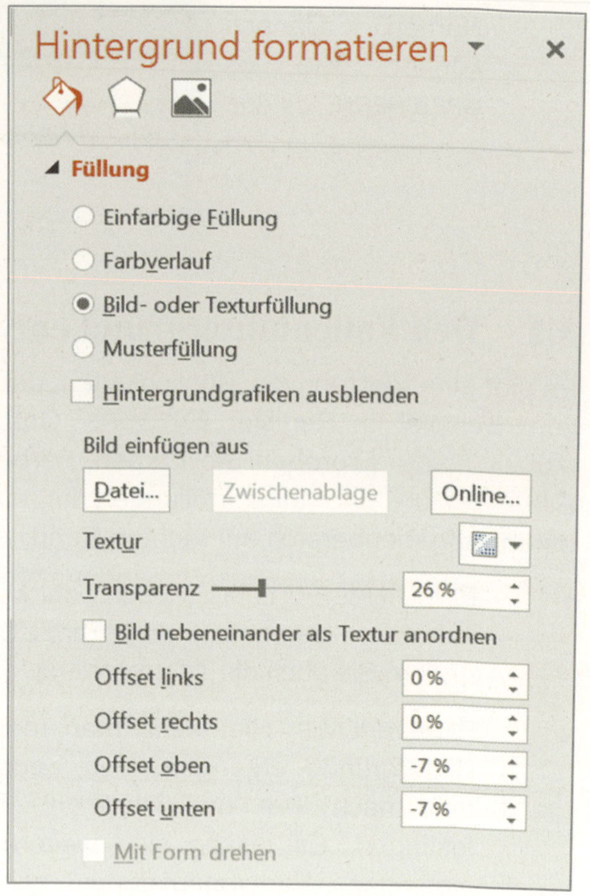

3.3 Übung: Designs zuweisen

Übung

1. Öffnen Sie eine leere Präsentation und fügen Sie mehrere Folien ein. Wählen Sie dabei unterschiedliche Folienlayouts.
2. Wechseln Sie zur ANSICHT, FOLIENSORTIERUNG und erproben Sie im Register ENTWURF verschiedene Designs. Das Design wird jeweils auf alle Folien übertragen. Dabei unterscheidet es sich auf der Titelfolie oft erheblich von den anderen Folien.
3. Wenn Sie ein Design auf eine oder mehrere einzelne Folien der Präsentation übertragen wollen, müssen Sie diese Folien zunächst markieren (für mehrere Folien die Taste STRG drücken und anklicken oder antippen). Dann drücken Sie die rechte Maustaste und wählen im Kontextmenü FÜR AUSGEWÄHLTE FOLIEN ÜBERNEHMEN.

3.4 Übung: Designvarianten und Farbschemata

Übung

1. Öffnen Sie eine leere Präsentation und fügen Sie mehrere Folien ein.
2. Weisen Sie der Präsentation das Design PARALLAX zu.
3. Wechseln Sie zur ANSICHT, FOLIENSORTIERUNG und erproben Sie die Varianten des Designs (Register ENTWURF).

4. Klicken Sie auf den Listenpfeil des Varianten-Katalogs. Wählen Sie im Menü die HINTERGRUNDFORMATE. Ändern Sie für die Präsentation die Hintergrundfarbe.

3.5 Neue Designs speichern (*.thmx)

Ihre selbst angefertigten Designs (mit neuen FARBEN, Schriftkombinationen und Hintergründen) können Sie speichern und wiederverwenden.

Speichern Sie Ihr Design im Register ENTWURF, Gruppe DESIGNS: Wählen Sie den Menüpunkt AKTUELLES DESIGN SPEICHERN. Geben Sie dem neuen Design einen Namen und wählen Sie ein Dateiverzeichnis aus. Klicken (oder tippen) Sie auf die Schaltfläche SPEICHERN.

Das neue Design gehört zum Dateityp OFFICE-DESIGN.THMX.

Wenn Sie dieses Design später verwenden wollen, wählen Sie im gleichen Menü den Menüpunkt NACH DESIGNS SUCHEN und das Verzeichnis, in das Sie die Datei abgelegt haben. Dort klicken (oder tippen) Sie auf das gesuchte Design.

Neue Präsentation mit einem Design beginnen

Wenn man eine neue Präsentation entwickeln will, kann man sofort mit einem Design beginnen. Nach dem Start von POWERPOINT erscheinen die Designs auf dem Bildschirm. Wählen Sie ein passendes aus. Klicken oder tippen Sie auf die Schaltfläche ERSTELLEN.

Tipp: Immer wieder neue Design-Vorlagen finden Sie im Register DATEI, NEU, Schaltfläche NACH ONLINE-VORLAGEN UND -DESIGNS SUCHEN.

3.6 Seitengröße, Präsentations- und Druckformat

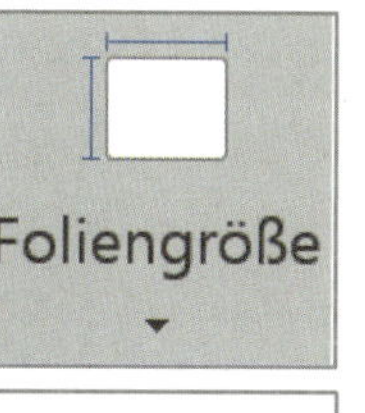

Folien, Handzettel und Notizenseiten kann man im **Hoch- und Querformat** anzeigen und drucken. Die Einstellungen dazu werden im Register ENTWURF, Gruppe ANPASSEN, über den Listenpfeil der Schaltfläche FOLIENGRÖSSE vorgenommen. Klicken (oder tippen) Sie auf BENUTZERDEFINIERTE FOLIENGRÖSSE.

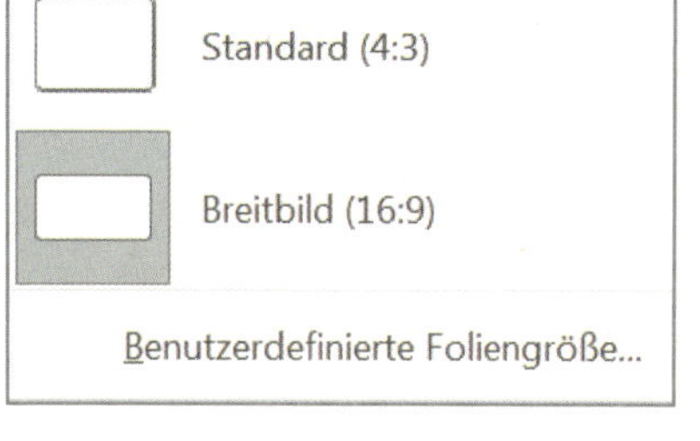

Anschließend erscheint das Dialogfenster FOLIENGRÖSSE. Hier können Sie die AUSRICHTUNG ändern, das PAPIERFORMAT festlegen und einstellen, mit welcher FOLIENNUMMER die Präsentation beginnen soll.

7 Schröder ISBN 978-3-8120-0815-0

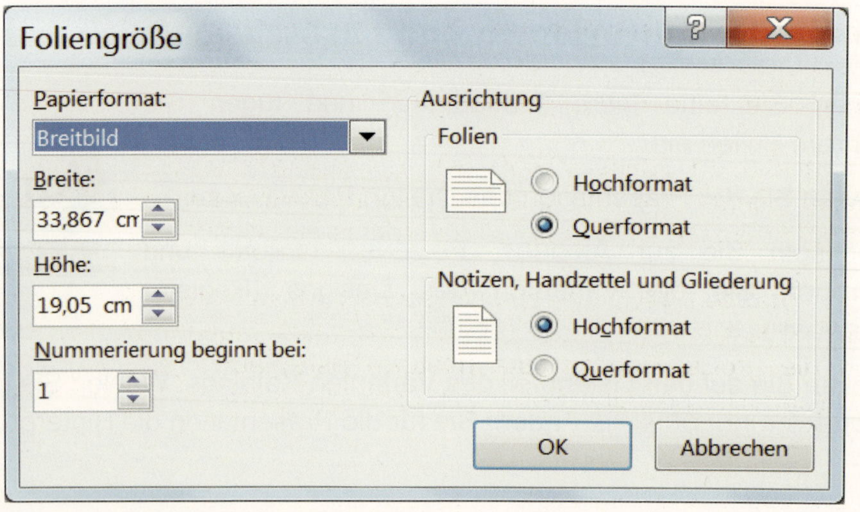

3.7 Übung: Folien im Hochformat

Übung

1. Erstellen Sie eine neue Präsentation zum Thema „Zeit“: Beginnen Sie sofort mit einer Designvorlage. Wählen Sie das Design und die zugehörende Variante nach Ihrem Geschmack (Das Muster in dieser Übung hat das Design FACETTE).

2. Fügen Sie hinter der Titelfolie zwei Folien ein.

3. Legen Sie für die Präsentation das Hochformat und die Foliengröße STANDARD (4:3) fest.

4. Geben Sie die Texte auf drei Folien nach dem folgenden Muster ein:

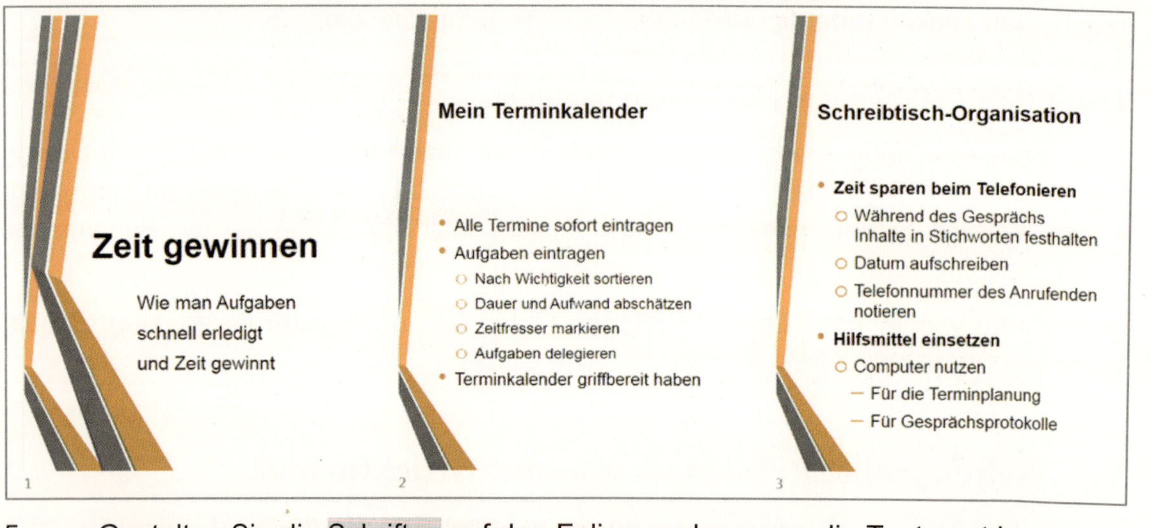

5. Gestalten Sie die Schriften auf den Folien, sodass man die Texte gut lesen kann. Ändern Sie die Aufzählungszeichen und verschieben Sie Textfelder.

6. Speichern Sie die Präsentation unter dem Dateinamen ZEIT.PPTX.

7. Drucken Sie die Präsentation als Handzettel aus (3 FOLIEN auf einer Seite).

8. Fügen Sie ein Bild auf einer Folie ein: EINFÜGEN, BILDER.

9. Erproben Sie weitere Möglichkeiten der Hintergrundgestaltung.

3.8 Übung: Strukturieren in der Gliederungsansicht

1. Erstellen Sie eine neue Präsentation.

2. Wählen Sie im Register ANSICHT die GLIEDERUNGSANSICHT. Ziehen Sie den Gliederungsbereich an seiner rechten vertikalen Rahmenlinie nach rechts größer auf.

Übung

3. Geben Sie den Text des nachfolgenden Musters ein: Schreiben Sie zuerst rechts neben das Foliensymbol den Haupttitel „Kulturmarketing". Drücken Sie dann die große Eingabetaste (Return-Taste) auf der Tastatur: Eine neue Folie wird unter die erste eingefügt.

1 **Kulturmarketing**

4. Geben Sie die weiteren Texte ein.

   Arbeiten Sie mit mehreren Gliederungsebenen für die Haupt- und Unterpunkte. Drücken Sie dazu die Alt- und die Umschalt-Taste (Shift) mit der linken Hand und eine Pfeiltaste (Cursor-Taste) mit der anderen Hand:

   Text nach rechts (Unterpunkt): Alt + Umschalt + →.

   Text nach links (übergeordneter Punkt): Alt + Umschalt + ←.

Gliedern: Alt + Umschalt + Pfeiltasten

2. Möglichkeit

Unterpunkt: Tabulatortaste

Übergeordneter Punkt: Umschalt + Tabulatortaste

5. Geben Sie den restlichen Text des Musters ein.

6. Strukturieren Sie den gesamten Text: Markieren Sie Textzeilen und verschieben Sie diese nach oben oder nach unten.

   Text nach oben: Alt + Umschalt + ↑.

   Text nach unten: Alt + Umschalt + ↓.

7. Fügen Sie eine Fußzeile ein: Register EINFÜGEN, KOPF- UND FUßZEILE. Aktivieren Sie das Datum und die Foliennummer und schreiben Sie Ihren Namen in das Fußzeilenfeld.

8. Speichern Sie die Präsentation unter dem Dateinamen: KULTURMARKETING.PPTX

9. Drucken Sie die Gliederung.

1 **Kulturmarketing**

2 **Marketingkonzept (Auszüge)**
- Leitideen
- Ziele
  - Kunden gewinnen
  - Kunden binden
  - Tourismus fördern
- Marktbedingungen
  - Ressourcen
  - Möglichkeiten
  - Strategien

3 **Angebotsbereiche**
- Kinos
- Theater
- Konzerthäuser
- Ausstellungen
  - Künstlerische Produkte vermarkten
- Museen

4 **Öffentlichkeitsarbeit**
- Produkte vorstellen
  - Zielgruppenangebote
- Partner vorstellen
  - neue Kooperationen

10. Wechseln Sie zur ANSICHT NORMAL. Weisen Sie der Präsentation ein Design zu und passen Sie die Schriftgrößen auf den Folien an.

11. Speichern Sie die Präsentation unter dem gleichen Dateinamen erneut ab.

Neue Präsentationen blitzschnell entwerfen

Übung

Die **Gliederungsansicht** eignet sich sehr gut dazu, neue Präsentationen zu entwerfen. Zunächst sammelt man im Brainstorming-Verfahren Ideen für die Präsentationsinhalte. Dann strukturiert man die Inhalte der Gliederung: Man legt Haupt- und Unterpunkte fest und verschiebt Zeilen nach oben oder unten. In der Gliederungsansicht können Sie zugleich verfolgen, wie sich die Inhalte auf den Folien entwickeln und Anmerkungen ins Notizenfeld eingeben:

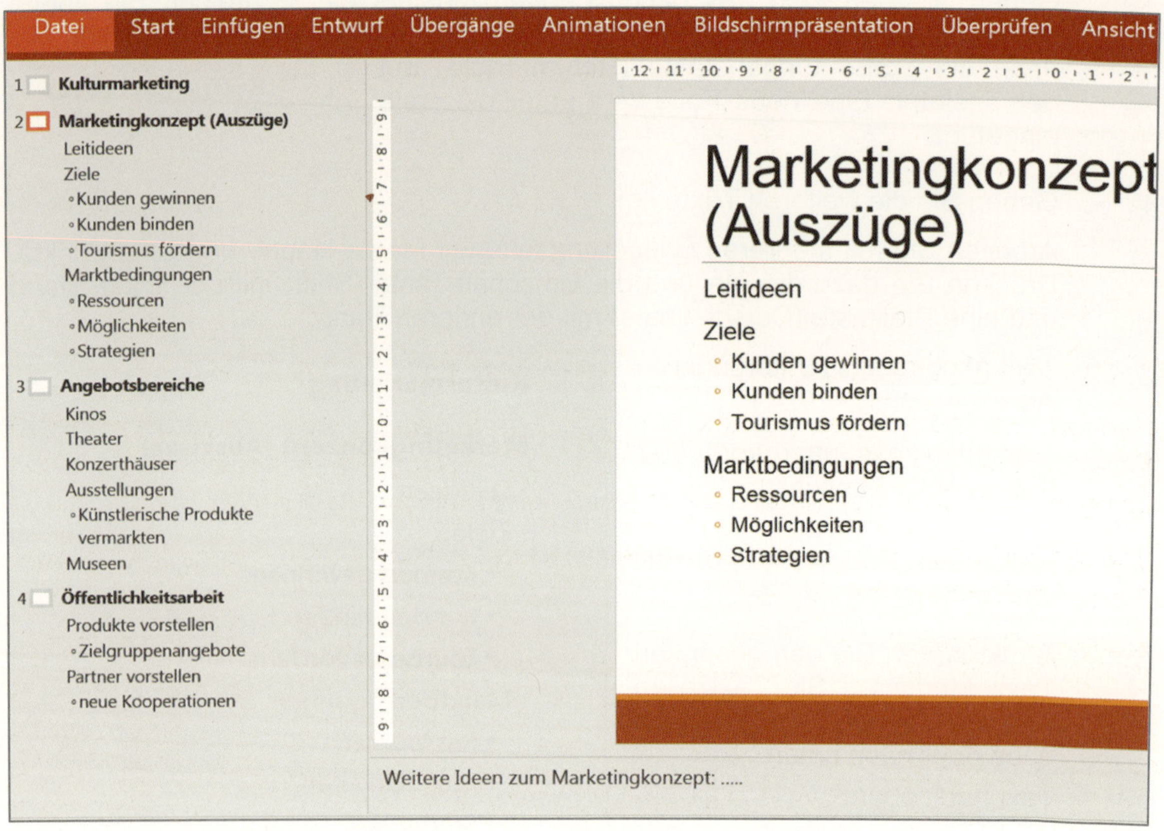

3.9 Übung: Den Folienpool nutzen

Übung

Aus bereits vorhandenen Präsentationen kann man Folien auswählen und zu einer neuen Präsentation schnell zusammenstellen. Erproben Sie es:

1. Öffnen Sie eine bereits vorhandene Präsentation, wechseln Sie zur ANSICHT FOLIENSORTIERUNG und klicken (oder tippen) Sie auf eine Folie, hinter der die neuen Folien eingefügt werden sollen.

2. Wählen Sie das Register START, NEUE FOLIE (Listenpfeil) und im aufgeklappten Menü FOLIEN WIEDERVERWENDEN. Am rechten Bildschirmrand erscheint der Aufgabenbereich. Klicken oder tippen Sie hier auf die Schaltfläche DURCHSUCHEN und dann auf DATEI DURCHSUCHEN. Wählen Sie aus den Dateiverzeichnissen eine Präsentation aus. Darauf werden deren Folien am rechten Rand aufgelistet.

   Beachten Sie bitte: Wenn Sie das alte Design für die Folien, die Sie einfügen, beibehalten wollen, muss das Kontrollkästchen neben URSPRÜNGLICHE FORMATIERUNG BEIBEHALTEN in der Leiste am rechten Rand aktiviert sein!

3. Tippen oder klicken Sie die Folien an, die Sie einfügen wollen. (Man kann auch die rechte Maustaste drücken und im Kontextmenü ALLE FOLIEN EINFÜGEN wählen.)

Übung

Ist das Kontrollkästchen neben URSPRÜNGLICHE FORMATIERUNG BEIBEHALTEN nicht aktiviert, erhalten alle Folien das Design der zuerst geöffneten Präsentation.

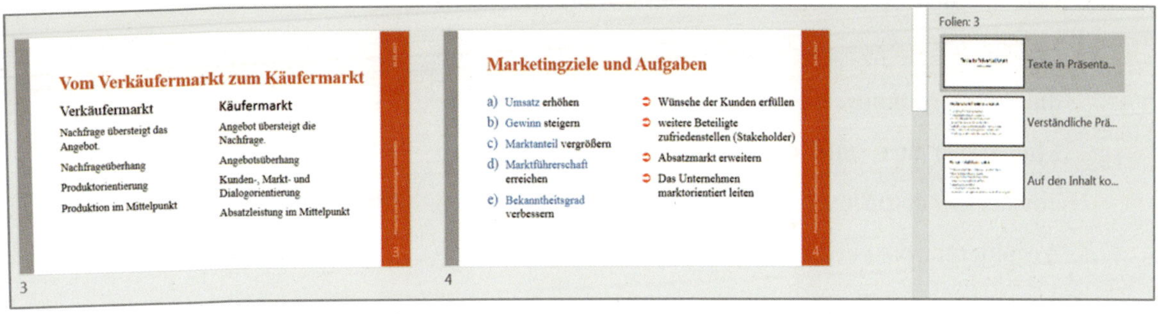

3.10 Die Präsentation nach WORD senden

Senden Sie die fertigen Folien der Präsentation zum Textverarbeitungsprogramm WORD. Dann können Sie die Folien dort als Bilder verwenden, beschriften und kommentieren oder als Hilfestellung in einem Arbeitsblatt verwenden.

Wählen Sie dazu das Register DATEI, EXPORTIEREN, HANDZETTEL ERSTELLEN. Klicken Sie auf die Schaltfläche HANDZETTEL ERSTELLEN.

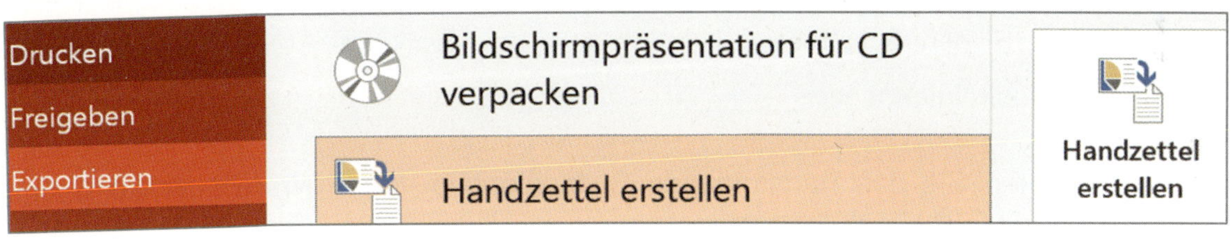

Übung

Legen Sie im Dialogfeld AN WORD SENDEN fest, wie die Folien in WORD abgebildet werden sollen: als Miniaturbilder untereinander und umgeben von zwei Tabellenspalten für die Beschriftung oder jeweils einzeln auf einer WORD-Seite oben zentriert.

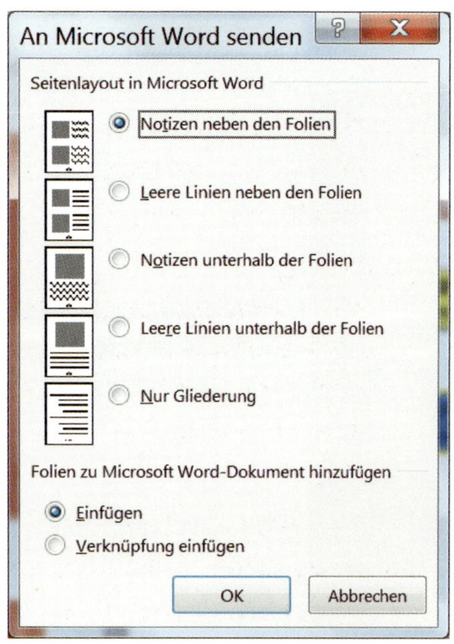

Außerdem kann man in diesem Dialogfeld festlegen, dass nur die Texte der POWERPOINT-Folien als Gliederung nach WORD gesendet werden.

Klicken oder tippen Sie am Ende auf die Schaltfläche OK.

3.11 Übung: Lückentext und drei Fragen

1. Füllen Sie die freien Textstellen mit den fehlenden Informationen:

Übung

Wenn man erste Inhalte für eine neue Präsentation sammeln und strukturieren will, kann man die __________________- Ansicht nutzen. Hier werden erste Texte für die Präsentation notiert und in __________________ strukturiert. Da man die Unterpunkte im ______________ (rechte Maustaste) aus- und einblenden kann, behält man einen guten Überblick über den Argumentationsverlauf.

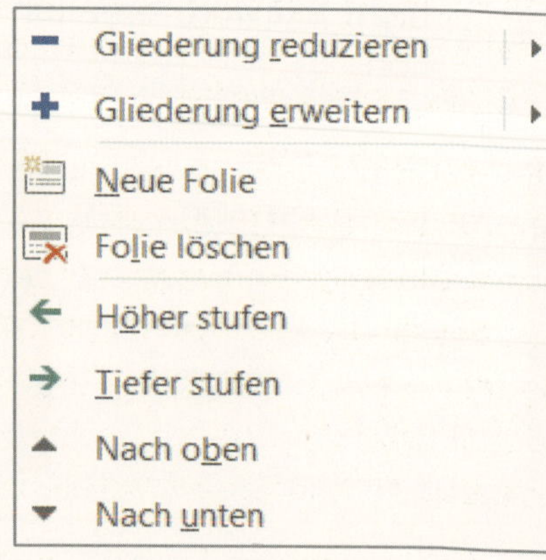

Vorteilhaft ist es auch, dass man in dieser Ansicht _________ leicht verschieben kann (wegziehen oder Tastenkombinationen nutzen). Einen Text am Anfang der Präsentation kann man auf diese Weise schnell und einfach ans Ende setzen.

Ist die Grobstruktur der ________________ erstellt, kehrt man zur Ansicht ___________ zurück. Hier werden die Folien am ______________im Miniaturformat gezeigt. Man kann sie hier verschieben und löschen, außerdem auch duplizieren: Register START, Schaltfläche NEUE FOLIE, im Menü auf AUSGEWÄHLTE FOLIEN DUPLIZIEREN klicken oder _______.

2. Betrachten Sie das nachfolgende Bildschirmbild von POWERPOINT 2016 und beantworten Sie drei Fragen:
   a) In welcher Programmeinstellung wird dieses Bild gezeigt? Register: .....
   b) Was wird hier auf der linken Bildschirmseite abgebildet?
   c) Was wird auf der rechten Bildschirmseite in welchem Format gezeigt?

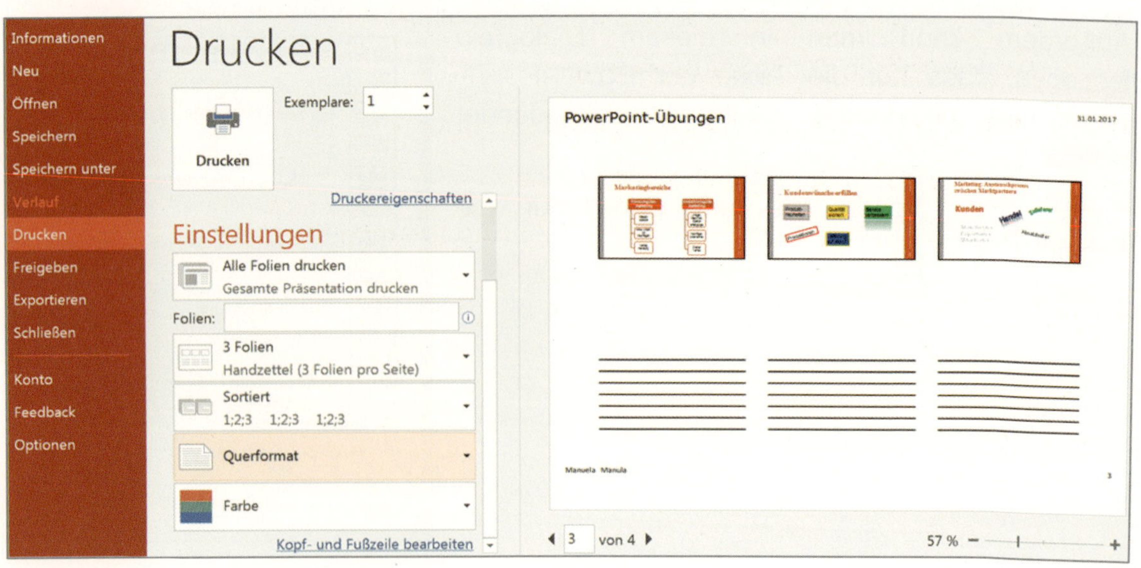

4 Vorlagen entwickeln

In den vorangehenden Kapiteln haben Sie die Designs von POWERPOINT 2016 erprobt. Durch die Verwendung einer solchen Design-Vorlage, bei der die Hintergrundfarben, Grafiken und Schriften bereits sorgfältig aufeinander abgestimmt sind, kann man viel Zeit bei der Präsentationsentwicklung sparen.

Die fertigen Design-Vorlagen kann man jederzeit ändern und an eigene Wünsche anpassen: Ein Unternehmen möchte zum Beispiel, dass auf allen Folien an der gleichen Stelle das Firmenzeichen erscheint. In der Schule oder im Studium soll z. B. ein spezieller Text, ergänzt um ein Foto, in der Fußzeile zukünftiger Präsentationen zu sehen sein. Hier wird man jeweils entweder eine vorhandene Design-Vorlage entsprechend ändern oder eine eigene neue Vorlage erstellen, und zwar im FOLIENMASTER von POWERPOINT 2016 (Register ANSICHT, Schaltfläche FOLIENMASTER).

Der Folienmaster ist die zentrale Vorlage für die Gestaltung Ihrer Präsentationen. Texte, Bilder, Formen und weitere Objekte, die auf allen Folien, oder auf den Folien eines bestimmten Folienlayouts, erscheinen sollen, werden im FOLIENMASTER eingefügt und bearbeitet. Man kann außerdem im Folienmaster festlegen, dass alle Überschriften ein bestimmtes Schriftformat erhalten oder dass die Folientexte mit speziellen Aufzählungszeichen versehen werden. Die festgelegten Formate werden dann automatisch auch auf alle neu eingefügten Folien übertragen.

Es gibt zudem auch einen NOTIZENMASTER für die Gestaltung der Notizenseiten und einen HANDZETTELMASTER, damit die Handzettel Ihrer POWERPOINT-Präsentationen einheitlich aussehen (Kopf- und Fußzeile, Logo usw.). Die fertigen Master-Vorlagen kann man speichern und jederzeit wiederverwenden.

Lernziele und Themen in diesem Kapitel

a) Vorhandene POWERPOINT-Vorlagen ändern

b) Neue Mastervorlagen für Präsentationen selbst entwickeln

c) Objekte im Folienmaster einfügen und bearbeiten

d) Mastervorlagen für spezielle Folienlayouts nutzen

e) Die Fußzeile in der Masteransicht formatieren

f) Handzettel- und Notizenmaster gestalten

g) Mastervorlagen für Fotoalben anfertigen

h) Selbst erstellte Vorlagen speichern (*.potx) und wiederverwenden

4.1 Übung: Mit dem Folienmaster arbeiten

In dieser Übung ändern Sie eine POWERPOINT-Design-Vorlage. Dann speichern Sie diese als neue Mastervorlage unter einem neuen Namen ab.

1. Entwickeln Sie eine neue Präsentation im Design SAVON (Register ENTWURF). Nutzen Sie dabei eine der Varianten des Designs.

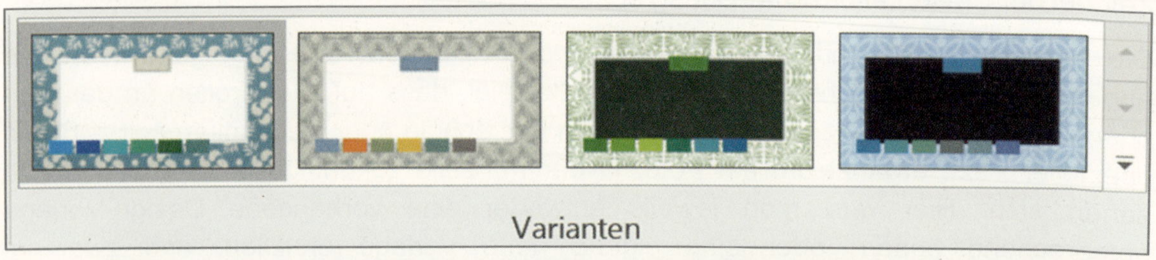

2. <u>Geben Sie bitte noch keine Texte ein!</u>

   Fügen Sie hinter der Titelfolie zwei neue Folien ein: Wählen Sie dabei die Folienlayouts TITEL UND INHALT und ZWEI INHALTE.

3. Öffnen Sie den Folienmaster: Register ANSICHT, Schaltfläche FOLIENMASTER. Sie sehen nun die Masterfolien am linken Bildschirmrand. Verschieben Sie den Schieberegler rechts neben den Folien nach oben, sodass die oberste Masterfolie gezeigt wird.

Beachten Sie bitte:

- **Die oberste Masterfolie ist größer als die übrigen Folien. Was Sie hier eingeben, wird auf die anderen Folien übertragen.**
- Die Masterfolien unter der obersten Folie beziehen sich jeweils auf ein **spezielles Folienlayout** (das man beim Einfügen einer neuen Folie auswählt). Zeigen Sie mit der Maus auf den unteren Rand einer Masterfolie: dann wird deren Name eingeblendet.

  Die **Masterfolie für die Titelfolie** sitzt an der zweiten Stelle. Was man auf dieser Folie ändert, wird auf die Folien mit dem Folienlayout TITELFOLIE übertragen.
- Dass Sie im Folienmaster sind, sehen Sie auch in der Statusleiste.→

Übung

- Während der Arbeit im Folienmaster ist das Register FOLIENMASTER im Menüband aktiv. Es liefert Werkzeuge für die Gestaltung der Masterfolien:

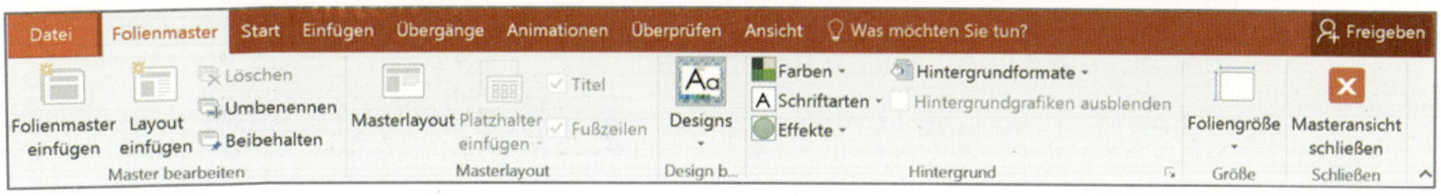

Schriften oder Aufzählungszeichen werden aber nach wie vor über das Register START, Gruppe SCHRIFTART und ABSATZ formatiert. Bilder werden im Register EINFÜGEN eingefügt.

- Zum Folienmaster gelangen Sie über das Register ANSICHT, FOLIENMASTER. Um den Folienmaster zu verlassen, wählen Sie die ANSICHT, NORMAL.

Probieren Sie es aus:

4. Formatieren Sie **auf der obersten Masterfolie** die Überschrift mit einer anderen Schriftart, Schriftgröße und Schriftfarbe.

   Formatieren Sie im Textfeld darunter die Zeilen des Aufzählungstextes: Schrift ARIAL, schwarze Schriftfarbe, neue Schriftgröße und neue Aufzählungszeichen.

   Löschen Sie auf der obersten Masterfolie die dunkle Fläche: anklicken oder antippen und die Taste ENTF drücken.

5. <u>Titelfolie:</u> Tippen oder klicken Sie hier im Folienmaster auf die zweite Masterfolie. Formatieren Sie den Haupttitel mit einer neuen Schrift, Schriftgröße und Farbe.

   Formatieren Sie die Schrift im Untertitel mit der Schrift ARIAL, Schriftgröße 24, schwarze Schriftfarbe, Zeichenabstand GESPERRT, INNERHALB VON 9 PT. (Den Zeichenabstand finden Sie im Dialogfenster der Schriftformate, 2. Registerkarte.)

   Löschen Sie auch hier die dunkle Fläche, die hinter dem Titel liegt.

   Tippen oder klicken Sie auf die floral gestaltete Hintergrundfläche. Wählen Sie im Register FOLIENMASTER die Schaltfläche HINTERGRUNDFORMATE (Listenpfeil) und HINTERGRUND FORMATIEREN. Wählen Sie im Aufgabenbereich am rechten Bildschirmrand eine rote einfarbige FÜLLUNG.

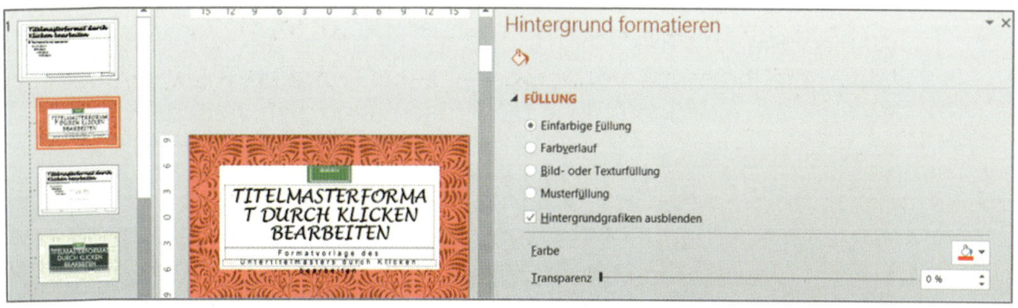

6. Wechseln Sie zur Normalansicht (Register ANSICHT, Schaltfläche NORMAL) und geben Sie die Texte des nachfolgenden Musters auf den Folien ein:

Ihre Änderungen im Folienmaster wurden auf die Folien übertragen. Fügen Sie neue Folien ein: diese erhalten die gleichen Formate.

8 Schröder ISBN 978-3-8120-0815-0

Übung

7. Wechseln Sie zur ANSICHT, FOLIENSORTIERUNG. Fügen Sie weitere Folien ein mit folgenden Folienlayouts: TITELFOLIE, ABSCHNITTÜBERSCHRIFT, NUR TITEL, BILD MIT ÜBERSCHRIFT. Wieder werden Ihre Einstellungen aus dem Folienmaster auf die neuen Folien übertragen.
8. Speichern Sie die Datei unter dem Dateinamen STOFFE AUS SAMT.PPTX.

4.2 Übung: Mastervorlage speichern und wiederverwenden

Setzen Sie die vorangehende Übung fort und entwickeln Sie aus der Datei eine neue Mastervorlage, die Sie jederzeit wiederverwenden können:

1. Löschen Sie zunächst alle Folien bis auf die erste Titelfolie.
   Löschen Sie nun die Texte auf der Titelfolie.

2. Speichern Sie die Datei als neue Mastervorlage:
   Register DATEI, SPEICHERN UNTER.
   - Wählen Sie als Speicherort Ihren Computer (DIESER PC).
   - Ändern Sie den Dateityp (Listenpfeil): **POWERPOINT-VORLAGE (*.POTX).**
   - Geben Sie der Vorlage den Dateinamen „Angebote“.

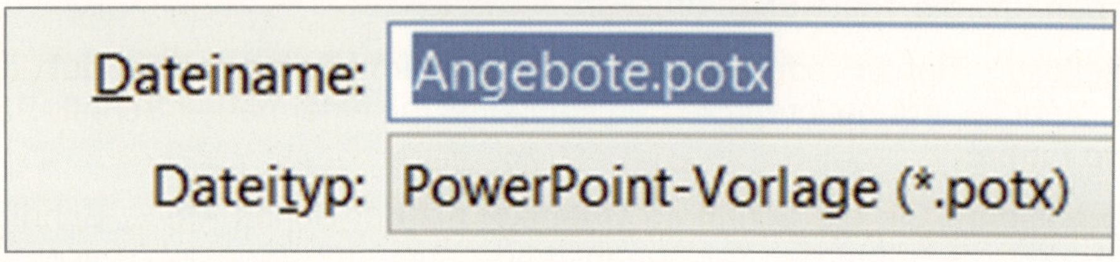

   Die neue Vorlage wird automatisch im OFFICE-Verzeichnis BENUTZERDEFINIERTE OFFICE-VORLAGEN gespeichert. Dadurch steht sie Ihnen bei der Erstellung einer neuen Präsentation im Vorlagenkatalog gleich zur Verfügung. Man kann die Vorlage aber auch in einem anderen Verzeichnis speichern und von dort abrufen.

   Wählen Sie die Schaltfläche SPEICHERN.

3. Schließen Sie die Datei: Register DATEI, SCHLIEßEN.
4. Wählen Sie nun das Register DATEI, NEU und die Kategorie PERSÖNLICH. Hier finden Sie Ihre neue Vorlage bereit zum Gebrauch. Klicken (oder tippen) Sie die Vorlage an und fügen Sie in die Präsentation eine weitere Folie ein.

4.3 Übung: Notizenmaster, die Vorlage für Notizenseiten

Übung

1. Öffnen Sie eine Ihrer Marketingpräsentationen. (Falls Sie keine in den Übungen des zweiten Kapitels erstellt haben, öffnen Sie bitte eine andere Präsentation, oder beginnen Sie mit einer leeren Präsentation und fügen Sie mehrere Folien ein.)

2. Wählen Sie im Register DATEI, DRUCKEN unter EINSTELLUNGEN die NOTIZENSEITEN. Sie sehen in der Druckvorschau, dass die Notizenseiten keine Kopfzeile haben und dass in der Fußzeile lediglich die Seitennummer gezeigt wird.

3. Gehen Sie zum Register EINFÜGEN, Schaltfläche KOPF- UND FUßZEILE. Im Dialogfeld gibt es ein zweites Register NOTIZEN UND HANDZETTEL.
   - Schreiben Sie in das Feld für die Kopfzeile *„PowerPoint-Übungen"*.
   - Schreiben Sie in das Feld für die Fußzeile Ihren Namen.
   - Klicken Sie auf die Schaltfläche FÜR ALLE ÜBERNEHMEN.

4. Wählen Sie ANSICHT, NOTIZENMASTER. Löschen Sie das Feld für das Datum rechts oben in der Ecke.

   Verschieben Sie das Kopfzeilenfeld in die Mitte. Zentrieren Sie den Text „PowerPoint-Übungen". Formatieren Sie diesen Text mit der Schriftart MONOTYPE CORSIVA, Schriftgröße 24.
   (Falls die Schrift nicht auf Ihrem Computer installiert ist, wählen Sie eine andere.)

   Formatieren Sie die beiden Fußzeilentexte mit der Schrift ARIAL, Größe 14.

5. Fügen Sie im Notizenmaster auf der Notizenseite ein Textfeld ein: Register EINFÜGEN, TEXTFELD. Fügen Sie in das Textfeld ein Symbol aus der Schriftart WINGDINGS ein: EINFÜGEN, SYMBOL. Vergrößern Sie die Schriftart des Symbols.

6. Prüfen Sie im Register DATEI, DRUCKEN die Notizenseiten in der Vorschau. Über die Pfeile nach links und rechts in der Mitte der Bildschirmseite unten können Sie weiter- und zurückblättern.

7. Drucken Sie die Notizenseiten 1 bis 3 aus (Eintrag ins Feld FOLIEN: *1-3*).

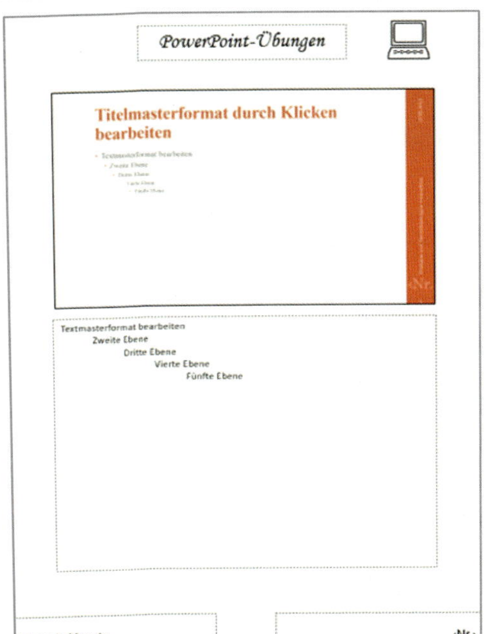

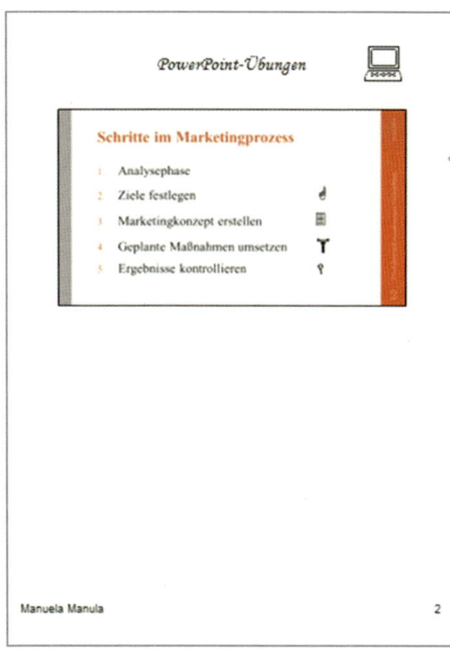

Excel Tabelle einfügen:
Tabelle aus
- Excel kopieren
- Inhalte einfügen (Word)
-

4.4 Übung: Der Handzettelmaster

Übung

1. Aktivieren Sie im Register EINFÜGEN, Schaltfläche KOPF- UND FUßZEILE (zweite Registerkarte für Handzettel und Notizenseiten), das Datum: AUTOMATISCH AKTUALISIEREN.

   Deaktivieren Sie die Fußzeile und die Foliennummer.

   Wählen Sie FÜR ALLE ÜBERNEHMEN.

2. Gehen Sie ins Register ANSICHT, HANDZETTELMASTER. Formatieren Sie den Kopfzeilentext „PowerPoint-Übungen" mit der Schrift VERDANA, Schriftgröße 20.

3. Sehen Sie sich im Register DATEI, DRUCKEN die Vorschau auf die Handzettel an (6 FOLIEN HORIZONTAL).

4. Drucken Sie die Handzettel im Format 2 FOLIEN PRO SEITE.

5. Kehren Sie zur ANSICHT, NORMAL zurück.

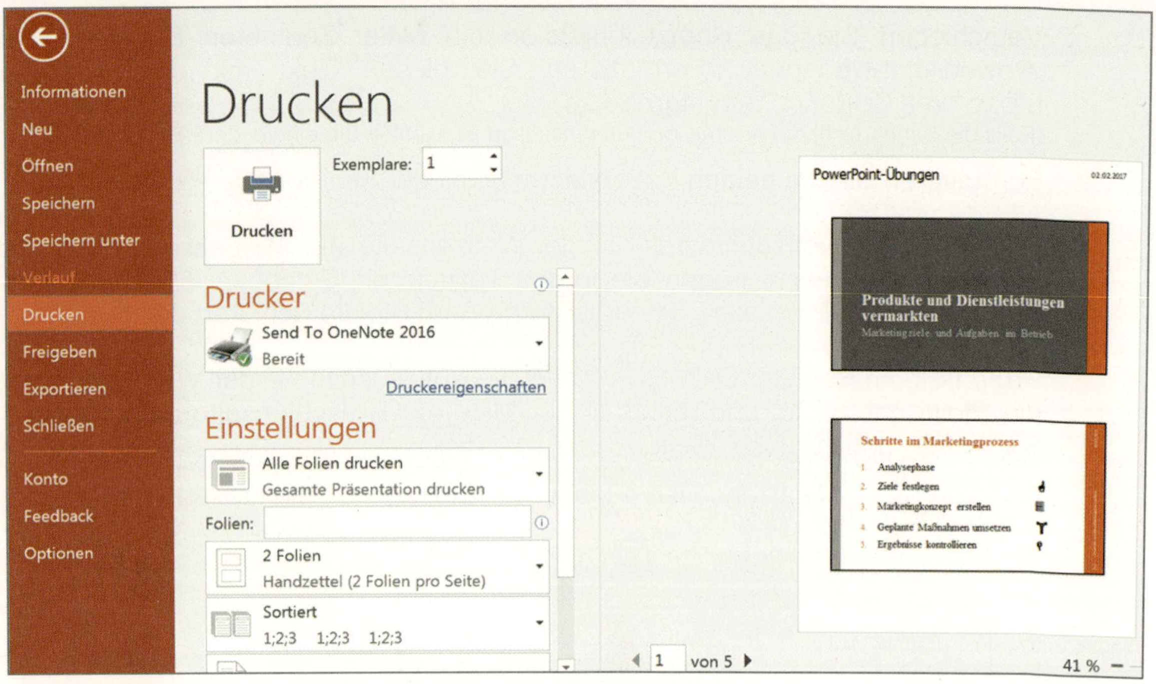

5 Text und Bild: Inhalte anschaulich machen

Textinhalte in Präsentationen werden für das Publikum verständlicher, wenn man sie durch Bilder anschaulich macht. Zu viele Bilder verwirren allerdings. So muss man gut überlegen, für welche Inhalte eine bildliche Verstärkung nutzbringend oder unbedingt notwendig ist. Bei schwierigen, unbekannten und komplexen Informationen sind Fotos und Grafiken geradezu unentbehrlich. POWERPOINT 2016 bietet eine Fülle von Möglichkeiten für die Bild-, Form- und Farbgestaltung. Man kann eigene Schaubilder anfertigen und auch Freihandzeichnungen eingeben. Im Prinzip kann man alles darstellen, sofern man die Werkzeuge beherrscht.

In diesem Kapitel trainieren Sie die Handhabung der Werkzeuge für die Grafikentwicklung und Bildbearbeitung. Sie lernen reizvolle künstlerische Effekte kennen, Sie arbeiten mit mehrstufigen Animationen und am Ende erstellen Sie eine kleine Fotopräsentation.

Lernziele und Themen in diesem Kapitel

a) Die Zeichnungswerkzeuge nutzen

b) Grafiken mit Linien, Formen, Farben und Textfeldern entwickeln

c) Raster, Zeichnungslinien und intelligente Führungslinien zur exakten Ausrichtung der Objekte nutzen

d) Fotos und Grafikobjekte in den Vorder- und Hintergrund setzen

e) Objekte gruppieren und entgruppieren

f) Freihandzeichnungen anfertigen

g) Selbst erstellte Schaubilder und Zeichnungen als neue Bilddatei speichern

h) Folienobjekte mehrstufig animieren,
mehrzeilige Aufzählungstexte zeilenweise einblenden

5.1 Übung: Formen, Textfelder, Zeichnungswerkzeuge

Übung

1. Beginnen Sie mit einer neuen Präsentation. Weisen Sie der Präsentation aus dem Vorlagenkatalog ein Design zu (Design des Musters: HOLZART). Fügen Sie nach der Titelfolie eine weitere Folie ein (Folienlayout LEER).

2. Entwickeln Sie die beiden nachfolgenden Folienbilder: Beschriften Sie zuerst die Titelfolie und formatieren Sie den Haupttitel mit der Schriftart ARIAL BLACK und in der Schriftfarbe Schwarz. Formatieren Sie den Untertitel mit der Schriftart ARIAL, Schriftgröße 48, Schriftfarbe Schwarz.

3. Blenden Sie die Gitternetzlinien ein: ANSICHT GITTERNETZLINIEN. Sie können nun die Objekte auf der zweiten Folie am Raster ausrichten. Fügen Sie auf der zweiten Folie die Textfelder für die oberste und unterste Form ein und beschriften Sie diese: EINFÜGEN, TEXTFELD. Formatieren Sie die Schrift.

4. Fügen Sie die Formen ein: EINFÜGEN, FORMEN (Listenpfeil), Form aus dem Katalog auswählen, dann mit gedrückter linker Maustaste (oder mit dem Finger) auf der Folie aufziehen. Man kann den Text sofort in die Form eintippen.

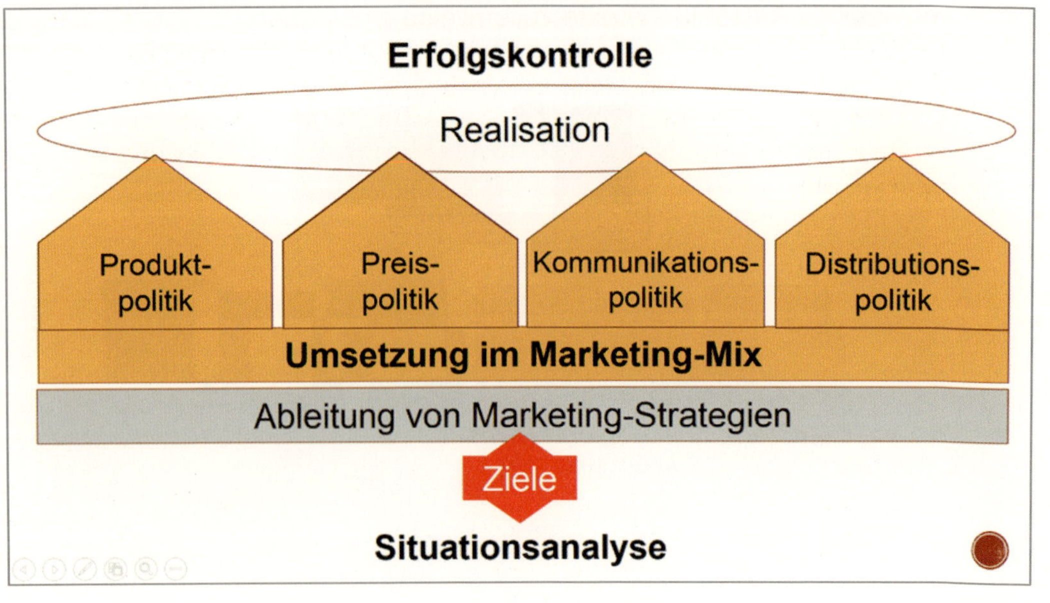

5. Passen Sie die Größe der Formen an: Zum Verkleinern oder Vergrößern zeigen Sie mit der Maus (oder dem Finger) auf einen Ziehpunkt an der Ecke der Form. Ziehen Sie die Form größer oder kleiner auf. (Soll die Größe proportional zum Seitenverhältnis geändert werden, halten Sie bitte die UMSCHALT-Taste gedrückt, während Sie die Formgröße ändern.)

Übung

Zum Verschieben einer Form ziehen Sie diese mit der Maus an ihrem Rand in eine Richtung. (Wenn Sie mit dem Finger arbeiten, können Sie mitten auf die Form zeigen und diese wegziehen.)

Kopieren Sie Formen, indem Sie die Taste STRG drücken, während Sie eine markierte Form wegziehen.

Beim Ausrichten der Objekte können Sie sich an den Führungslinien orientieren, die in POWERPOINT 2016 automatisch auf dem Bildschirm erscheinen, sobald Sie Formen verschieben. So fällt es nicht schwer, Folienobjekte exakt untereinander oder nebeneinander auszurichten.

6. Sobald Sie ein Textfeld oder eine Form markieren, wird das Register FORMAT aktiviert. Es liefert die Gestaltungswerkzeuge für die Zeichnungsobjekte.

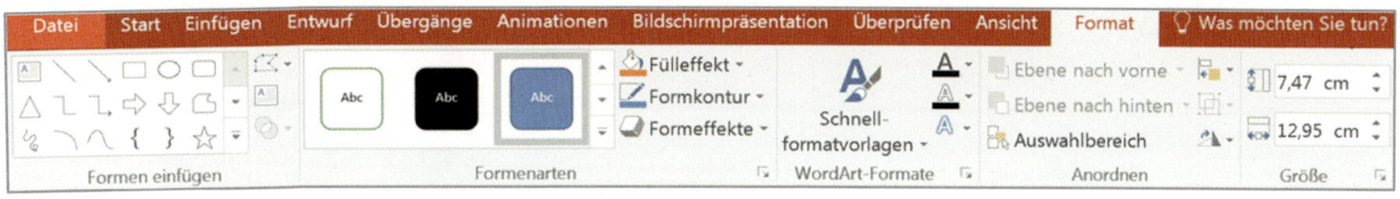

In der Gruppe FORMEN EINFÜGEN finden Sie

- den Formenkatalog mit seinen Formen, Linien und Pfeilen, Legenden und interaktiven Schaltflächen.
- die Schaltfläche FORM BEARBEITEN, über die Sie eine markierte Form durch eine neue ersetzen,

- die Schaltfläche TEXTFELD ZEICHNEN. Ziehen Sie ein Textfeld auf.
- die Schaltfläche FORMEN ZUSAMMENFÜHREN: Hier kann man mehrere markierte Formen miteinander verbinden.

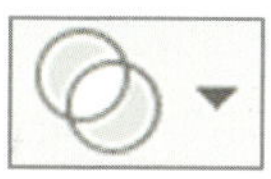

Fügen Sie eine weitere Folie ein und erproben Sie die Möglichkeiten.

7. Prüfen Sie auf der zweiten Folie, ob alle Objekte der gleichen Form auch gleich groß sind. In der Gruppe GRÖßE kann man ablesen, wie hoch und breit die markierte Form ist. Über die kleinen Pfeile am Rand der Größenfelder stellen Sie die Größen ein.

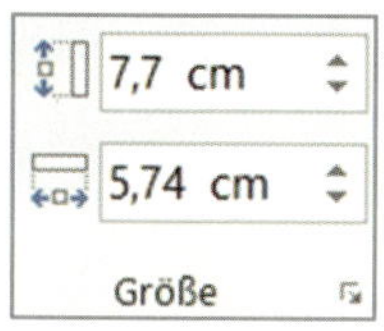

Detaillierter kann man die Werte im Aufgabenbereich am rechten Rand festlegen: Klicken oder tippen Sie auf den kleinen Pfeil rechts unten in der Gruppe GRÖßE.

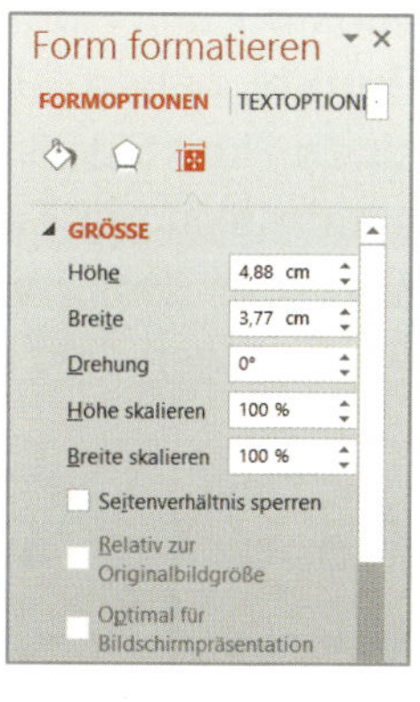

8. Weisen Sie einzelnen Formen neue Füllfarben, Rahmenfarben und Rahmenlinien (FORMKONTUR) zu. Testen Sie auch die FORMEFFEKTE der Gruppe FORMENARTEN.

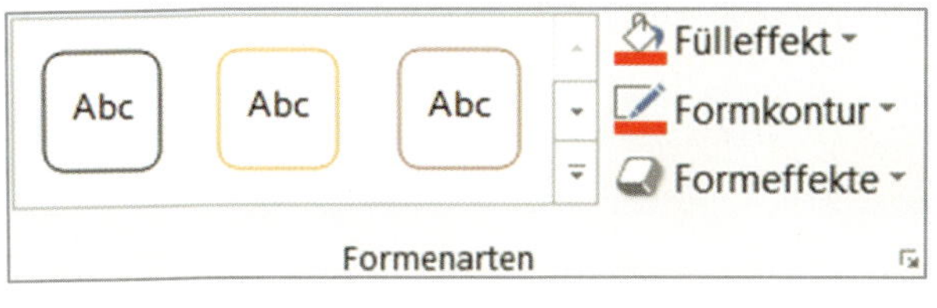

Übung

9. Markieren Sie ein Wort im Text. Formatieren Sie es mit einer WORDART-Schrift: Gruppe WORDART-FORMATE. Auch hier eröffnen die drei Schaltflächen neben dem WORDART-Katalog sowie der Aufgabenbereich am rechten Rand (über den kleinen Pfeil rechts unten in der Gruppe einblenden) weitere Gestaltungsmöglichkeiten.

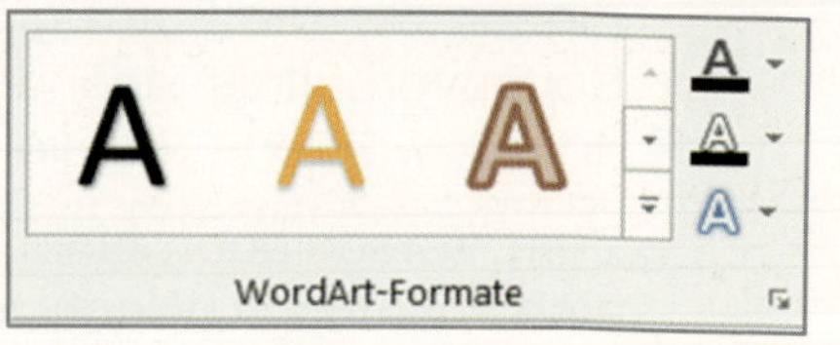

10. Schließlich gibt es noch die Gruppe ANORDNEN. Markierte Folienobjekte kann man hier in mehreren Ebenen übereinanderschichten. Sie legen fest, was vorn und was hinten angeordnet werden soll, was im Vordergrund erscheint und was im Hintergrund lagert.

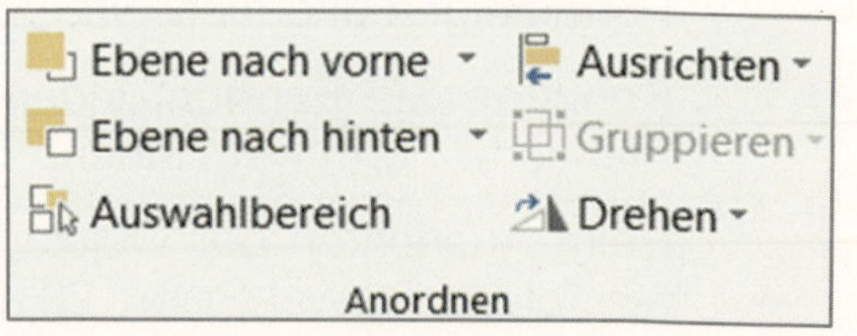

11. Formen kann man an ihrem Drehpfeil drehen. Außerdem gibt es in der Gruppe ANORDNEN die Schaltfläche DREHEN (Listenpfeil nutzen).

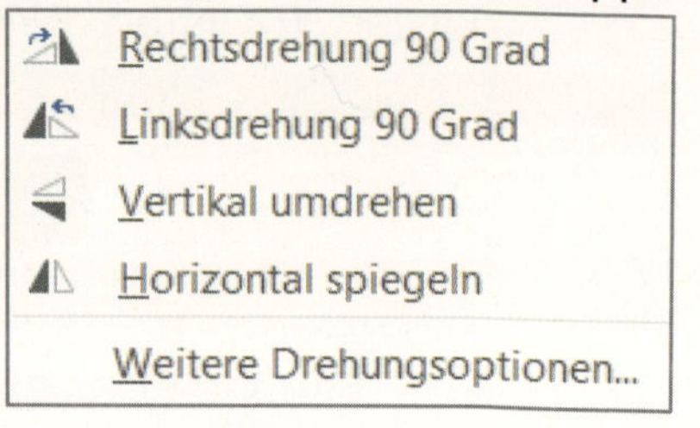

12. Wenn Sie mehrere Objekte auf einer Folie markieren und den Listenpfeil in der Schaltfläche OBJEKTE AUSRICHTEN (Register FORMAT, Gruppe ANORDNEN) wählen, können Sie im geöffneten Menü festlegen, wie die Objekte ausgerichtet werden sollen.

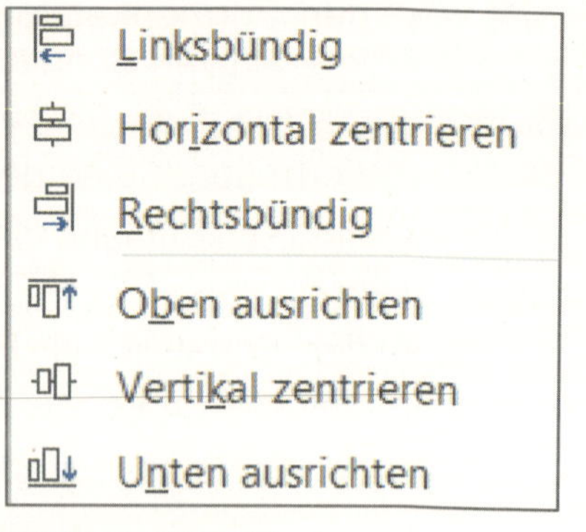

13. Speichern Sie die Präsentation. Dateiname: MARKETINGPLAN.PPT

14. Drucken Sie die Folien als Handzettel (2 Folien auf einer Seite) aus.

Tipp: Sie haben sicher schon bemerkt, dass viele Formen, neben den weißen Ziehpunkten am Rand und dem Drehpfeil oben, auch einen oder mehrere **kleine gelbe Punkte** haben. (Die Punkte erscheinen, wenn Sie die Form markieren.) Wenn man einen Punkt in eine Richtung zieht (mit gedrückter linker Maustaste oder dem Finger), ändert sich die Form: Bei Pfeilen ändert sich die Pfeilspitze. Bei der Sonne verkleinert sich der Ball, während die Strahlen länger werden und spitzer zulaufen. Die Änderungen sind von Form zu Form unterschiedlich. Lassen Sie sich überraschen ;-).

5.2 Raster- und Führungslinien

In POWERPOINT 2016 kann man auf vielfältige Weise Objekte exakt ausrichten. Neben der Schaltfläche AUSRICHTEN im Register FORMAT (mindestens ein Objekt muss auf der Folie markiert sein), gibt es unterschiedliche Hilfslinien, die je man nach Bedarf während der Arbeit ein- und ausblenden kann. Sie finden die Hilfslinien im

- Register ANSICHT, GITTERNETZLINIEN (Raster),
- Register ANSICHT, FÜHRUNGSLINIEN (Zeichnungslinien),
- Dialogfenster RASTER UND FÜHRUNGSLINIEN (Register ANSICHT, Gruppe ANZEIGEN, kleiner Pfeil rechts unten in der Gruppe).

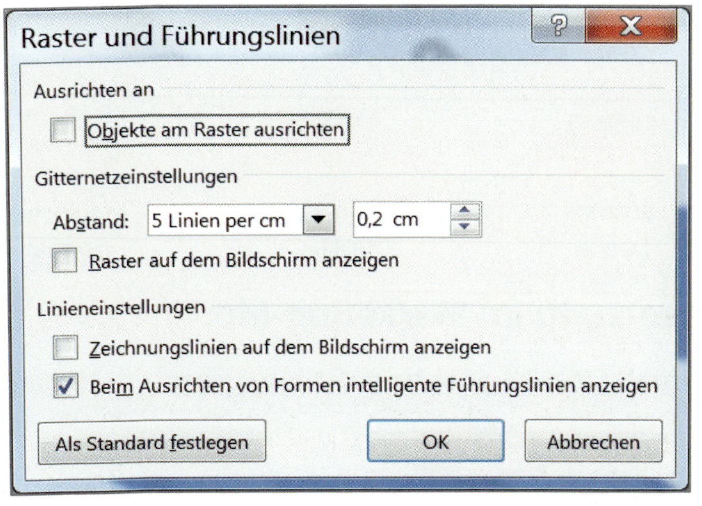

Gewöhnlich sind die INTELLIGENTEN FÜHRUNGSLINIEN aktiviert. Sie erscheinen, sobald Sie Zeichnungsobjekte (Formen, Linien) auf der Folie bewegen.

Außerdem kann man im Dialogfenster das RASTER aufrufen und dabei auch die Dichte der Gitternetzlinien festlegen.

Über das Kontrollkästchen ZEICHNUNGSLINIEN AUF DEM BILDSCHIRM ANZEIGEN blenden Sie eine horizontale und eine vertikale Linie ein. Beide Linien verlaufen durch die Nullpunkte im Lineal und kreuzen sich in der Mitte der Folie. Sie können diese Linien (am besten etwas außerhalb der Folie) verschieben. Dabei wird ihre Position im Lineal angezeigt. Die Linien sind auf allen Folien der Präsentation zu sehen. Man kann die Linien auch vervielfältigen (mit gedrückter linker Maustaste wegziehen) und auf diese Weise spezielle Positionen auf der Folie markieren. Die Zeichnungslinien eignen sich hervorragend dazu, Objekte auf mehreren Folien exakt an die gleiche Stelle zu setzen. – Schieben Sie am Ende die Zeichnungslinien wieder in die Mitte und deaktivieren Sie die Funktion im Dialogfenster RASTER UND FÜHRUNGSLINIEN.

Tipp: Hilfslinien kann man schneller über Tastencodes ein- und ausblenden:

Gitternetz ein/aus:	Umschalt + F9
Zeichnungslinien ein/aus:	Alt + F9
Lineal ein/aus:	Alt + Umschalt + F9

9 Schröder ISBN 978-3-8120-0815-0

5.3 Objekte gruppieren

Mehrere Objekte auf einer Folie kann man markieren und zu einer Gruppe zusammenfassen. Dieses neue Bildobjekt ist dann einfach zu verschieben, zu verkleinern und zu vergrößern. Überdies kann man es als separates Bild abspeichern und bei Bedarf wiederverwenden.

So kann man in der Folie 2 der Präsentation MARKETINGPLAN.PPTX (Aufgabe 5.1) alle Objekte markieren, zu einem Bild gruppieren und das neue einzelne Schaubild für die Wiederverwendung speichern:

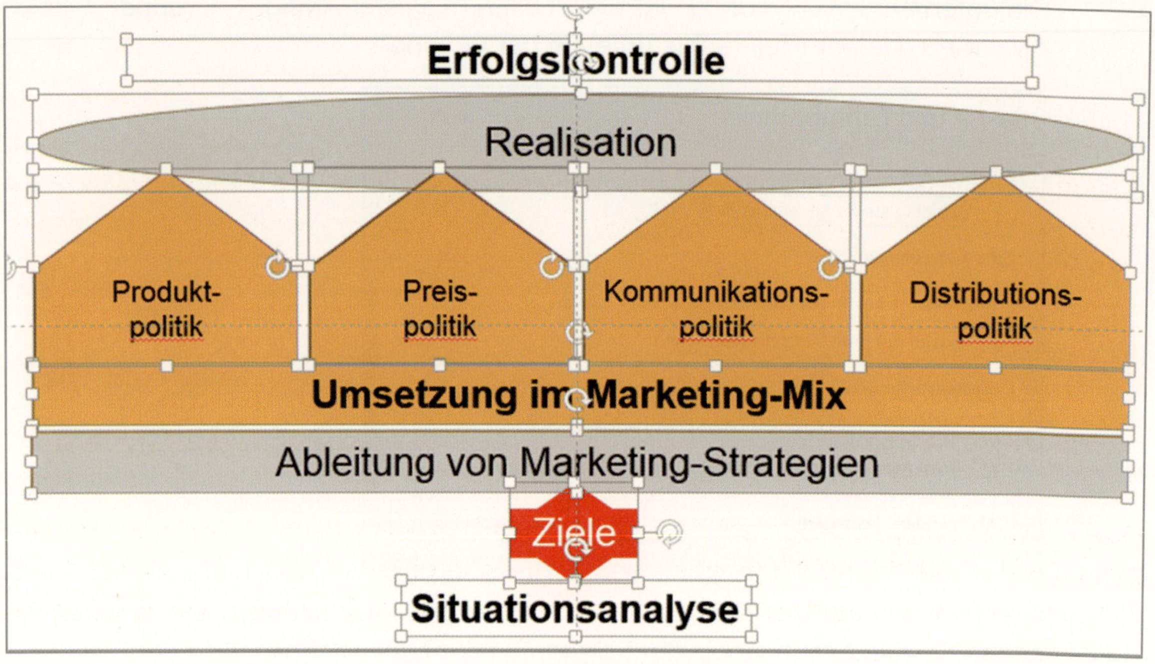

- Zum Gruppieren mehrerer markierter Objekte wählen Sie im Register FORMAT die Schaltfläche GRUPPIEREN (Listenpfeil) und im Menü GRUPPIEREN.

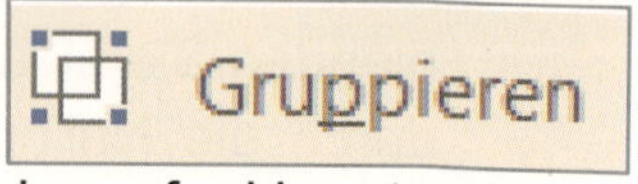

- Die Gruppierung kann man auch wieder lösen: Objekt markieren, Register FORMAT, Schaltfläche GRUPPIEREN, im aufgeklappten Menü die GRUPPIERUNG AUFHEBEN. Sie sehen nun die Einzelteile, aus denen das Objekt zusammengesetzt ist. Klicken oder tippen Sie auf die Folie, damit die Markierung verschwindet.

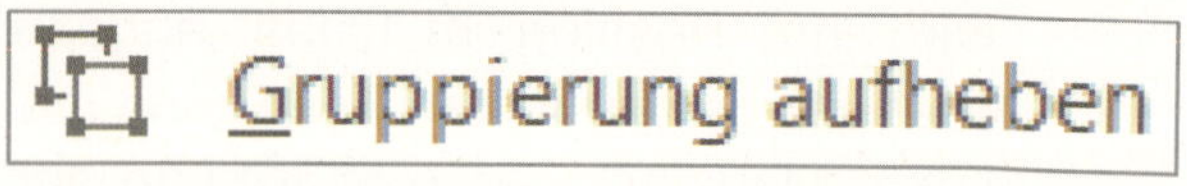

5.4 Selbst erstellte Grafik als Bild speichern

So speichern Sie das neue Grafikobjekt als Bilddatei: Markieren Sie das Objekt und wählen Sie im Kontextmenü (rechte Maustaste drücken) ALS GRAFIK SPEICHERN. Dann geben Sie dem Objekt einen Dateinamen. Entscheiden Sie sich für einen Speicherort und klicken oder tippen Sie auf die Schaltfläche SPEICHERN.

5.5 Formen zusammenführen

Erproben Sie die Varianten der Form-Zusammenführung: Markieren Sie mehrere Formen (Taste Strg gedrückt halten und Formen anklicken oder antippen). Wählen Sie dann im Register Format die Schaltfläche Formen zusammenführen

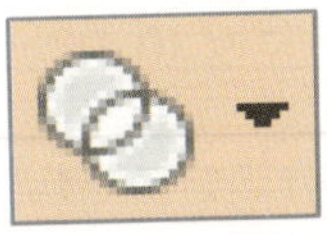

und anschließend eine der Varianten. ➔

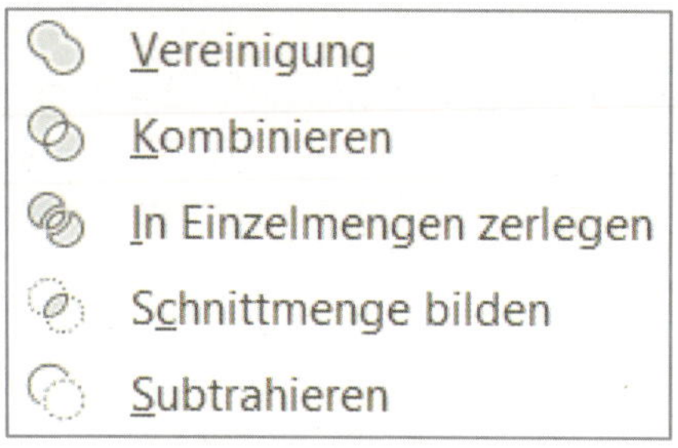

Das folgende Beispiel zeigt links zwei Ausgangsformen (orange und blau) vor der Zusammenführung. Rechts daneben folgen zwei vereinigte Formen, dann zwei kombinierte Formen, die beiden in Einzelmengen zerlegten Ausgangsformen und die Schnittmenge beider Formen.

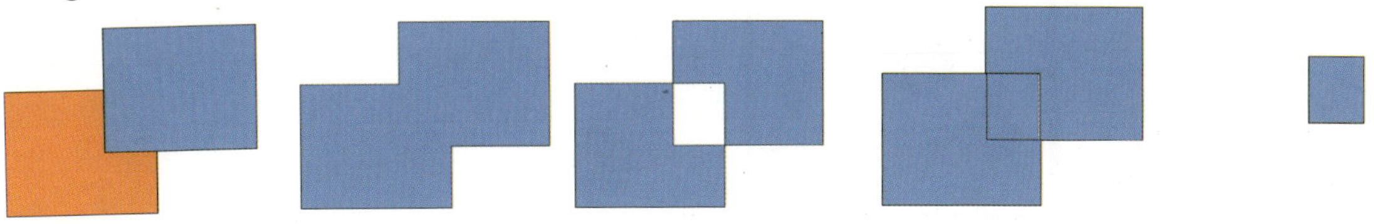

Das nächste Beispiel zeigt fünf Formen (in verschiedenen Farben) vor ihrer Zusammenführung. Rechts daneben sehen Sie die gleichen Formen, die nun zu einer Form vereinigt sind. Die neu entstandene Form ist einfarbig. Im Beispiel rechts wurden die Ausgangsformen kombiniert. Dabei wurde die blaue Farbe übernommen.

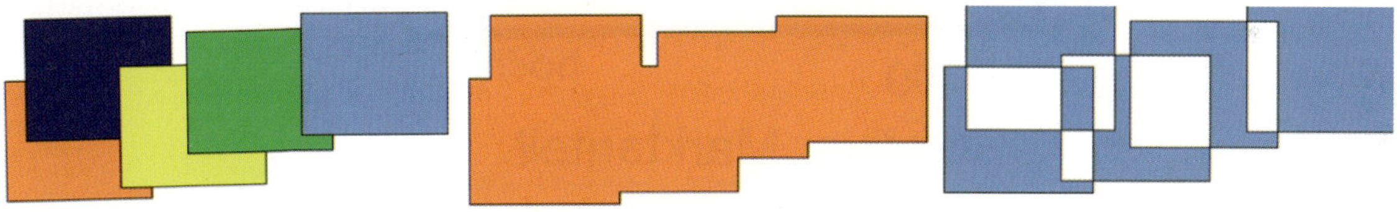

5.6 Freihandzeichnungen anfertigen

Im Register Einfügen, Schaltfläche Formen finden Sie im Formenkatalog (am Ende der Rubrik Linien) die Kurve, die Freihandform und die Skizze. Nutzen Sie die Varianten für Freihandzeichnungen. Zeichnen Sie mit gedrückter linker Maustaste oder mit dem Finger ein Bild auf die Folie. - Bitte beachten Sie:

- Bei der Kurve muss man jeweils klicken, wenn die Richtung geändert werden soll. (Doppelklick zum Beenden).
- Bei der Freihandform kehrt man am Ende zum Ausgangspunkt der Zeichnung zurück, damit die Form geschlossen wird. (PowerPoint verbindet den Ausgangspunkt mit dem Endpunkt.)
- Bei der Skizze verwandelt sich der Mauszeiger in einen Stift. Damit kann man frei zeichnen.

5.7 Übung: Ein Schaubild erstellen

Übung

1. Beginnen Sie mit einer neuen, leeren Präsentation (oder wählen Sie ein Design für eine neue Präsentation).

2. Schreiben Sie auf die Titelfolie als Haupttitel „Marketing-Analysen". Schreiben Sie als Untertitel „Produktbewertung, Sortimentsgestaltung". Ändern Sie in beiden Textfeldern die Schriftart. Vergrößern Sie die Schriften.

3. Fügen Sie eine neue Folie ein mit dem Folienlayout NUR TITEL. Die Überschrift lautet „Portfolioanalyse: 4-Felder-Matrix".

4. Entwickeln Sie auf der Folie das nachfolgende Schaubild:

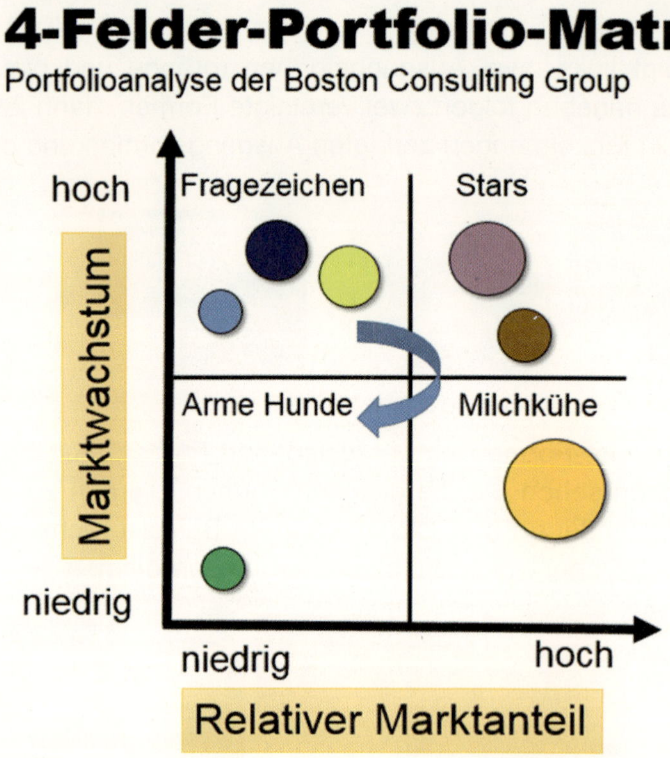

5. Gruppieren Sie am Ende alle Objekte des Schaubildes (nicht die Überschrift).

6. Speichern Sie das Schaubild als einzelne Grafik ab (rechte Maustaste, ALS GRAFIK SPEICHERN). Der Dateiname lautet VIERFELDERMATRIX.PNG.

7. Speichern Sie das Schaubild in einem anderen Bildformat ab: Wählen Sie den Dateityp GIF (GRAPHICS INTERCHANGE FORMAT) (*.GIF).

8. Fügen Sie in die Präsentation eine Fußzeile mit Ihrem Namen ein. Auch die Foliennummer und das aktuelle Datum sollen auf den Folien zu sehen sein.

9. Speichern Sie die Folien als Präsentation: Dateiname VIERFELDERMATRIX.PPTX.

10. Drucken Sie die zweite Folie aus.

11. Erstellen Sie eine neue, leere Präsentation. Ändern Sie das Folienlayout der Titelfolie in das Folienlayout LEER (Register START, Schaltfläche LAYOUT). Fügen Sie auf der Folie das neue Schaubild ein (Register EINFÜGEN, BILDER).

5.8 Übung: Bild- und Zeichenwerkzeuge

Übung

Entwickeln Sie die nachfolgende Präsentation. Die Übung soll dazu dienen, den Lernstoff zu wiederholen und Objekte auf den Folien gut lesbar, übersichtlich, zielgerichtet und ansprechend zu gestalten.

1. Beginnen Sie mit einem Design, das zum Thema „Leselust“ und zu Ihrer Zielgruppe passt. (Das folgende Muster zeigt eine Variante des Designs SAVON.)

1. Fügen Sie hinter der Titelfolie drei neue Folien ein.
   (Folienlayouts: TITEL UND INHALT, NUR TITEL, VERGLEICH).
2. Geben Sie auf den Folien die Texte nach dem Muster dieser Übung ein.

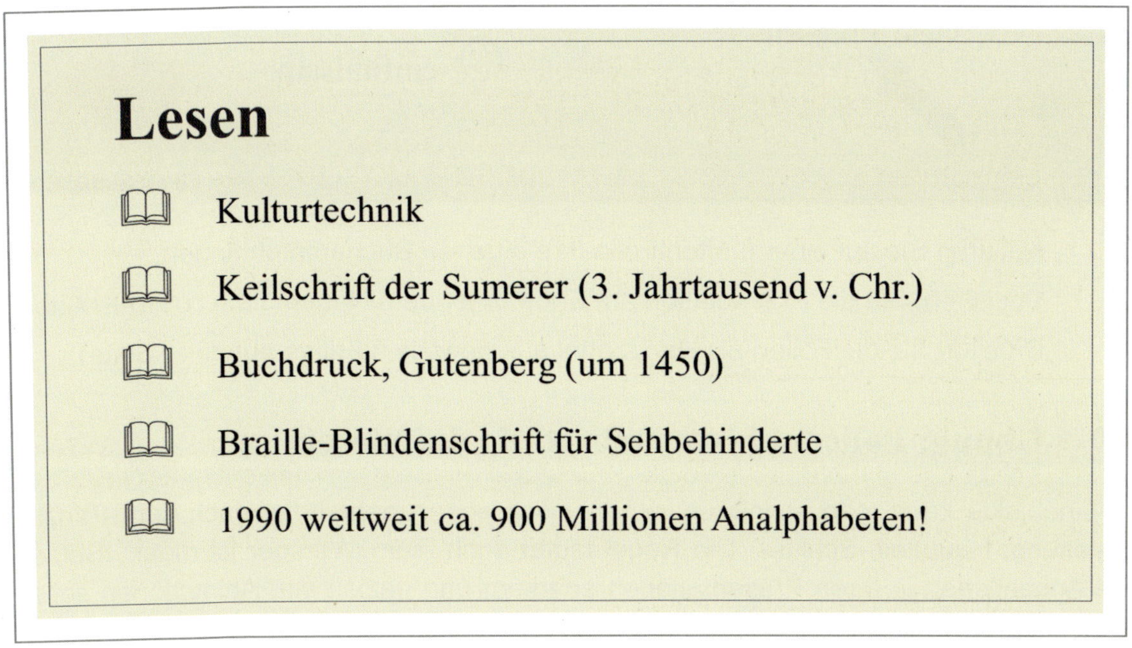

3. Gestalten Sie die Schriften, Absätze und Aufzählungszeichen nach Ihren Vorstellungen. Fügen Sie eigene oder Online-Bilder (EINFÜGEN, ONLINE-GRAFIKEN) ein und erproben Sie die Werkzeuge des Registers FORMAT. (Das Buchsymbol für die Aufzählungszeichen finden Sie in der Schriftart WINGDINGS).

Übung

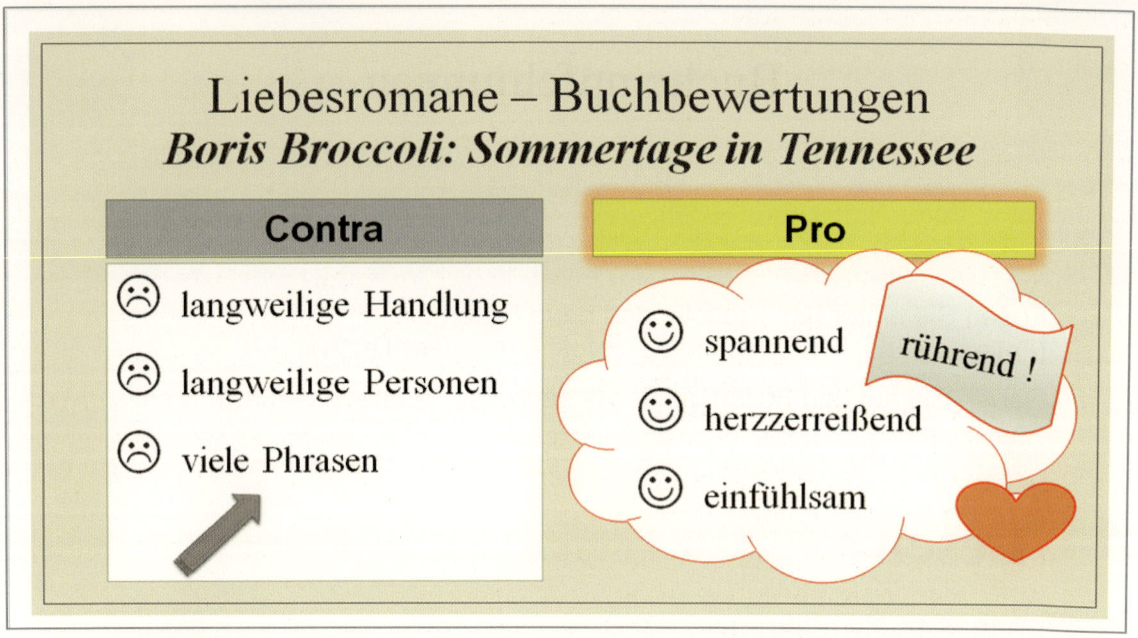

4. **Notieren** Sie auf einer fünften Folie Ihre eigenen Buchempfehlungen.
5. **Speichern** Sie die Präsentation am Ende unter dem Namen LESELUST.PPTX ab.
6. **Drucken** Sie die Folien als Handzettel aus (jeweils 3 Folien auf einer Seite).

5.9 Übung: Folienobjekte mehrstufig animieren

Folienobjekte kann man animieren, auf Wunsch sogar mehrstufig, nach dem Prinzip: Einleitung, Hauptteil, Schluss. Die Regel lautet auch hier: „Weniger ist mehr“. Setzen Sie Animationen in Ihren Präsentationen sparsam und gezielt ein. Animationen sollen nicht verwirren, sondern die Aufmerksamkeit des Publikums, zum Beispiel auf besonders wichtige Inhalte, stärken.

Animieren Sie in dieser Übung Folienobjekte aus der Präsentation LESELUST.PPTX (Präsentation der vorangehenden Übung):

Übung

1. Markieren Sie ein Objekt auf einer Folie (ein Bild oder eine Form) und wählen Sie das Register ANIMATIONEN.

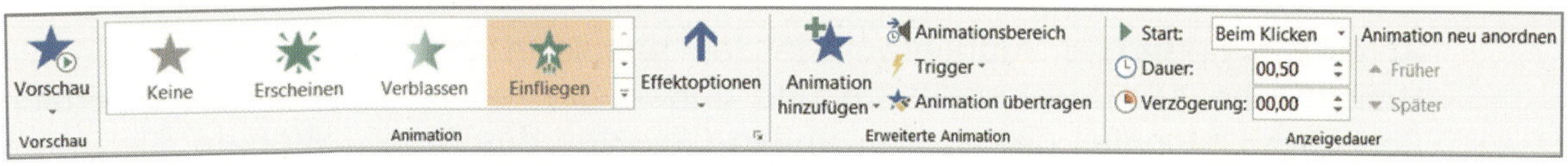

Öffnen Sie dann in der Gruppe ANIMATION den Animationskatalog (Pfeiltaste).

Hier finden Sie Beispiele für Eingangs-, Hervorhebungs- und Ausgangseffekte. ➔

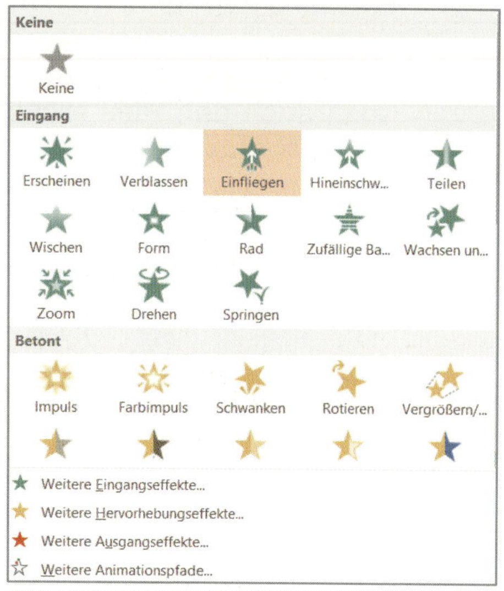

2. Animieren Sie Objekte auf Ihren Folien und nutzen Sie im Register ANIMATIONEN die Schaltfläche VORSCHAU.

   Prüfen Sie die Animationen auch in der BILDSCHIRMSHOW (Register BILDSCHIRMPRÄSENTATION, VON BEGINN AN).

3. Animationen kann man über die Schaltfläche EFFEKTOPTIONEN ändern.

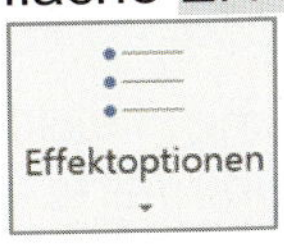

4. Außerdem öffnet die Schaltfläche ANIMATIONSBEREICH den Arbeitsbereich am rechten Bildschirmrand.

➔

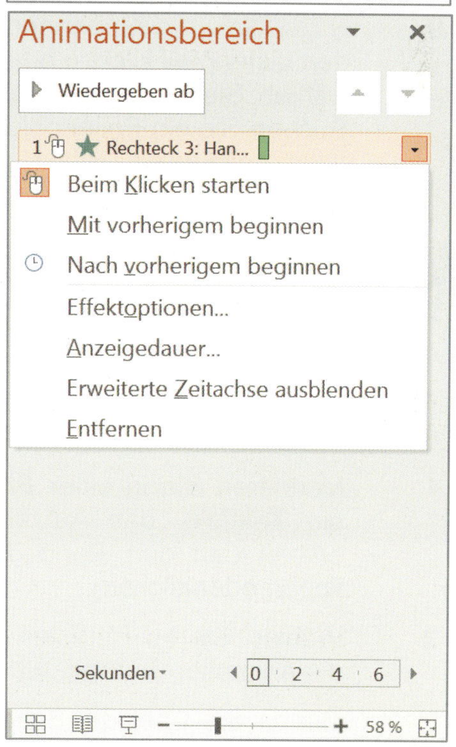

   Klicken oder tippen Sie hier auf den Listenpfeil der markierten Animation und wählen Sie im Menü EFFEKTOPTIONEN. Im eingeblendeten Dialogfenster kann man die Animation weiter ausgestalten.

5. Um Animationen mehrstufig zu gestalten, weist man dem markierten Objekt zunächst einen Effekt zu (EINGANGSEFFEKT). Dann öffnet man über den Listenpfeil der Schaltfläche ANIMATION HINZUFÜGEN den Animationskatalog. Fügen Sie hier weitere Animationen hinzu: Wählen Sie zum Beispiel für den Hauptteil (Kategorie BETONT, WEITERE HERVORHEBUNGSEFFEKTE) die Animation ROTIEREN. Dann ergänzen Sie eine Animation für den Schluss (Kategorie AUSGANG, WEITERE AUSGANGSEFFEKTE).

   An den kleinen Zahlen, die neben dem Objekt erscheinen, erkennen Sie die Mehrstufigkeit und die Reihenfolge der Animationen. ➔ Die Reihenfolge können Sie in der Gruppe ANZEIGEDAUER (Register ANIMATIONEN) über die Schaltflächen FRÜHER und SPÄTER ändern.

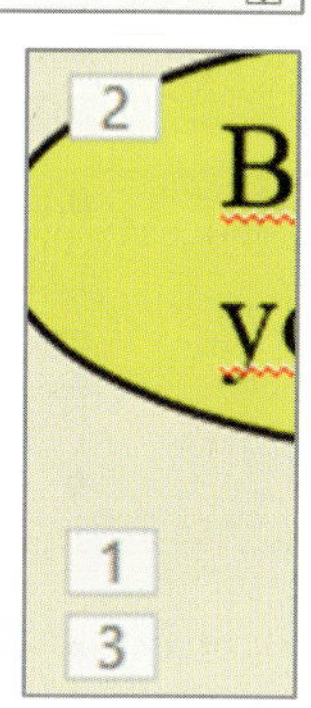

   Sehen Sie sich das Ergebnis jeweils in der Vorschau und in der BILDSCHIRMPRÄSENTATION an.

Übung

6. In der Gruppe ANZEIGEDAUER finden Sie Felder zum Festlegen der Animationszeit. Ändern Sie die Zeiten und prüfen Sie das Ergebnis.

7. Animation entfernen: Markieren Sie das animierte Objekt. Aktivieren Sie die Schaltfläche ANIMATIONSBEREICH und öffnen Sie rechts im Animationsbereich über den Listenpfeil des ausgewählten Objektes das Menü. Wählen Sie unten im Menü ENTFERNEN.

8. Zur Ausgestaltung einer Animation kann man auch den Pfeil rechts unten in der Gruppe ANIMATION nutzen. Er öffnet ein Dialogfenster mit Listenfeldern und Reglern für spezielle EFFEKTE und die ANZEIGEDAUER.

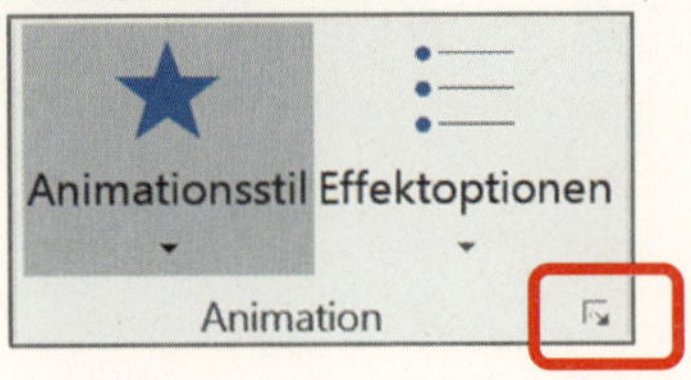

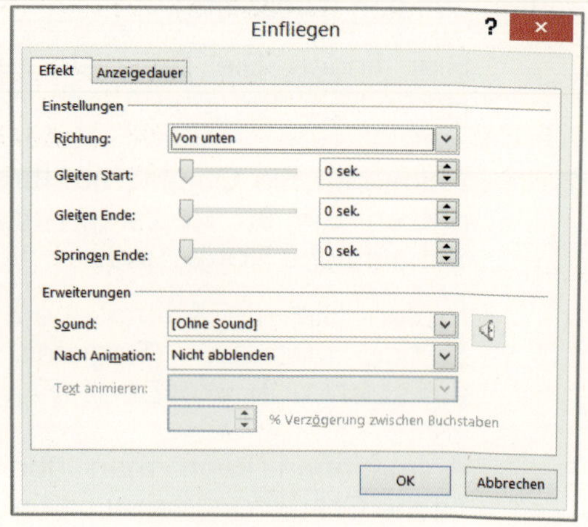

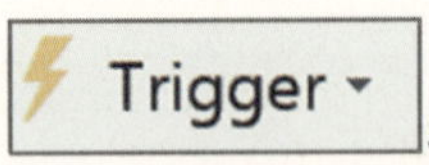

9. Spannende Effekte liefert auch die Schaltfläche TRIGGER (auf den Listenpfeil klicken oder tippen). Markieren Sie ein bereits animiertes Objekt, wählen Sie die Schaltfläche TRIGGER und den Menüpunkt BEIM KLICKEN AUF. Suchen Sie ein Folienobjekt aus, über das die Animation ausgelöst werden soll (kein animiertes Objekt). Die Animation läuft ab, wenn Sie das als Trigger gewählte Objekt anklicken (oder antippen).

5.10 Aufzählungstext animieren

Auch Aufzählungstexte kann man auf unterschiedliche Weise animieren: Entweder wird sofort das ganze Textfeld eingeblendet oder die Aufzählungspunkte erscheinen in Abhängigkeit von der Gliederungsebene Stück für Stück.

1. Markieren Sie in einer Präsentation (z.B. LESELUST.PPTX aus der Übung 5.8) ein Textfeld, das Aufzählungspunkte enthält (auf den Rand des Textfelds tippen oder klicken).

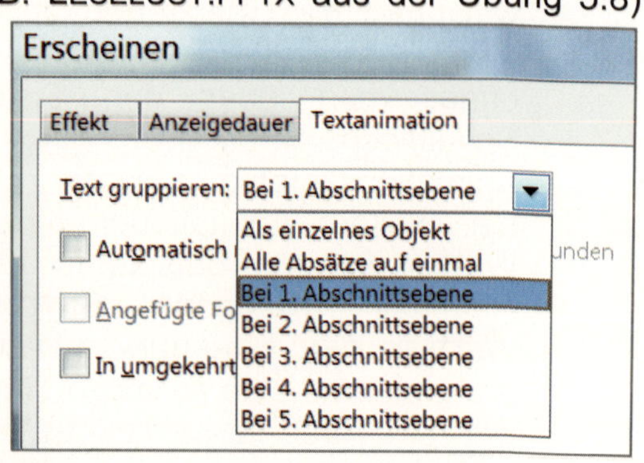

2. Wählen Sie im Register ANIMATIONEN die Animation ERSCHEINEN.

3. Öffnen Sie über die Schaltfläche ANIMATIONSBEREICH den Arbeitsbereich am rechten Bildschirmrand.

4. Klicken oder tippen Sie hier auf den Listenpfeil des animierten Objekts und im aufgeklappten Menü auf EFFEKTOPTIONEN. Wählen Sie im Dialogfenster das Register TEXTANIMATION.
   - Wenn das vollständige Textfeld auf der Folie erscheinen soll, wählen Sie im Listenfeld neben TEXT GRUPPIEREN die Option ALS EINZELNES OBJEKT.
   - Soll der Text zeilenweise erscheinen, wählen Sie BEI 1. ABSCHNITTEBENE.

6 Fotos und Fotopräsentationen

In modernen Präsentationen werden Bilder gezeigt, weniger die altbekannten CLIPART-Objekte, stattdessen mehr Fotos. Kein Wunder: Eine Digitalkamera hat man schnell zur Hand und passende Fotos für die eigenen Präsentationszwecke erstellt man häufig am besten selbst. Natürlich muss man die Werkzeuge beherrschen. In diesem Kapitel lernen Sie, wie Sie in POWERPOINT 2016 Fotos auf Folien einfügen, passgenau bearbeiten und mit Begleittexten und künstlerischen Effekten versehen. In den Übungen können Sie wieder kreativ werden und die Gestaltungsvarianten testen. Sie werden ein Fotoalbum anlegen und vollständige Fotopräsentationen entwickeln.

Lernziele und Themen in diesem Kapitel

a) Die POWERPOINT-Werkzeuge für die Bildbearbeitung nutzen

b) Fotos auf unterschiedliche Weise in die Folien einfügen:
als vollständiges Bild, innerhalb von Formen, als Folienhintergrund

c) Fotos verändern und mit künstlerischen Effekten versehen

d) Fotos zuschneiden, ausgewählte Bildteile freistellen

e) Bildschirmschnappschüsse erstellen und einbinden

f) Ein Fotoalbum anlegen und mit Bildern füllen

g) Selbstablaufende Fotopräsentationen anfertigen

h) Die Dateigröße reduzieren: Fotos komprimieren, überflüssige Bildteile löschen

i) POWERPOINT-Folien als Bilddateien abspeichern und in anderen Anwendungsprogrammen einfügen

10 Schröder ISBN 978-3-8120-0815-0

6.1 Übung: Fotos einfügen und bearbeiten, Bildkorrekturen

Übung

Fotos kann man auf unterschiedliche Weise in Präsentationen einbinden. Wenn ein Foto direkt auf einer Folie eingefügt werden soll, wählt man das Register EINFÜGEN und die Schaltfläche BILDER, dann sucht man aus den Rechnerverzeichnissen das passende Foto aus.

1. Beginnen Sie mit einer neuen, leeren Präsentation. Ändern Sie das Folienlayout der Titelfolie (START, LAYOUT). Wählen Sie das Folienlayout LEER.

2. Fügen Sie vier weitere Folien mit dem Folienlayout LEER ein.

3. Sammeln Sie im Register EINFÜGEN über die Schaltflächen BILDER und ONLINE-GRAFIKEN Fotos auf den Folien. Fügen Sie ggf. auch Bilder aus Ihren Rechnerverzeichnissen oder von einem externen Speichermedium ein.

4. Bearbeiten Sie die Fotos mithilfe der Werkzeuge im Register FORMAT. Markieren Sie ein Foto: Sofort erscheint das Register FORMAT auf dem Bildschirm.

a) Hier finden Sie BILDFORMATVORLAGEN, die Sie den Fotos zuweisen können.

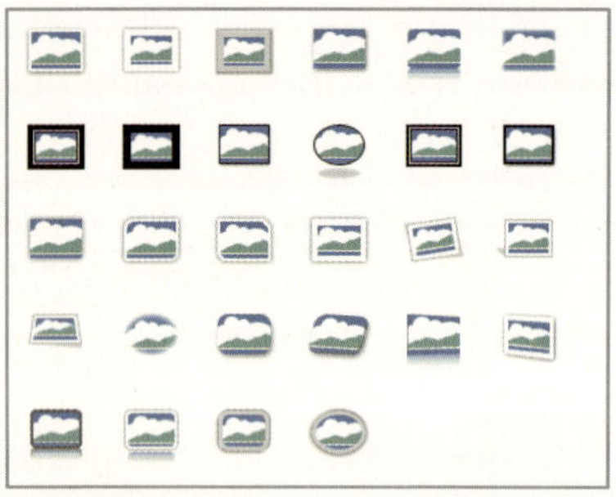

b) Erproben Sie auch die Schaltflächen BILDRAHMEN, BILDEFFEKTE und BILDLAYOUT rechts neben dem BILDFORMATVORLAGEN-Katalog.

c) Klicken oder tippen Sie auf den kleinen Pfeil rechts unten in der Gruppe BILDFORMATVORLAGEN: Am rechten Seitenrand erscheint der Arbeitsbereich zum Formatieren von Grafiken. Erproben Sie hier die Gestaltungsvarianten.

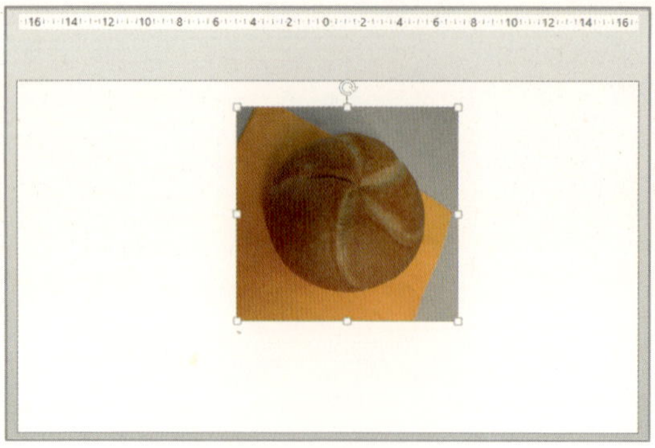

d) Ändern Sie bei einem Foto die Bildfarbe: Register FORMAT, Schaltfläche FARBE.

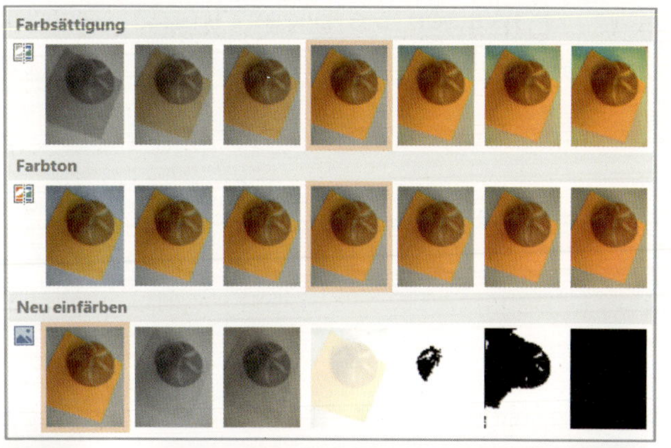

Übung

e) Ändern Sie weitere Fotos. Nutzen Sie dabei auch die Schaltfläche KORREKTUREN.

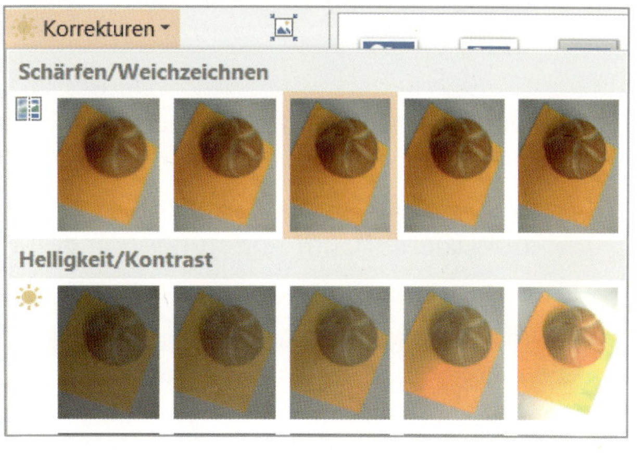

KÜNSTLERISCHE EFFEKTE:

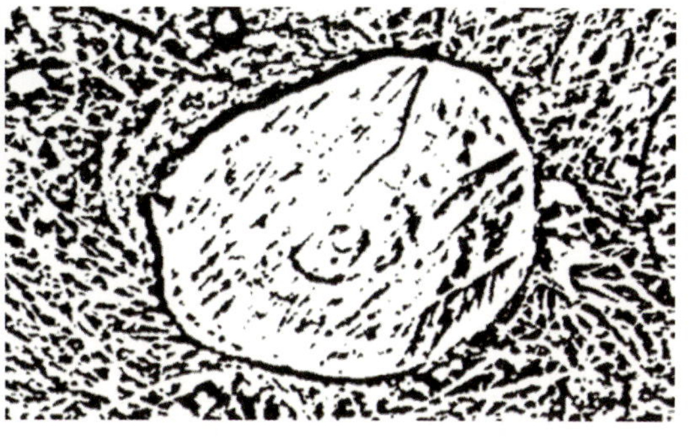

Übung

f) Weisen Sie Bildern KÜNSTLERISCHE EFFEKTE zu: Register FORMAT, ANPASSEN.

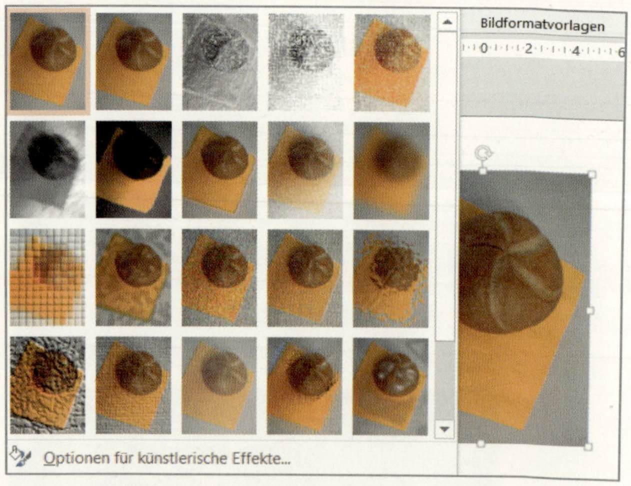

5. Kombinieren Sie die Möglichkeiten der Bildbearbeitung. Sie können dazu neue Fotos und auch neue Folien einfügen.

   Duplizieren Sie Folien (Register START, NEUE FOLIE, AUSGEWÄHLTE FOLIEN DUPLIZIEREN), um Änderungen in den Fotos verfolgen zu können.

6. Falls Ihnen vorgenommene Bildänderungen nicht gefallen, nutzen Sie die Schaltfläche ZURÜCKSETZEN (Register FORMAT, Gruppe ANPASSEN).

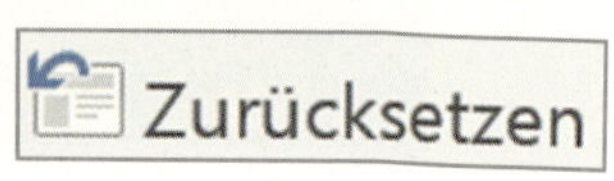

7. Speichern Sie die Präsentation unter dem Dateinamen BILDBEARBEITUNG.PPTX.

6.2 Die Bildgröße exakt festlegen

Auch die Bildgröße kann man im Register FORMAT anpassen. Damit das Register im Menüband erscheint, muss allerdings ein Objekt auf der Folie markiert sein. In der Gruppe GRÖßE ändern Sie die Bildhöhe und -breite über die Pfeile neben den Zentimeterangaben.

Zudem gelangen Sie über den kleinen Pfeil (DIALOG LAUNCHER) rechts unten in der Gruppe GRÖßE zum Arbeitsbereich GRAFIK FORMATIEREN. Auch hier kann man Objektgrößen anpassen.

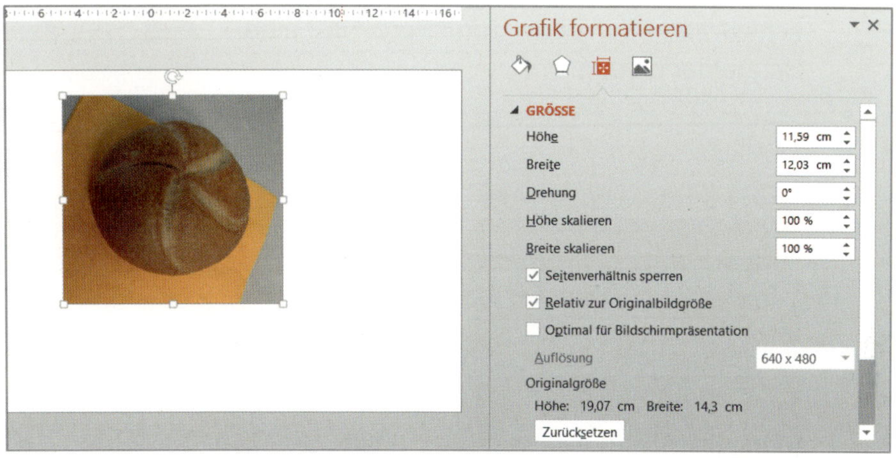

6.3 Übung: Einen Bildschirmschnappschuss einfügen

Übung

Im Register EINFÜGEN gibt es die Schaltfläche SCREENSHOT. Sie ist sehr hilfreich, zum Beispiel wenn man Informationen aus anderen Programmen auf einer Folie einfügen will. Einen Bildschirmschnappschuss kann man von der gesamten Bildschirmoberfläche erstellen oder auch von einem ausgewählten Bildschirmausschnitt.

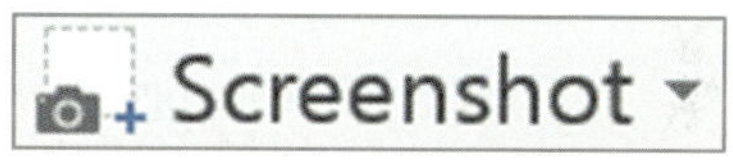

1. Fügen Sie in eine POWERPOINT-Präsentation eine Folie ein (Folienlayout LEER).
2. Öffnen Sie ein anderes Programm, eine WORD-Datei oder eine Website (beim Verwenden von Webseiteninhalten Urheberrechte beachten).
3. Kehren Sie zu Ihrer POWERPOINT-Präsentation zurück und klicken oder tippen Sie im Register EINFÜGEN auf SCREENSHOT. Wählen Sie den BILDSCHIRMAUSSCHNITT. Darauf wird die Präsentation transparent und man sieht die dahinterliegende Datei. Der Mauszeiger hat nun die Form eines Plus-Zeichens. Ziehen Sie (mit gedrückter linker MAUSTASTE oder dem Finger) einen Bildschirmausschnitt auf. Er wird sofort auf die POWERPOINT-Folie übertragen. Die Größe des Ausschnitts können Sie über die Ziehpunkte an den Ecken des Objekts ändern.
4. Erstellen Sie noch einen Bildschirmschnappschuss von der vollständigen Bildschirmseite: Register EINFÜGEN, SCREENSHOT, auf das Dokument im kleinen Fenster klicken oder tippen.

6.4 Übung: Bilder zuschneiden, Bildteile freistellen

Übung

Fotos kann man zuschneiden, damit sie auf die Folie passen und nur den wichtigsten Bildinhalt zeigen. Es gibt unterschiedliche Varianten des Zuschneidens und auch die Möglichkeit, Bildteile freizustellen. Probieren Sie es aus:

1. Fügen Sie ein Foto auf einer Folie ein.

2. Markieren Sie das Foto und klicken Sie im Register FORMAT auf die Schaltfläche ZUSCHNEIDEN. Ziehen Sie mit gedrückter linker Maustaste oder dem Finger einen der schwarzen Schieber am Foto in eine Schneiderichtung.

3. Markieren Sie ein weiteres Foto. Klicken oder tippen Sie im Register FORMAT auf den Listenpfeil der Schaltfläche ZUSCHNEIDEN. Wählen Sie AUF FORM ZUSCHNEIDEN: Der Formenkatalog wird geöffnet. Entscheiden Sie sich für eine Form: Das Foto wird in diese Form eingepasst.

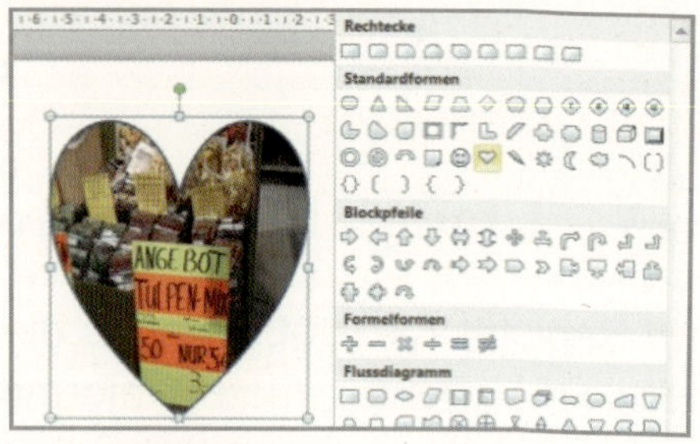

Tipp: Markieren Sie das neue Form Foto und wählen Sie im Kontextmenü (rechte Maustaste drücken) den Menüpunkt GRAFIK FORMATIEREN. Darauf erscheint am rechten Seitenrand der Aufgabenbereich für die Gestaltung. Hier können Sie das Foto zum Beispiel ins 3D-FORMAT setzen.

4. Manchmal möchte man nur einen Teil des Bildes verwenden. Diesen Teil können Sie freistellen: Markieren Sie ein Bild und klicken oder tippen Sie im Register FORMAT (links im Menüband) auf die Schaltfläche FREISTELLEN. Grenzen Sie mithilfe der Ziehpunkte den Bereich des Bildes ein, den Sie freistellen wollen.

6.5 Fotos für Folienhintergründe aufbereiten

Fotos eignen sich auch für Hintergrundbilder. So fügen Sie ein Foto als Hintergrundbild in eine Präsentation ein:

1. Wählen Sie im Register ENTWURF die Schaltfläche HINTERGRUND FORMATIEREN
2. Im Aufgabenbereich am rechten Rand klicken oder tippen Sie auf die BILD- ODER TEXTURFÜLLUNG, dann auf die Schaltfläche DATEI. Suchen Sie ein Bild aus. Über die Schaltfläche EINFÜGEN wird das markierte Bild als Hintergrund auf die Folie übertragen.

Tipp: Man kann im Arbeitsbereich die Bildtransparenz über den Schieberegler erhöhen, damit Textinhalte vor dem Hintergrund besser lesbar werden. Außerdem kann man die Offset-Einstellungen ändern und wichtige Bildteile ins Zentrum setzen.

Das Hintergrundbild wurde auf die aktuell eingeblendete Folie übertragen. Wenn das Hintergrundbild auf allen Folien erscheinen soll, wählen Sie bitte die Schaltfläche FÜR ALLE ÜBERNEHMEN.

Bei der gerade beschriebenen Methode wird das Foto nur geringfügig verändert. Man kann ein Foto aber auch massiv verändern, bis es sich als Hintergrundbild eignet. Nutzen Sie die Schaltflächen für die Bildbearbeitung im Register FORMAT:

Damit ein bearbeitetes Foto als Hintergrundbild in der gesamten Präsentation erscheint, gibt es verschiedene Wege, zum Beispiel auch folgende:

- Foto im Folienmaster einfügen (ANSICHT, FOLIENMASTER): Ziehen Sie das Foto auf der obersten Masterfolie auf, sodass es die gesamte Folienseite bedeckt. Dann setzen Sie das Foto in den Hintergrund (hinter die Textfelder): Register FORMAT, Schaltfläche EBENE NACH HINTEN, IN DEN HINTERGRUND.
- Foto als Bilddatei speichern (Kontextmenü: ALS GRAFIK SPEICHERN) und über das Register ENTWURF, Schaltfläche HINTERGRUND FORMATIEREN, Option BILD- ODER TEXTURFÜLLUNG, Schaltfläche DATEI auswählen. Soll dieser Hintergrund allen Folien zugewiesen werden, klicken oder tippen Sie im Arbeitsbereich auf die Schaltfläche FÜR ALLE ÜBERNEHMEN.

Im folgenden Beispiel sehen Sie ganz links das Ausgangsfoto. Daneben werden die Ergebnisse verschiedener Bearbeitungsstufen gezeigt. Das vierte Objekt gleicht einem künstlerischen Bild, dessen Farben sich gut für ein Hintergrundbild eignen.

Das bearbeitete Foto wird als neues Bild gespeichert (Kontextmenü: ALS GRAFIK SPEICHERN). Dann wird es im Folienmaster (ANSICHT FOLIENMASTER) über die gesamte oberste Masterfolie aufgezogen. Damit dies gelingt, ist es nötig, das Foto zu verbreitern. Anschließend setzt man es hinter die Textfelder in den Hintergrund (Register FORMAT, EBENE NACH HINTEN, IN DEN HINTERGRUND).

Hintergrundfoto im Folienmaster:

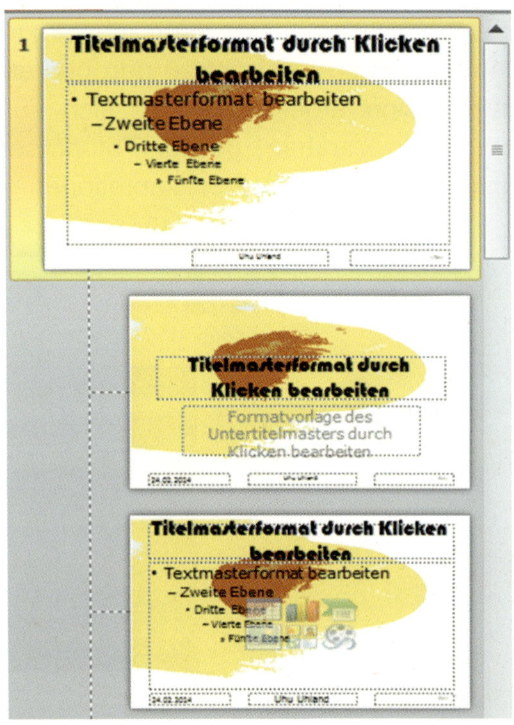

Anschließend werden die Texte und weitere Inhalte in der ANSICHT NORMAL auf den Folien eingegeben.

11 Schröder ISBN 978-3-8120-0815-0

Nachfolgende Bilder zeigen das Ergebnis. (Inhalte sind in diesem Kapitel nicht relevant; wesentlich ist nur die grafische Gestaltung.)

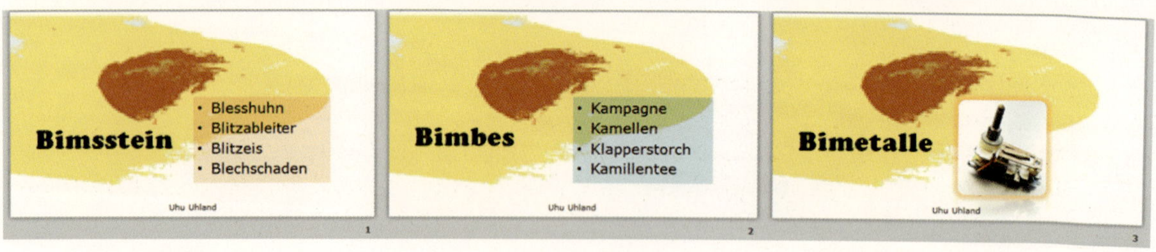

6.6 Vorlagen für Fotopräsentationen

In POWERPOINT 2016 kann man auch Fotoalben bzw. Fotopräsentationen entwickeln. Oft wird dabei ein schwarzer oder schwarzgrauer Hintergrund bevorzugt, denn dieser schafft einen starken Kontrast zu den bunten Fotos. Will man hier mit einem fertigen Hintergrunddesign arbeiten, eignet sich zum Beispiel das Design SCHIEFER oder RAHMEN (dunkle Variante) gut für Fotopräsentationen. Grundsätzlich aber sind auch viele farbige Designs für Fotopräsentationen geeignet.

6.7 Übung: Ein Fotoalbum erstellen

Übung

Entwickeln Sie eine Fotopräsentation zu einem Thema Ihrer Wahl. Nutzen Sie für die Zusammenstellung der Bilder die Funktion FOTOALBUM:

1. Klicken oder tippen Sie im Register EINFÜGEN auf den Listenpfeil der Schaltfläche FOTOALBUM und dann im Menü auf NEUES FOTOALBUM. Das Dialogfenster FOTOALBUM wird geöffnet.

2. Klicken Sie im Dialogfenster auf DATEI/DATENTRÄGER und wählen Sie aus den Verzeichnissen Ihres Rechners ein Foto aus.

   Wiederholen Sie den letzten Schritt so lange, bis alle Fotos, die Sie gern in die Präsentation einfügen wollen, unter BILDER IM ALBUM aufgelistet sind.

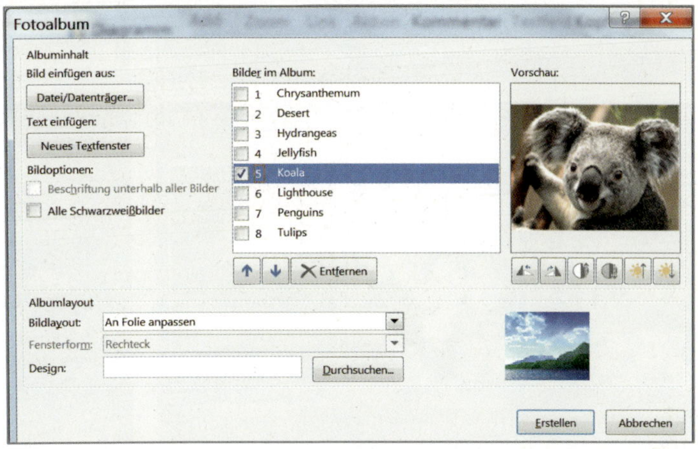

3. Sie können die Fotos über die Schaltflächen des Dialogfelds drehen, aufhellen, im Schwarz-Weiß-Stil darstellen oder auch entfernen. Über die großen Pfeilschaltflächen ändern Sie die Reihenfolge der Bilder. Unter BILDLAYOUT legen Sie fest, wie die Fotos auf den Folienseiten ausgegeben werden. Erproben Sie die Möglichkeiten. Am Ende klicken Sie auf die Schaltfläche ERSTELLEN.

   POWERPOINT legt nun ein Fotoalbum (neue Präsentation) an, mit einer Titelseite und den ausgewählten Fotos in der vorgegebenen Reihenfolge.

4. Bearbeiten und formatieren Sie die Fotos auf den Folien (Register FORMAT).

5. Fügen Sie Textfelder hinzu und beschriften Sie die Fotos. Sie können alle POWERPOINT-Funktionen nutzen, um Ihr Fotoalbum ansprechend zu gestalten.

6. Um weitere Bilder hinzuzufügen, stehen Ihnen verschiedene Möglichkeiten zur Auswahl:
   - Register EINFÜGEN, FOTOALBUM (Listenpfeil), FOTOALBUM BEARBEITEN. Fügen Sie weitere Fotos hinzu und klicken Sie am Ende auf die Schaltfläche AKTUALISIEREN.
   - Register EINFÜGEN, Schaltfläche BILDER.

7. Weisen Sie den Folien auch Folienübergänge zu: Register Übergänge. Deaktivieren Sie das Kontrollfeld BEI MAUSKLICK und stellen Sie darunter als Übergangszeit (zur Probe) 00:03 ein. Wählen Sie FÜR ALLE ÜBERNEHMEN. Weisen Sie dann den einzelnen Folien jeweils einen Übergang aus dem Katalog zu.

8. Speichern Sie die Präsentation.

9. Lassen Sie die Bildschirmshow ablaufen.

Beispiel: →

6.8 Die Dateigröße reduzieren

Viele Fotos beanspruchen eine Menge Speicherplatz. Doch POWERPOINT erleichtert es, die Bilder zu komprimieren: Wählen Sie das Register DATEI, SPEICHERN UNTER und unten im Dialogfenster den Listenpfeil der Schaltfläche TOOLS. Klicken oder tippen Sie auf BILDER KOMPRIMIEREN.

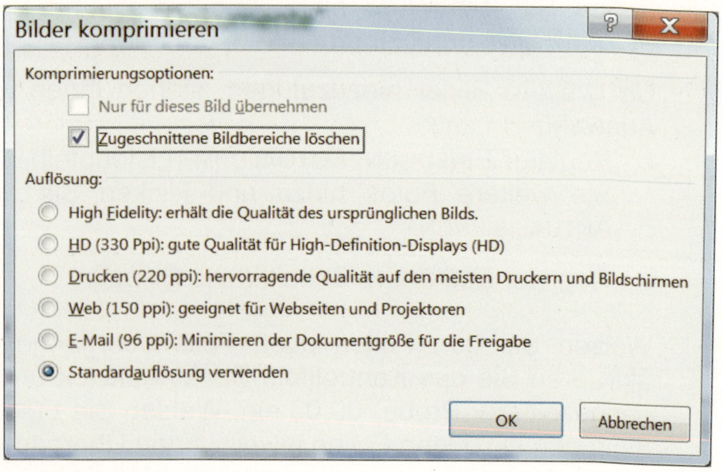

Sie gelangen zu diesem Dialogfenster auch über die Schaltfläche BILDER KOMPRIMIEREN (Register FORMAT). Man kann hier die Komprimierung nur für ein einzelnes Bild übernehmen und auch alle überflüssigen Bildteile löschen, die beim Zuschneiden der Fotos entstanden (wenn auch nicht mehr sichtbar) sind. Aktivieren Sie im Dialogfeld das Kontrollkästchen neben ZUGESCHNITTENE BILDBEREICHE LÖSCHEN. Klicken oder tippen Sie auf OK.

6.9 Folien in anderen Programmen nutzen

Wenn Sie eine POWERPOINT-Folie als Bilddatei speichern und später in anderen Anwendungsprogrammen verwenden wollen, wählen Sie DATEI, SPEICHERN UNTER und im Dialogfenster einen DATEITYP für ein Bildformat:

Übung

GIF (Graphics Interchange Format) (*.gif)
JPEG-Dateiaustauschformat (*.jpg)
PNG-Format (Portable Network Graphics) (*.png)
TIFF Tag Image File Format (*.tif)
Geräteunabhängige Bitmap (*.bmp)

Man kann die Folien einzeln als Bild speichern (Schaltfläche NUR DIESE FOLIE) oder sofort alle Folien der Präsentation. Wenn Sie die Schaltfläche ALLE FOLIEN ausgewählt haben, legt POWERPOINT einen Ordner an und packt alle Folien als Bilddateien hinein.

Es empfiehlt sich, die Folien in diesem Ordner anschließend noch umzubenennen. Dann erkennen Sie die Bilder leicht wieder, wenn Sie diese erneut verwenden wollen.

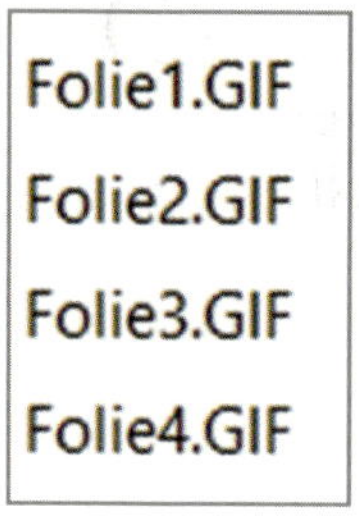

Probieren Sie es aus: Speichern Sie die Folien einer POWERPOINT-Präsentation im Bildformat ab. Fügen Sie dann die Bilder in einem anderen Anwendungsprogramm ein. In WORD 2016 lautet der Weg: Register EINFÜGEN, BILDER.

7 Texte in Schaubilder verwandeln, SMARTART

SMARTART verwandelt Ihre Aufzählungstexte in anschauliche Grafiken. Dabei bietet der SMARTART-Katalog eine große Auswahl an Grafikmodellen, die Sie zur Darstellung Ihrer Inhalte verwenden und nach Ihren Gestaltungswünschen verändern können.

Man kann auch bereits vorhandene Texte in SMARTART-Grafiken umwandeln (konvertieren). Oder Sie beginnen mit einer SMARTART-Form und tippen anschließend Texte ein. In diesem Kapitel entwickeln Sie Folien mit SMARTART-Schaubildern.

Außerdem werden Sie den Folien Übergänge und Einblendzeiten zuweisen, Folien ein- und ausblenden, die gesamte Präsentation nach WORD senden und schließlich als reine Bildschirmshow speichern (*.PPSX-Datei). Sie können die Präsentation dann an andere Personen weitergeben und diese können die Folien betrachten, auch wenn sie kein POWERPOINT auf dem eigenen Rechner haben.

Lernziele und Themen in diesem Kapitel

a) Aufzählungstext in SMARTART-Grafiken umwandeln

b) Texte in unterschiedlichen Gliederungsebenen eingeben

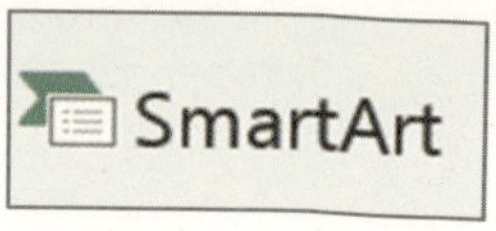

c) SMARTART-Grafiken neu einfügen, formatieren und umgestalten

d) Organigramme erstellen

e) SMARTART-Grafiken animieren

f) Folien ein- und ausblenden

g) Folienübergänge zuweisen

h) Einblendzeiten ändern

i) Präsentation nach WORD senden

j) Präsentation als reine Bildschirmpräsentation speichern

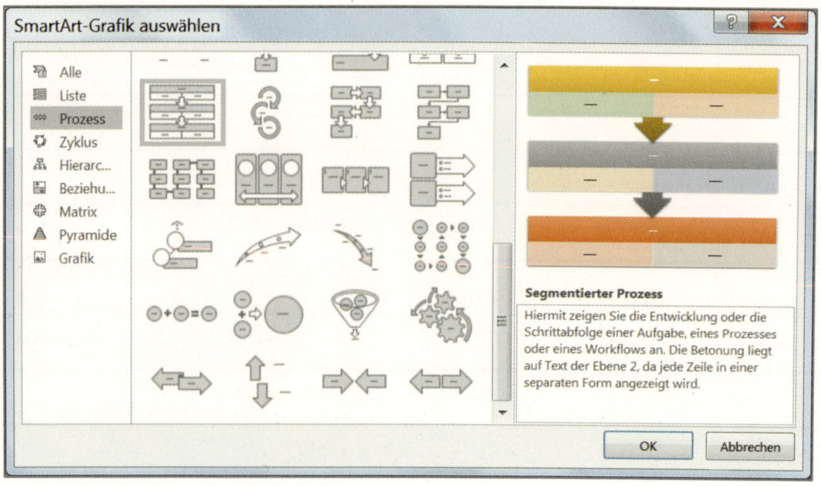

7.1 Übung: Text in SmartArt konvertieren

Übung

1. Öffnen Sie die bereits erstellte Präsentation MARKETING3.PPTX. Blenden Sie die Folie „Marketingbereiche" ein. Löschen Sie jeweils den letzten Listenpunkt unter „Konsumgütermarketing" und „Investitionsgütermarketing".

2. Die Folie hat das Folienlayout ZWEI INHALTE. Die beiden Aufzählungsbereiche erscheinen im rechten und linken Textfeld (siehe nachfolgendes Muster).

   (Sollten Sie die Folie nicht erstellt haben, holen Sie dies jetzt bitte nach.)

3. Markieren Sie den Text im linken Textfeld. Klicken oder tippen Sie im Register START, Gruppe ABSATZ, auf den Listenpfeil der Schaltfläche IN EINE SMARTART-GRAFIK KONVERTIEREN. →

   Der SMARTART-Katalog wird geöffnet. Wählen Sie hier WEITERE SMARTART-GRAFIKEN und im Dialogfenster unten SMARTART-GRAFIK AUSWÄHLEN.

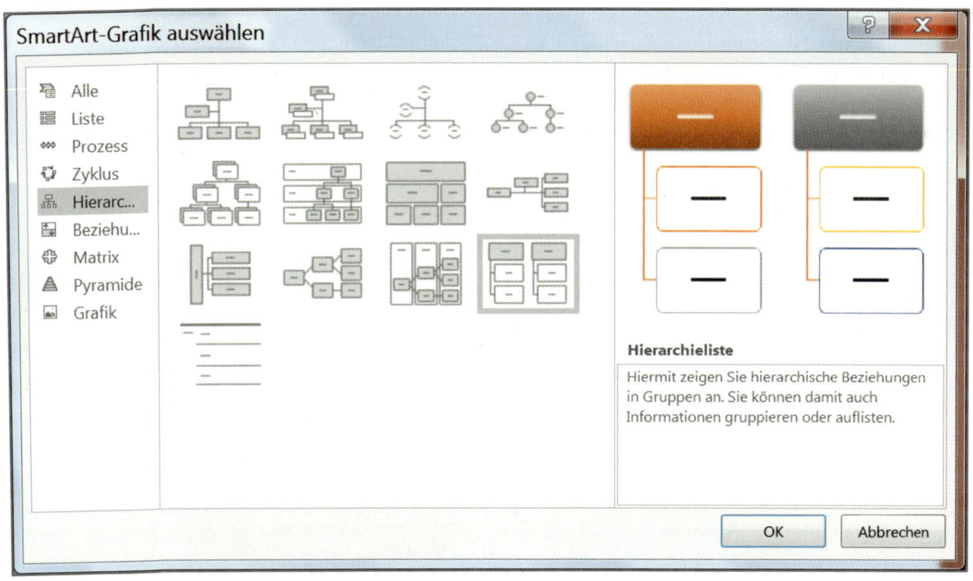

   Im Dialogfenster werden die SMARTART-Grafiken in Kategorien unterteilt. Am linken Rand sehen Sie die Namen. Rechts daneben finden Sie das jeweils zugehörende SMARTART-Sortiment. Am rechten Rand des Dialogfensters wird die gerade markierte Grafik beschrieben.

   Wählen Sie für den markierten Folientext die Kategorie HIERARCHIE und rechts daneben das SMARTART-Objekt HIERARCHIELISTE.

4. Markieren Sie nun auf der Folie den Text im rechten Textfeld und wandeln Sie ihn auch in die HIERARCHIELISTE um.

Übung

5. Vergrößern Sie die Schrift der SMARTART-Grafiken. Fügen Sie Trennzeichen ein.

6. Im Register ENTWURF kann man die SMARTART-Objekte bearbeiten: Wählen Sie die Schaltfläche FARBEN ÄNDERN (Listenpfeil) und weisen Sie den beiden Grafiken neue Farbschemata zu.

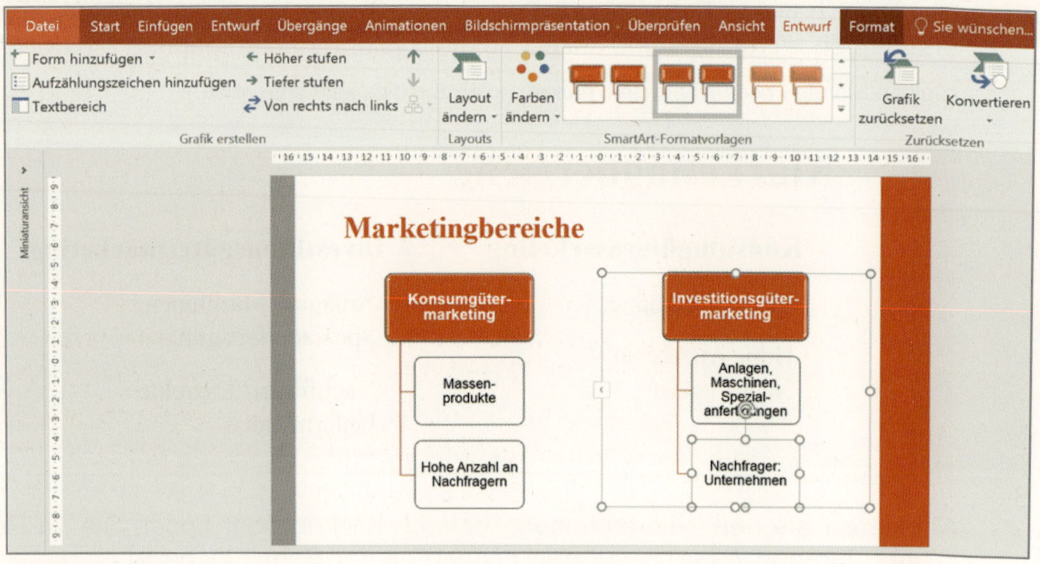

7. Verschieben Sie die beiden SMARTART-Objekte auf der Folie.

8. Formatieren Sie die beiden Objekte jeweils mit einer SMARTART-Formatvorlage: Register ENTWURF, Gruppe SMARTART-FORMATVORLAGEN.

9. Speichern Sie die Datei unter MARKETINGBEREICHE_SMARTART.PPTX.

10. Drucken Sie die Folie aus.

Markierte SMARTART-Objekte haben am Rand einen kleinen Pfeil. Über diesen blenden Sie den Inhalt des Objekts als Gliederungstext ein- oder aus. Sie können in diesem Bereich weitere Texte eingeben, Inhalte löschen und umstellen. Wenn Sie einen Unterpunkt anlegen wollen, drücken Sie die Tabulatortaste. Für eine höhere Gliederungsebene drücken Sie die Taste Umschalt und die Tabulatortaste.

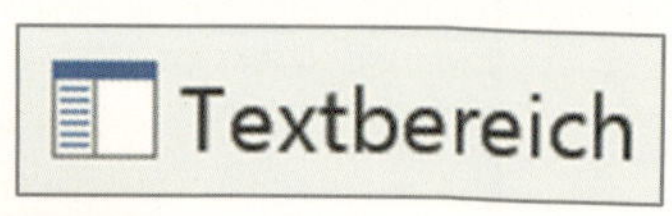

Tipp: Für den Textbereich gibt es im Register ENTWURF eine eigene Schaltfläche.

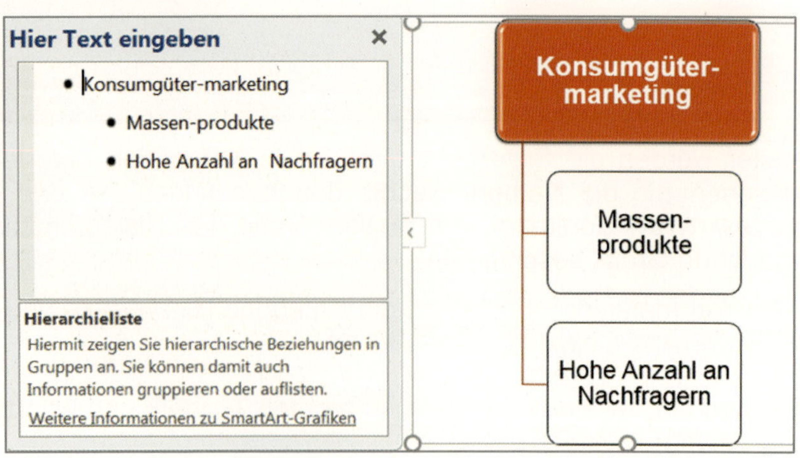

7.2 Übung: SMARTART-Infografiken erstellen

Übung

1. Beginnen Sie mit einer neuen Präsentation im Design KONDENSSTREIFEN. Wählen Sie eine der Farb-Varianten (Register ENTWURF, Gruppe VARIANTEN).
2. Geben Sie die Texte des nachfolgenden Musters auf der Titelfolie ein:

3. Fügen Sie eine zweite Folie ein: Folienlayout TITEL UND INHALT. Erstellen Sie den nachfolgenden Aufzählungstext mit zwei Gliederungsebenen. Für die zweite Gliederungsebene nutzen Sie bitte die Tabulatortaste oder die Schaltfläche LISTENEBENE ERHÖHEN (Register START, Gruppe ABSATZ).

4. Ändern Sie die Schrift und verkleinern Sie das Textfeld mit dem Aufzählungstext (mittleren Ziehpunkt an der linken Rahmenlinie nach rechts ziehen), sodass die Aufzählungspunkte unter der Überschrift beginnen.
5. Duplizieren Sie die Folie: Register START, Schaltfläche NEUE FOLIE (Listenpfeil), AUSGEWÄHLTE FOLIEN DUPLIZIEREN (dient hier dem Vergleich mit der nächsten Folie).
6. Konvertieren Sie den Aufzählungstext der dritten Folie in eine SMARTART-Grafik: Markieren Sie den Rahmen des Aufzählungstextes. Wählen Sie im Register START, Gruppe ABSATZ, die Schaltfläche IN EINE SMARTART-GRAFIK KONVERTIEREN. Klicken (oder tippen) sie auf WEITERE SMARTART-GRAFIKEN, dann auf die Kategorie LISTE und rechts auf die ZIELLISTE. (Zeigen Sie auf eine Variante, dann wird der Name eingeblendet.) Bestätigen Sie Ihre Auswahl mit OK.

12 Schröder ISBN 978-3-8120-0815-0

Übung

7. Das SMART-ART-Objekt erscheint nun auf der Folie und außerdem das Register ENTWURF. Bitte beachten Sie: Das SMARTART-Objekt muss markiert sein, damit das Register erscheint.

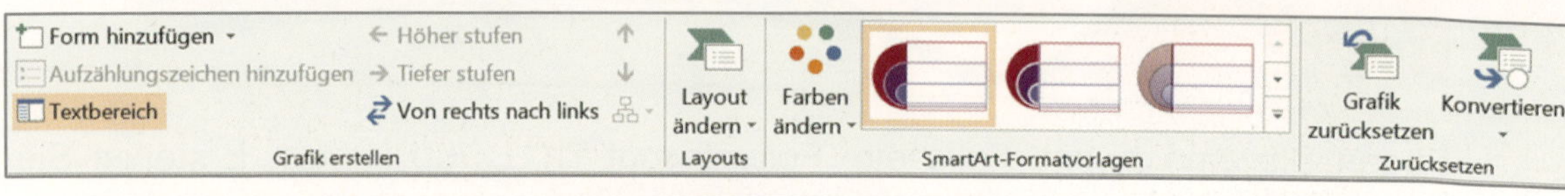

Klicken (oder tippen) Sie auf TEXTBEREICH. Fügen Sie im aufgeklappten Textbereich die „Konditionenpolitik" hinzu.

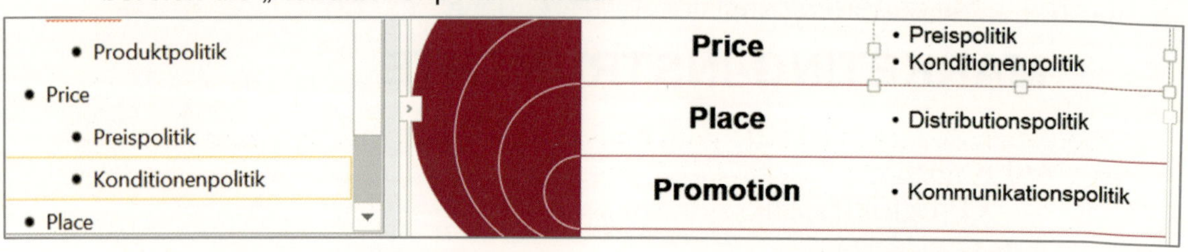

8. Ändern Sie das Farbschema über die Schaltfläche FARBEN ÄNDERN.

9. Erproben Sie im Register ENTWURF die Schaltfläche VON RECHTS NACH LINKS.

10. Ändern Sie im Register ENTWURF über die Pfeil-Schaltflächen MARKIERUNG NACH OBEN/UNTEN VERSCHIEBEN die Reihenfolge der Formen.

11. Klicken oder tippen Sie auf die Schaltfläche FORM HINZUFÜGEN (Listenpfeil). Fügen Sie eine weitere Form ein. Schreiben Sie in die Form „Zusatzdienstleistungen zur Kundenbindung" und „Service". (Tipp: Sie können für die Texteingabe auch den TEXTBEREICH nutzen.)

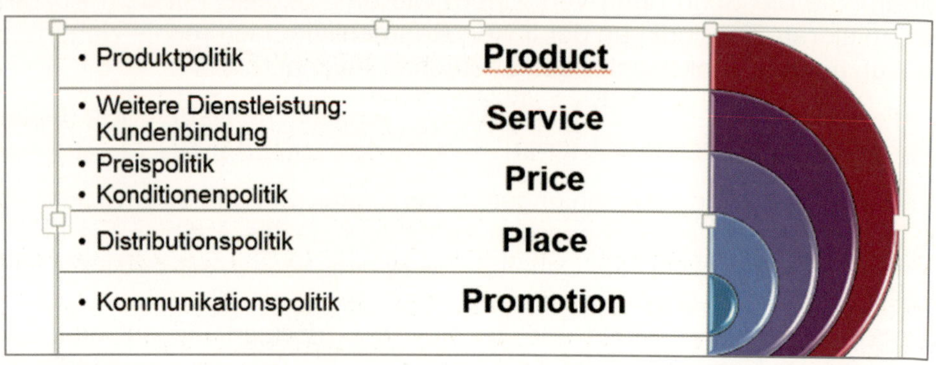

12. Speichern Sie die Präsentation unter dem Dateinamen MARKETINGMIX1.PPTX.

7.3 Übung: Werkzeuge nutzen

Übung

1. Setzen Sie die Übung 7.2 fort: Öffnen Sie die Präsentation MARKETING-MIX1.PPTX.
2. Duplizieren Sie die letzte Folie.
3. Löschen Sie auf der duplizierten Folie den Text in der Form „Service". (Tipp: Sie können den TEXTBEREICH einblenden.)
4. Ändern Sie das SMARTART-Objekt über die Schaltfläche VON RECHTS NACH LINKS.
5. Ändern Sie die SMARTART-FORMATVORLAGE.

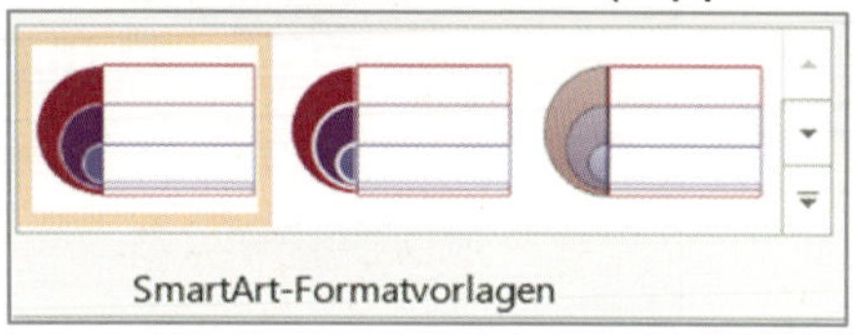

6. Wechseln Sie das LAYOUT: Wählen Sie ein Layout, das den gesamten Text aufnimmt und zum Inhalt passt.

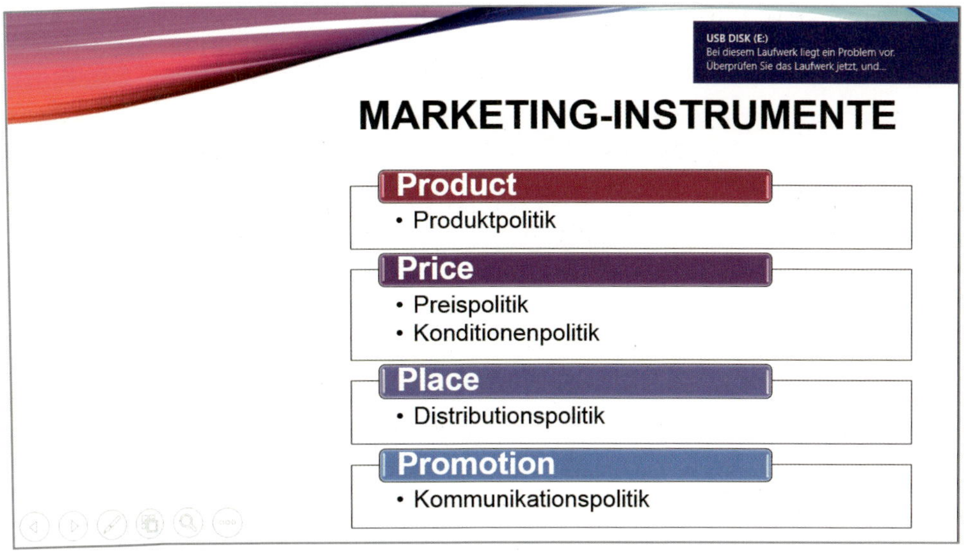

7. Speichern Sie die Datei unter MARKETINGMIX2.PPTX und drucken Sie Folien.
8. Erproben Sie auch die Schaltflächen GRAFIK ZURÜCKSETZEN und KONVERTIEREN, IN TEXT. Über die Schaltfläche RÜCKGÄNGIG (Leiste für den Schnellzugriff oben am Bildschirm) kann man den letzten Schritt wieder rückgängig machen.

7.4 Übung: Hierarchiebilder

Übung

1. Erstellen Sie die nachfolgende Folie: Layout: NUR TITEL.
(Sie können hier die Präsentation der letzten Übung MARKETINGMIX2.PPTX fortsetzen oder, falls Sie deren Folien nicht erstellt haben, mit einer neuen Präsentation beginnen.)

2. Schreiben Sie die Überschrift „Zum Kauf motivieren". Fügen Sie dann ein leeres SMARTART-Objekt ein: Register EINFÜGEN, Schaltfläche SMARTART, Kategorie PYRAMIDE, Variante EINFACHE PYRAMIDE.
3. Fügen Sie zwei weitere Formen hinzu: Schaltfläche FORM HINZUFÜGEN.
4. Ziehen Sie das SMARTART-Objekt möglichst groß auf der Folie auf (an der Ecke der Grafik ziehen, sobald der Doppelpfeil erscheint).
5. Beschriften Sie die Ebenen der Pyramide. Passen Sie die Schriftgrößen an. Die Schmalschrift ARIAL NARROW ist hier hilfreich.
6. Gestalten Sie die SMARTART-Grafik nach Ihren Wünschen (Register ENTWURF).
7. Fügen Sie eine weitere Folie ein und erstellen Sie die nachfolgende Folie. Konvertieren Sie dann den Aufzählungstext ein eine passende SMARTART-Grafik. Gestalten Sie das SMARTART-Objekt nach Ihren Wünschen.

8. Speichern Sie die Präsentation unter dem Dateinamen MARKETINGMIX3.PPTX.

7.5 Übung: Inhalte mit SMARTART veranschaulichen

1. Öffnen Sie die Präsentation MARKETINGMIX3.PPTX und entwickeln Sie die folgenden drei Folien: Beginnen Sie auf den ersten beiden Folien jeweils mit einem leeren, passenden SMARTART-Objekt und geben Sie im zweiten Schritt die Texte ein. Anschließend gestalten Sie die Grafik.

Übung

2. Gestalten Sie die Folie 3 nach dem folgenden Muster mit Bildern Ihrer Wahl:

Übung

3. Fügen Sie eine Fußzeile mit Ihrem Namen ein. Aktivieren Sie das aktuelle Datum und die Foliennummer. Auf der Titelfolie soll die Fußzeile nicht erscheinen.

4. Ändern Sie im Folienmaster (oberste Masterfolie) das Format der Fußzeilentexte (Name, Datum, Foliennummer): schwarze Schrift, ARIAL, Größe 16. Bitte beachten: Die Textfelder müssen markiert sein, damit man sie formatieren kann.

5. Prüfen Sie auf den Folien die Position der Fußzeile, der Überschriften und der Grafiken. Verschieben Sie ggf. Objekte, damit es keine Überschneidungen gibt.

6. Speichern Sie die Präsentation unter dem Dateinamen MARKETINGMIX4.PPTX.

7.6 Übung: Organigramme entwickeln

1. Erstellen Sie auch ein Organigramm mithilfe der SMARTART-Funktionen. (Sie können dazu eine Folie am Ende der Präsentation MARKETINGMIX4.PPTX einfügen.) Sie finden das Organigramm in der SMARTART-Kategorie HIERARCHIE.

   Für das Organigramm finden Sie alle Werkzeuge im Register ENTWURF, Gruppe GRAFIK ERSTELLEN. Die Schaltflächen rechts daneben können Sie zur Gestaltung der einzelnen Elemente verwenden. Um weitere Formen hinzuzufügen, wählen Sie bitte die Schaltfläche FORM HINZUFÜGEN (Listenpfeil). Hier legen Sie die Position der Form innerhalb der Hierarchie fest.

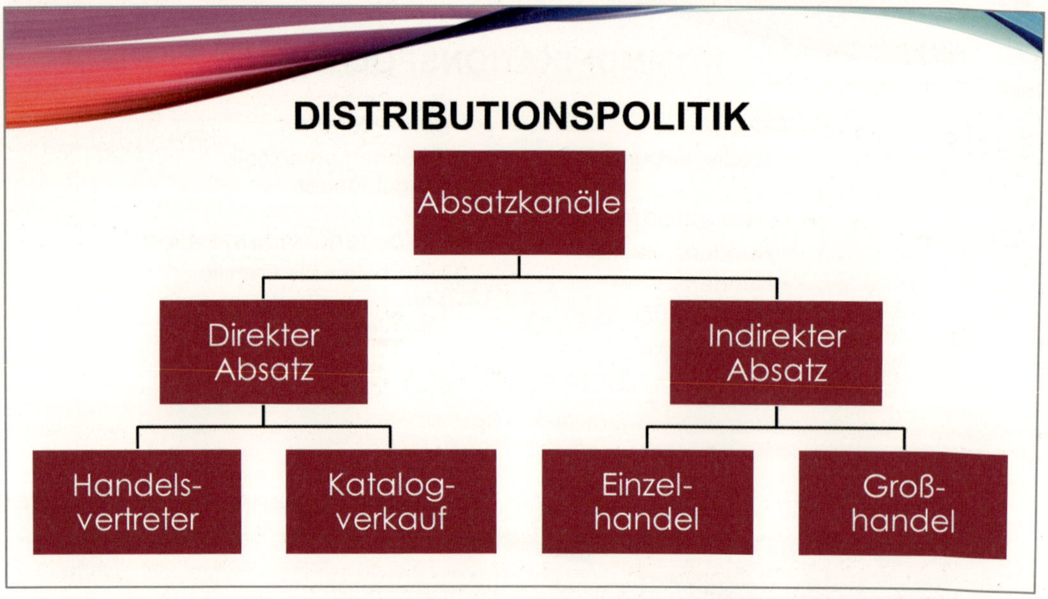

2. Entwickeln Sie die Abschlussfolie „Nationale und internationale Märkte". Weisen Sie der Folie ein Foto als Hintergrundbild zu. Gestalten Sie es so transparent, dass man den Text auf der Folienseite gut lesen kann.

3. Speichern Sie die Präsentation unter MARKETINGMIX5.PPTX

4. Drucken Sie die Präsentation im Format Handzettel (3 Folien auf einer Seite).

7.7 Übung: Endlosshow mit Folienübergängen

Übung

1. Öffnen Sie die Datei MARKETINGMIX5.PPTX.
   Wechseln Sie zum Register ANSICHT, FOLIENSORTIERUNG.

2. Weisen Sie den Folien Folienübergänge zu: Register ÜBERGÄNGE.

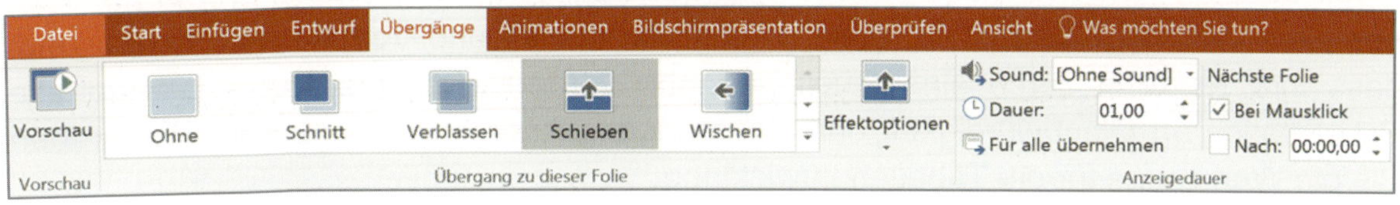

- Übergangszeiten: Deaktivieren Sie BEI MAUSKLICK im Register ÜBERGÄNGE, Gruppe ANZEIGEDAUER. Wählen Sie eine kurze Übergangszeit für die Testphase: 00:03,00.
- Übergangseffekte: Klicken Sie jeweils eine Folie an und markieren Sie im Katalog einen Übergang. (Blenden Sie über die Pfeilschaltfläche den gesamten Katalog ein. Mithilfe des Schiebereglers können Sie weiterblättern.)

  Tipp: Über die Schaltfläche EFFEKTOPTIONEN lassen sich viele Übergänge noch etwas verändern.

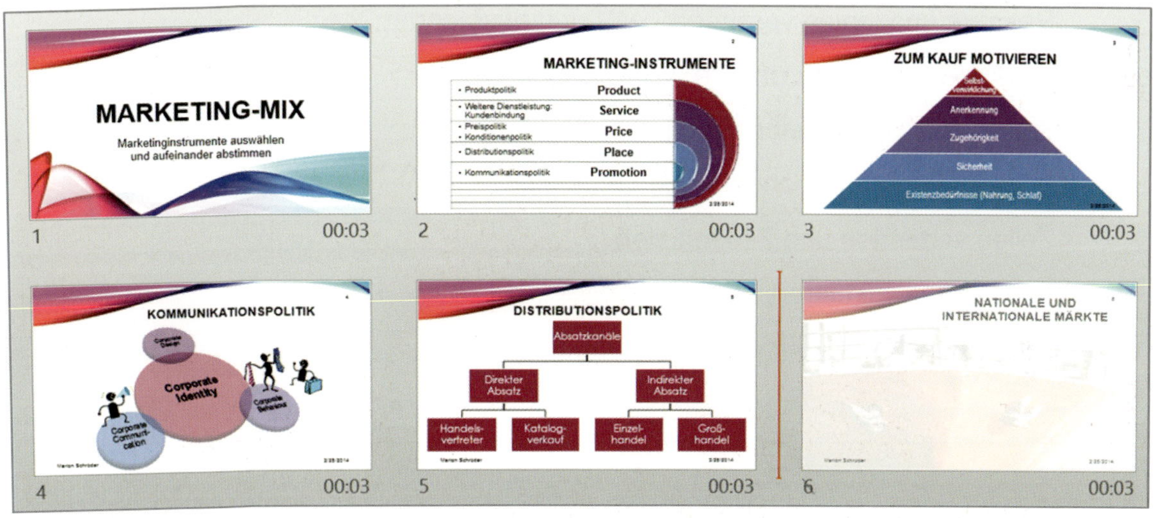

3. Die Bildschirmshow endet gewöhnlich mit einer schwarzen Folie. Verwandeln Sie die Präsentation in eine Endlosshow: Aktivieren Sie dazu im Register BILDSCHIRMPRÄSENTATION, Schaltfläche BILDSCHIRMPRÄSENTATION EINRICHTEN die Option ANSICHT AN EINEM KIOSK (VOLLE BILDSCHIRMGRÖẞE).
4. Sehen Sie sich die Show an (Beenden mit Esc).
5. Speichern Sie die Präsentation unter dem gleichen Dateinamen.
6. Senden Sie die Folien als Handzettel nach MICROSOFT WORD: Register DATEI, EXPORTIEREN, HANDZETTEL ERSTELLEN.
7. Speichern Sie die Präsentation als reine Bildschirmshow, sodass sie auch von Personen, die kein POWERPOINT haben, auf dem eigenen Rechner betrachtet werden kann. Wählen Sie das Register DATEI, SPEICHERN UNTER und den DATEITYP: POWERPOINT-BILDSCHIRMPRÄSENTATION (*.PPSX). Klicken oder tippen Sie auf die Schaltfläche SPEICHERN.
8. Schließen Sie die Datei und beenden Sie POWERPOINT. Starten Sie dann im WINDOWS EXPLORER die reine Bildschirmpräsentation. Die Show läuft sofort ab.

8 Daten in Tabellen

Tabellen sind wichtige Bestandteile von Präsentationen, denn in Tabellen kann man Texte und Zahlen besonders übersichtlich darstellen. POWERPOINT bietet eine Menge Möglichkeiten, Tabelleninhalte sachgerecht und zugleich ansprechend und originell zu gestalten. Wichtig ist natürlich, dass die Inhalte aktuell und von Relevanz sind und, dass ihre Herkunft durch eine Quellenangabe verdeutlicht wird. Dann gewinnt die Präsentation an Glaubwürdigkeit und Überzeugungskraft. In diesem Kapitel erproben Sie die Werkzeuge für die Tabellenentwicklung.

Lernziele und Themen in diesem Kapitel

1. Eine Tabelle einfügen und Daten eingeben
2. Die Inhalte formatieren
3. Tabellen-Formatvorlagen nutzen
4. Ausgewählten Zellen Fülleffekte zuweisen
5. Rahmen und Linien verändern, ein- und ausblenden
6. Die Tabellenstruktur ändern
7. Zeilen und Spalten einfügen und löschen
8. Zeilenhöhen und Spaltenbreiten anpassen
9. Zellen verbinden und Zellen teilen
10. Die Tabelle animieren
11. EXCEL-Tabellen einfügen und bearbeiten

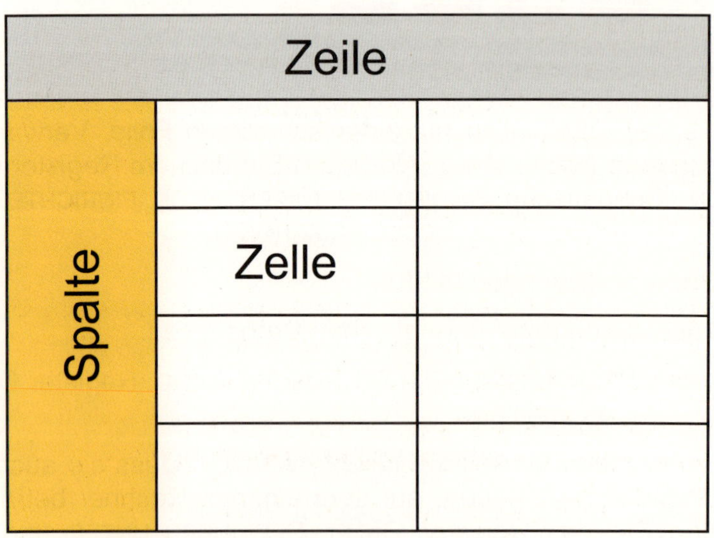

Eine Tabelle mit drei Spalten, fünf Zeilen und zehn Zellen

8.1 Übung: Tabellenwerkzeuge erproben

Die Tabellenentwicklung in POWERPOINT gliedert sich in folgende vier Arbeitsphasen:

Übung

1. **Einfügen einer Tabelle**
   Wählen Sie bitte im Register EINFÜGEN die Schaltfläche TABELLE (Listenpfeil). Markieren Sie im Raster die gewünschte Anzahl an Zeilen und Spalten. Darauf wird die Tabelle auf der Folie eingefügt.

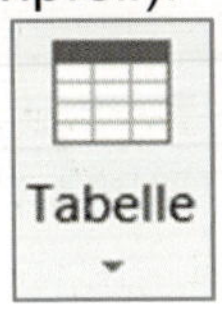

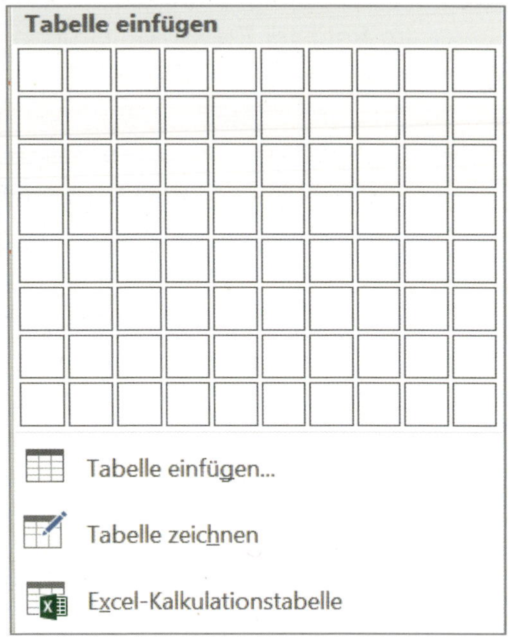

   Zweite Möglichkeit: Sie können auch das Register EINFÜGEN, TABELLE wählen und im Menü TABELLE EINFÜGEN (unter dem Raster). Legen Sie danach im Dialogfenster die Anzahl der Zeilen und Spalten fest. ↓

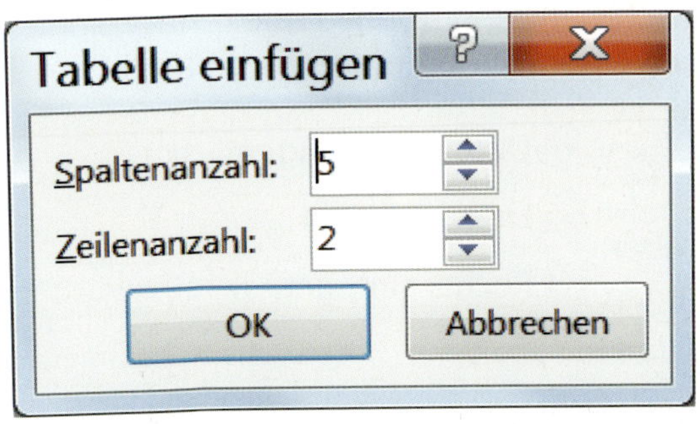

Von Zelle zu Zelle: Tabulatortaste

Zurück: Umschalt + Tab

   Dritte Möglichkeit: Nach dem Einfügen einer Folie mit dem Layout TITEL UND INHALT, ZWEI INHALTE, VERGLEICH oder INHALT MIT ÜBERSCHRIFT, finden Sie in einem der Textfelder den Platzhalter für die Tabelle. Klicken oder tippen Sie auf den Platzhalter, geben Sie im Dialogfeld die Anzahl der Zeilen und Spalten ein, wählen Sie OK.

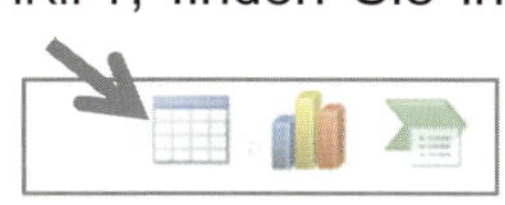

2. **Der Tabelle eine Formatvorlage zuweisen**
   Weisen Sie der Tabelle ein Design aus dem Katalog der Tabellenformatvorlagen zu: Sie finden den Katalog im Register ENTWURF, Gruppe TABELLENFORMATVORLAGEN (Pfeil-Schaltfläche nutzen).

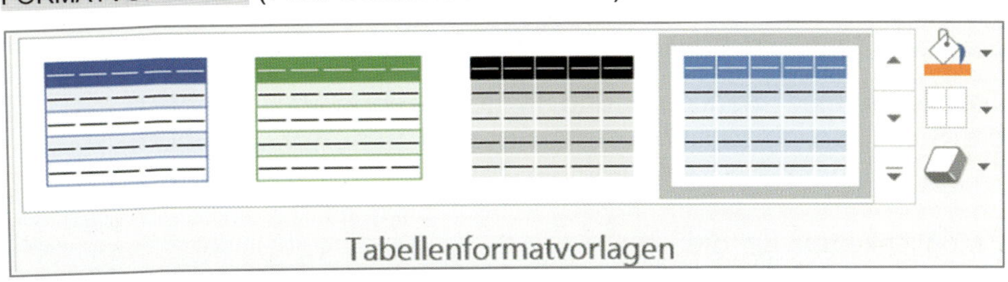

3. Vergrößern Sie die Tabelle auf der Folie (Ziehpunkte an den Ecken).

4. **Inhalte eingeben**
   Geben Sie die Inhalte in die Tabelle ein. Als Grundschrift für Tabellen bewährt sich die Schmalschrift ARIAL NARROW: Sie können damit, im Vergleich zur Schrift ARIAL, bei gleich großem Schriftgrad mehr Text in einer Zelle unterbringen. Sie finden die Schrift im Register START, Gruppe SCHRIFTART.

13 Schröder ISBN 978-3-8120-0815-0

Übung

5. **Die Tabellenstruktur anpassen und ausgewählte Elemente formatieren**
Die Tabellenstruktur muss man häufig schon während der Dateneingabe ändern, wenn mehr Zeilen oder Spalten gebraucht werden oder wenn Zellen geteilt werden müssen.

Im Register ENTWURF, Gruppe TABELLENFORMATOPTIONEN, kann man Tabellenelemente ein- und ausblenden.

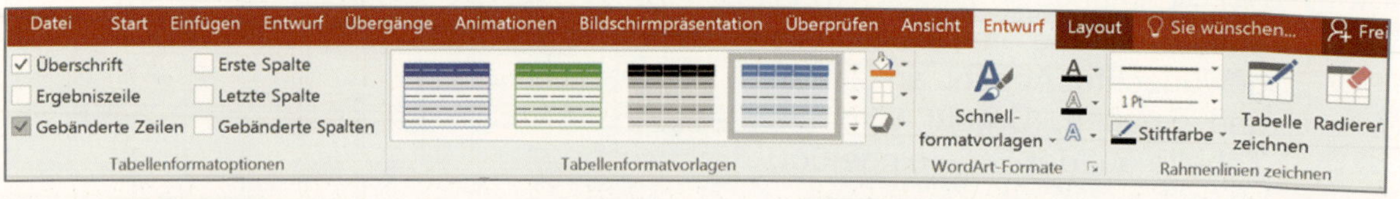

Außerdem gibt es hier Schaltflächen für Füllfarben, Rahmenlinien und EFFEKTE (ZELLABSCHRÄGUNG, SCHATTEN, SPIEGELUNG. ➔

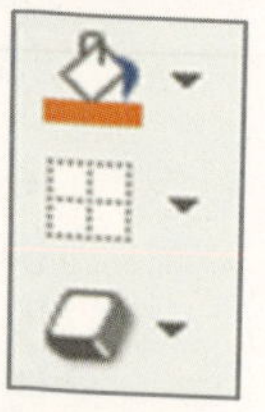

Wenn Sie neue Zeilen und Spalten in eine Tabelle einfügen, Tabellenbereiche löschen oder Zellen miteinander verbinden wollen, wählen Sie bitte das Register LAYOUT.

Über die Schaltfläche AUSWÄHLEN in der Gruppe TABELLE kann man die gesamte Tabelle oder einzelne Tabellenbereiche bequem markieren. Die Schaltfläche GITTERNETZLINIEN ANZEIGEN erleichtert es, Tabellen ohne Rahmenlinien zu bearbeiten.

Zum Löschen oder Einfügen von Zeilen und Spalten nutzen Sie bitte die Funktionen in der Gruppe ZEILEN UND SPALTEN. Wenn Sie markierte (!) Zellen teilen oder miteinander verbinden wollen, finden Sie die Schaltflächen in der Gruppe ZUSAMMENFÜHREN.

Wie kann man die Spaltenbreite oder Zeilenhöhe ändern? Hier gibt es unterschiedliche Möglichkeiten:

- an den Rahmenlinien der Tabelle ziehen,

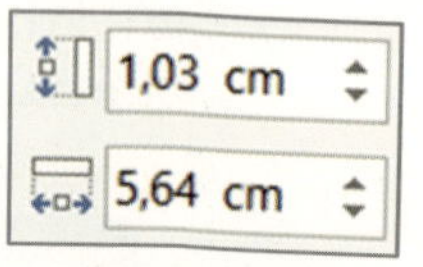

- Tabellenbereich markieren und in der Gruppe ZELLENGRÖßE die Zeilenhöhe und Spaltenbreite exakt in cm festlegen,
- Tabellenbereich markieren und in der Gruppe ZELLENGRÖßE die Schaltflächen ZEILEN VERTEILEN oder SPALTEN VERTEILEN für die gleichmäßige Verteilung der Zeilen oder Spalten nutzen.

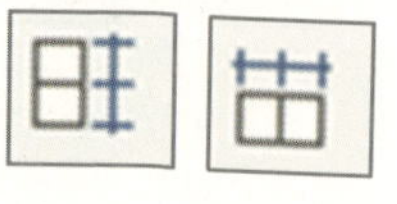

Weitere Möglichkeiten für die Gestaltung der Inhalte finden Sie im Register LAYOUT in der Gruppe AUSRICHTUNG.

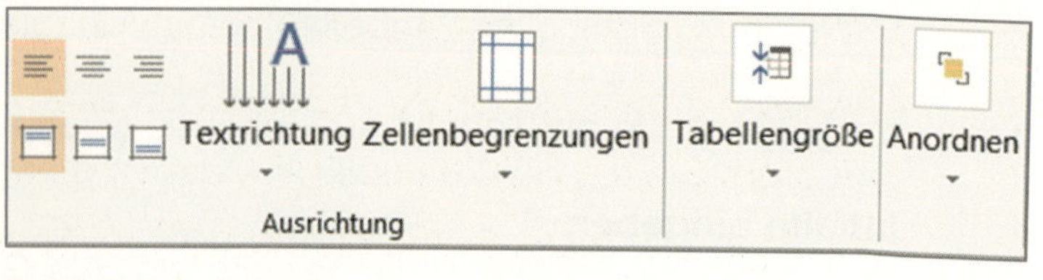

Tipp: Eine neue Tabelle kann man auch per Stift direkt auf den Bildschirm zeichnen: POWERPOINT hält für Sie die Zeichnungswerkzeuge im Register ENTWURF, in der Gruppe RAHMENLINIEN bereit.

8.2 Übung: Texttabelle

Übung

1. Beginnen Sie eine neue Präsentation mit einem fertigen Design. Wählen Sie ein Design nach Ihrem Geschmack. (Das Muster der nachfolgenden Übung hat das Design INTEGRAL, dritte Variante).

2. Geben Sie auf der Titelfolie den Titel „Tabellen" ein. Als Untertitel schreiben Sie bitte Ihren Namen. Formatieren Sie den Titel in einen größeren Schriftgrad.

3. Fügen Sie eine neue Folie ein mit dem Folienlayout NUR TITEL.

4. Schreiben Sie die Überschrift „Produkte im Sortiment prüfen" und erstellen Sie darunter die nachfolgende Tabelle:
(Hinweis: Die Inhalte der Tabelle beziehen sich auf das Schaubild, dass Sie in der Übung 5.7 im Kapitel 5 erstellt haben.)

PRODUKTE IM SORTIMENT PRÜFEN

PORTFOLIO-ANALYSE NACH DER BOSTON CONSULTING GROUP

	Question Marks	Stars	Cash Cows	Poor Dogs
Marktwachstum	hoch	hoch	gering	gering
Relativer Marktanteil	gering	hoch	hoch	gering
Strategie	Marktanteil erhöhen, Vertriebsaktivität stärken	Marktanteil erhöhen, Sortiment ausbauen, verstärkt werben	Marktanteil halten, weniger investieren, Kundendienst ausweiten	Produktmenge minimieren, Produkt abstoßen oder abgeben

5. Speichern Sie die Präsentation. Dateiname MARKETINGSTRATEGIEN1.PPTX.

6. Drucken Sie die Folie aus.

7. Erproben Sie in der Tabelle Funktionen aus den Registern ENTWURF und LAYOUT:

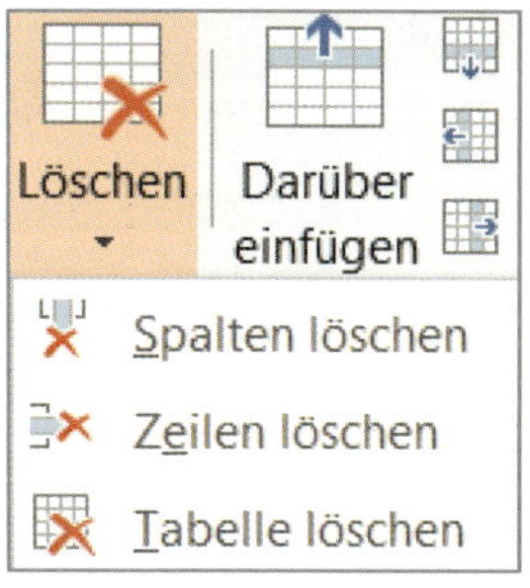

a) Löschen Sie Zeilen und Spalten.

b) Fügen Sie neue Zeilen und Spalten in die Tabelle ein.

c) Verbinden Sie Zellen.

d) Teilen Sie eine Zelle.

e) Weisen Sie der Tabelle eine TABELLENFORMATVORLAGE zu.

f) Ändern Sie Zeilenhöhen und Spaltenbreiten.

g) Ändern Sie die Stärke und Farbe der Rahmenlinien.

h) Weisen Sie Zellen SCHATTIERUNGEN und TABELLENEFFEKTE zu.

i) Fügen Sie in einer Zelle ein Bild ein.

j) Markieren Sie die Tabelle und wählen Sie eine Animation aus.

8.3 Übung: Preisvergleich

Übung

1. Fügen Sie in die Präsentation MARKETINGSTRATEGIEN1.PPTX eine neue Folie ein: Folienlayout TITEL UND INHALT. (Sie können die Präsentation auch neu erstellen.)
2. Schreiben Sie die Überschrift „Modell Calypso 2014“ und als Unterüberschrift „Nachfrage in Abhängigkeit vom Preis“.
3. Fügen Sie eine Tabelle ein, indem Sie auf den **Platzhalter** für die Tabelle im Textfeld klicken. Legen Sie 4 Zeilen und 6 Spalten an und klicken Sie auf OK.

4. Verschieben Sie die Tabelle und passen Sie die Tabellengröße an.
5. Weisen Sie der Tabelle eine TABELLENFORMATVORLAGE zu.
6. Geben Sie den Text in die Tabelle nach dem folgenden Muster ein und formatieren Sie die Inhalte:

MODELL CALYPSO 2017
NACHFRAGE IN ABHÄNGIGKEIT VOM PREIS

Produktpreis in EURO					
	10.000	**20.000**	**30.000**	**40.000**	**50.000**
Nachfrage von Frauen	510	375	155	23	0
Nachfrage von Männern	490	400	256	64	8

Quelle: Statistik 2017

TABELLEN ENTWICKELN 3

7. Fügen Sie ein Textfeld ein und schreiben Sie die Quellenangabe.
8. Erstellen Sie eine Fußzeile mit dem Fußzeilentext (siehe Muster) und aktivieren Sie hier auch die Foliennummerierung.
9. Speichern Sie die Präsentation unter dem gleichen Namen ab und drucken Sie die Folie aus.
10. Löschen Sie die letzten beiden Tabellenspalten.
11. Markieren Sie die erste Spalte der Tabelle und vergrößern Sie die Spaltenbreite.
12. Verteilen Sie die Zellen in der markierten Tabelle gleichmäßig: Register LAYOUT, Gruppe ZELLENGRÖßE, ZEILEN VERTEILEN und SPALTEN VERTEILEN.
13. Vergrößern Sie die Zeilenhöhe der ersten Tabellenzeile und richten Sie deren Text VERTIKAL ZENTRIERT aus.

14. Verstärken Sie Rahmenlinien: Register ENTWURF, RAHMEN (Listenpfeil). Zeichnen Sie neue Rahmenlinien mithilfe der Funktionen in der Gruppe RAHMENLINIEN ZEICHNEN.

8.4 Excel-Tabellen in PowerPoint einfügen

In PowerPoint kann man auf unterschiedliche Weise die Funktionen des Tabellenkalkulationsprogramms Microsoft Excel nutzen. Man kann ein leeres Excel-Arbeitsblatt auf einer Folie einfügen und mit den Excel-Werkzeugen bearbeiten. Auch bereits erstellte Excel-Tabellen lassen sich in PowerPoint ergänzen und ändern.

Mit einem leeren Excel-Arbeitsblatt beginnen

1. Fügen Sie auf einer neuen Folie (Folienlayout Leer) ein Excel-Arbeitsblatt ein: Register Einfügen, Schaltfläche Tabelle (Listenpfeil), im Menü Excel-Tabelle einfügen. Auf der Folie sehen Sie nun ein Excel-Arbeitsblatt und ein Menüband mit den Excel-Werkzeugen.

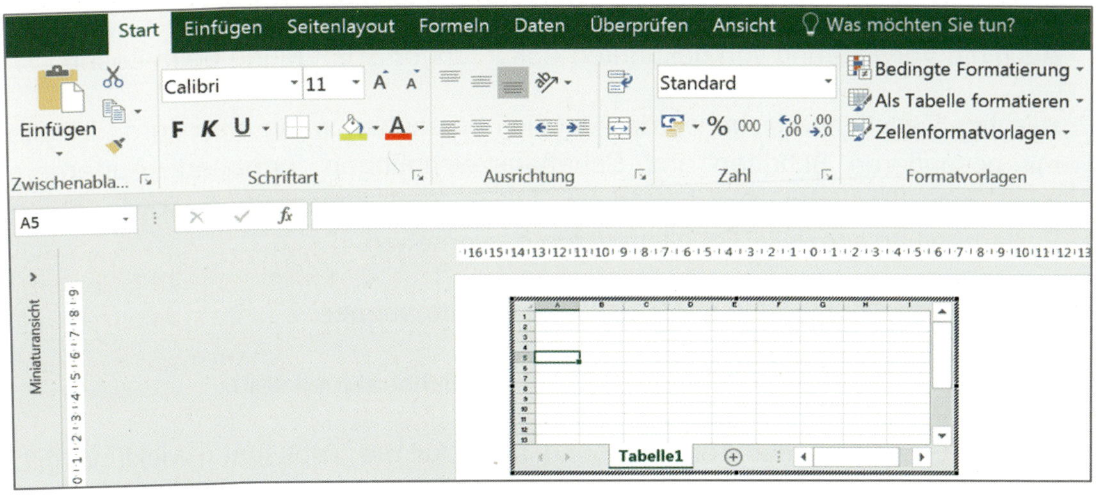

2. Vergrößern Sie das Excel-Arbeitsblatt: an den schwarzen Punkten ziehen.
3. Tippen Sie einige Zahlen und etwas Text in die Tabelle ein und erproben Sie oben im Menüband die Excel-Werkzeuge.

Beachten Sie bitte: Sobald man neben das Excel-Arbeitsblatt klickt oder tippt, wird das Menüband mit den PowerPoint-Werkzeugen wieder eingeblendet.

Excel-Tabellen mit Inhalten einfügen

Um eine bereits erstellte Excel-Tabelle auf einer Folie einzufügen, wählen Sie bitte im Register Einfügen, (Gruppe Text), die Schaltfläche Objekt.

Tippen oder klicken Sie auf die Option Aus Datei erstellen. Über die Schaltfläche Durchsuchen gelangen Sie zu Ihrer Excel-Tabelle. Fügen Sie die Tabelle ein.

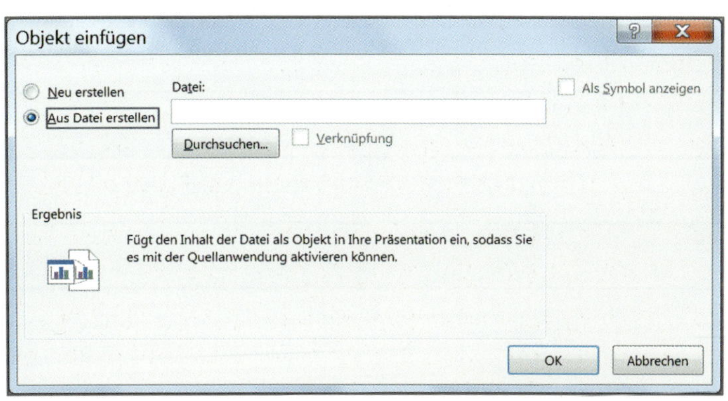

Zum Verknüpfen der Excel- und der PowerPoint-Tabelle aktivieren Sie im Dialogfenster Objekt einfügen das Kontrollfeld Verknüpfung. Danach werden Änderungen in der Tabelle stets in beide Dateien übernommen.

8.5 Empfehlungen für die Tabellengestaltung

1. Da der Raum in den Tabellenzellen eng begrenzt ist, eignet sich die Schmalschrift ARIAL NARROW für die Tabellenentwicklung.

2. Bei inhaltsreichen Tabellen sind Rahmenlinien von Vorteil. Die Betrachter können die Texte und Zahlen dann besser unterscheiden und wiederfinden.

3. Zahlenangaben in Tabellen werden leichter erfasst, wenn sie höchstens dreistellig dargestellt sind. Oft kann man Zahlen bei der Tabellenerstellung runden. Große Werte kann man „in Tsd.“, „in Mio.“ oder „in Tonnen“ angeben. Die jeweilige Maßeinheit wird dann in die Überschrift oder in die Vorspalte der Tabelle geschrieben.

4. Auch die Verwendung von bekannten Abkürzungen spart Mühe beim Lesen.

5. Wichtige Tabellenbereiche werden deutlich erkennbar, wenn man deren Inhalte mit besonderen Schriften und Schriftauszeichnungen formatiert. Außerdem kann man Bereiche durch stärkere Linien und Linienfarben sowie durch Füllfarben und spezielle Tabelleneffekte hervorheben.

6. Zu einer Tabelle gehört in der Regel eine Quellenangabe.

7. Die Daten in Tabellen sollen relevant und möglichst aktuell sein.

8. Für die Gestaltung der Textfolien und auch für die Tabellenentwicklung gilt: „Weniger ist mehr“. Die Inhalte werden auf das Wesentliche reduziert. Im Zweifelsfall kann man ein zusätzliches Handout (Folie oder ausgedruckte EXCEL-Datei mit einem größeren Tabellenbereich) ans Publikum verteilen. Darüber hinaus kann man auch die Notizenseite der Folie (mit ergänzenden Inhalten im Textfeld unter dem Folienbild) für das Publikum ausdrucken.

9 Sachverhalte in Diagrammen darstellen

Auszüge aus Statistiken, Größenvergleiche und zeitliche Entwicklungen werden auf Präsentationsfolien bevorzugt in Diagrammen dargestellt. Wichtig ist, dass man bei der Präsentationsentwicklung einen geeigneten Diagrammtyp auswählt, der den Sachverhalt verdeutlicht. Größenvergleiche werden häufig in Säulen- und Balkendiagrammen dargestellt. Entwicklungen über einen Zeitverlauf kann man in einem Liniendiagramm präsentieren. Für die Veranschaulichung von prozentualen Anteilen an einem Ganzen sind Kreisdiagramme, manchmal auch Ringdiagramme, geeignet.

Gut gestaltete Diagramme können die Aussagen in einer Präsentation verstärken und Begeisterung oder Betroffenheit bei den Betrachterinnen und Betrachtern auslösen. In diesem Kapitel lernen Sie, wie man in POWERPOINT 2016 Präsentationsdiagramme erstellt und detailliert ausgestaltet. In den nachfolgenden Übungen erproben Sie die Werkzeuge der Diagrammentwicklung.

Lernziele und Themen in diesem Kapitel

a) Einen passenden Diagrammtyp auswählen

b) Werte ins Datenblatt eingeben und den Diagrammbereich für die Diagrammdarstellung auswählen

c) Das Diagramm auf der Folie ausrichten und die Größe anpassen

d) Mit Diagrammformatvorlagen arbeiten

e) Diagrammelemente im Hinblick auf die beabsichtigten Aussagen detailliert ausgestalten

f) In MICROSOFT EXCEL erstellte Diagramme auf POWERPOINT-Folien einfügen

g) Diagramme animieren

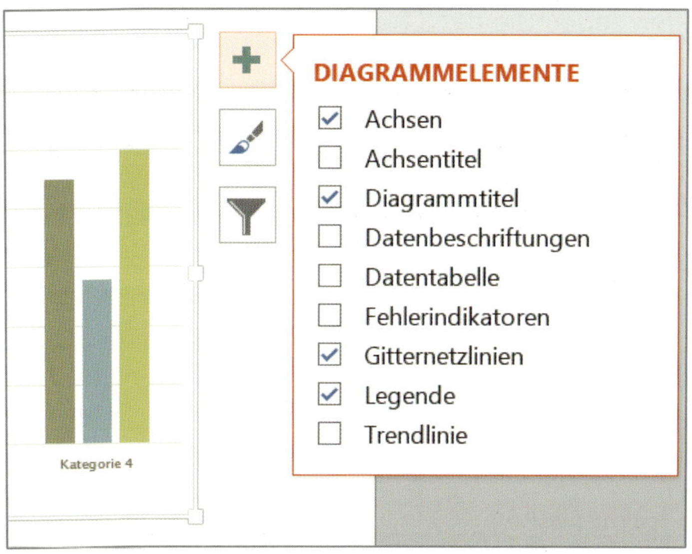

9.1 Schritte der Diagrammentwicklung

Die Diagrammentwicklung umfasst folgende Arbeitsschritte:

Übung

1. **Ein Diagramm einfügen**
   Klicken oder tippen Sie im Register EINFÜGEN auf die Schaltfläche DIAGRAMM. Darauf erscheint das Dialogfenster DIAGRAMM EINFÜGEN.

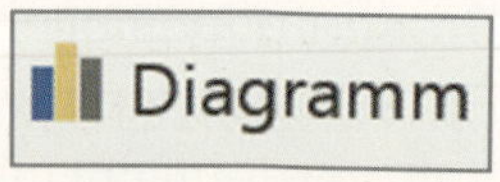

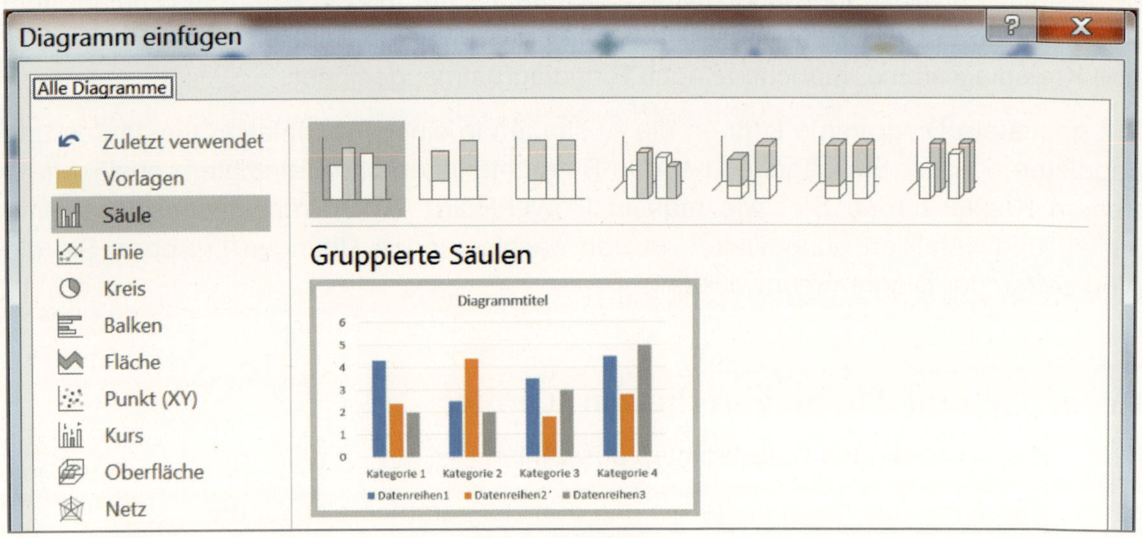

2. **Einen passenden Diagrammtyp wählen**
   Das Dialogfenster DIAGRAMM EINFÜGEN zeigt auf der linken Seite Kategorien mit unterschiedlichen Diagrammtypen. Wählen Sie hier einen für Ihre Zwecke geeigneten Diagrammtyp aus. Im mittleren Teil des Dialogfensters sehen Sie das Musterdiagramm. Sobald Sie auf dieses Objekt zeigen, wird die Darstellung vergrößert. Über dem Musterdiagramm finden Sie Varianten. Klicken oder tippen Sie auf den gewünschten Diagrammtyp und dann auf OK.

3. **Werte ins Datenblatt eingeben**
   POWERPOINT öffnet nun ein Tabellenblatt: Geben Sie Ihre Zahlen und Texte ein. Über den kleinen Ziehpunkt rechts unten in der Ecke der Tabelle, an dem sich die blauen Linien treffen, legen Sie den Diagrammbereich fest, der auf der Folie abgebildet werden soll.

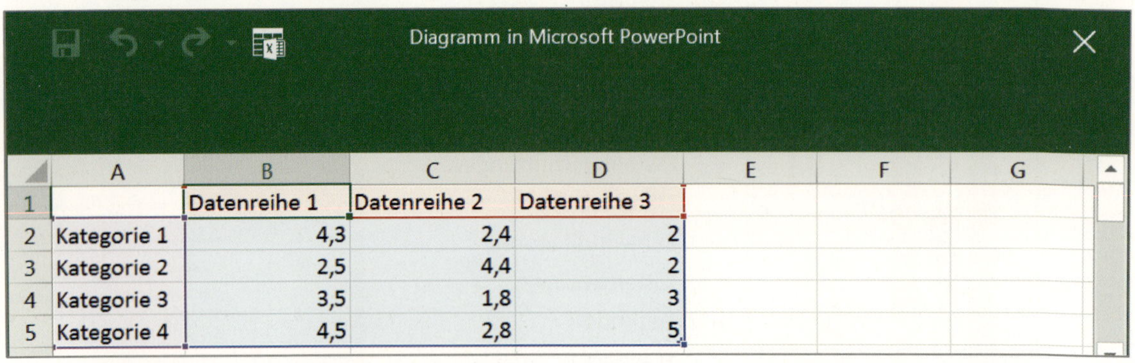

	A	B	C	D	E	F	G
1		Datenreihe 1	Datenreihe 2	Datenreihe 3			
2	Kategorie 1	4,3	2,4	2			
3	Kategorie 2	2,5	4,4	2			
4	Kategorie 3	3,5	1,8	3			
5	Kategorie 4	4,5	2,8	5			

   Anschließend können Sie das Datenblatt über das Schließkreuz schließen.

4. **Diagrammelemente formatieren**
   Im Register ENTWURF und über die Schaltflächen rechts neben dem Diagramm können Sie Diagrammelemente auswählen und nach Ihren Wünschen gestalten.

9.2 Übung: Säulendiagramm entwickeln, Teil 1

Übung

1. Öffnen Sie die Präsentation MARKETINGSTRATEGIEN1.PPTX.
(Falls Sie diese nicht erstellt haben, beginnen Sie bitte mit einer neuen, leeren Präsentation.)

2. Fügen Sie eine neue Folie mit dem Folienlayout NUR TITEL ein. Schreiben Sie in das Textfeld für die Überschrift „Produktvergleich“.

3. Fügen Sie auf der Folie ein Diagramm ein: Register EINFÜGEN, DIAGRAMM. Wählen Sie auf der linken Seite des Dialogfensters den Diagrammtyp SÄULE und rechts daneben die erste Variante GRUPPIERTE SÄULEN. Klicken Sie auf Ok.

   Tipp: Nach dem Einfügen einer Folie mit dem Folienlayout TITEL UND INHALT, ZWEI INHALTE, VERGLEICH oder INHALT MIT ÜBERSCHRIFT kann man das Diagramm auch über den Platzhalter im Textfeld einfügen.

4. Ein Musterdiagramm erscheint auf der Folie und im Vordergrund ein Tabellendatenblatt. Geben Sie in das Datenblatt den Text nach dem folgenden Muster ein. Sie können dabei die vorhandenen Werte überschreiben sowie überflüssige Daten löschen (Taste ENTF).

   Während Sie die Daten eintippen, werden diese auf die Folie ins Diagramm übernommen.

	A	B	C
1		Calypso	Cronus
2	2013	95	76
3	2014	56	68

Grenzen Sie abschließend den Tabellenbereich ab. Ziehen Sie an der Ecke des blauen Bereichsrahmens, sodass nur jene Daten innerhalb des Rahmens abgebildet sind, die auf der Folie gezeigt werden sollen. Schließen Sie dann das Datenblatt über das Schließkreuz.

5. Sie sehen nun das vollständige Diagramm auf der Folie. Passen Sie die Größe des Diagrammobjekts über die Ziehpunkte am Objektrahmen an.

6. Weisen Sie dem Diagramm die Diagramm-Formatvorlage (Nr. 6) zu: Schaltfläche rechts neben dem Diagrammobjekt. ➔

7. Ändern Sie die Farben Register ENTWURF, Schaltfläche FARBEN ÄNDERN.

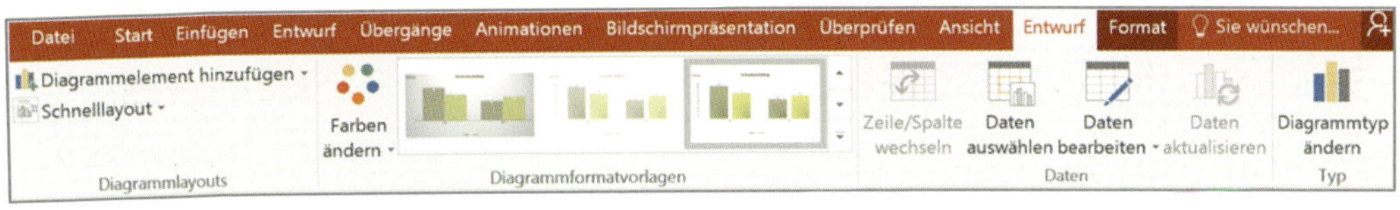

8. Jetzt folgt die Formatierung der einzelnen Diagrammelemente. Dazu muss man das Element, das formatiert werden soll, markieren.

   Klicken oder tippen Sie dann auf die Schaltfläche DIAGRAMMELEMENTE (Pluszeichen) an der rechten Seite neben dem Diagrammobjekt. Alle Elemente, die zu diesem Diagrammtyp gehören, werden nun aufgelistet.

   Wählen Sie in der Liste den DIAGRAMMTITEL und im Untermenü (auf den Pfeil klicken oder tippen) die Position ÜBER DIAGRAMM.

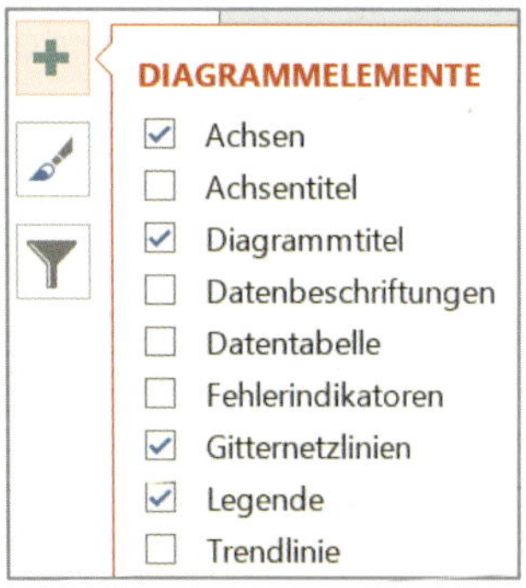

14 Schröder ISBN 978-3-8120-0815-0

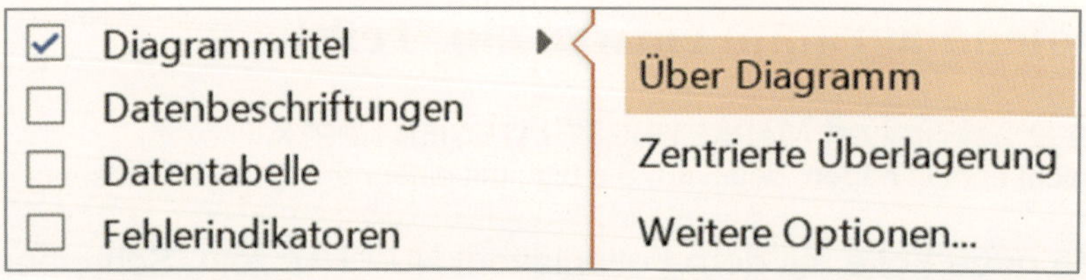

9. Schreiben Sie in das Titelfeld des Diagramms die Überschrift „Umsatzentwicklung". Formatieren Sie das Wort in die Schrift ARIAL NARROW, Schriftgröße 28 (Register START, Gruppe SCHRIFTART).

10. Formatieren Sie die Zahlen in den Textfeldern mit der Schrift ARIAL NARROW, Schriftgröße 24.

11. Wählen Sie in der Liste der Elemente die GITTERNETZLINIEN und im Untermenü PRIMÄRES HAUPTGITTER VERTIKAL und PRIMÄRES HILFSGITTER VERTIKAL.

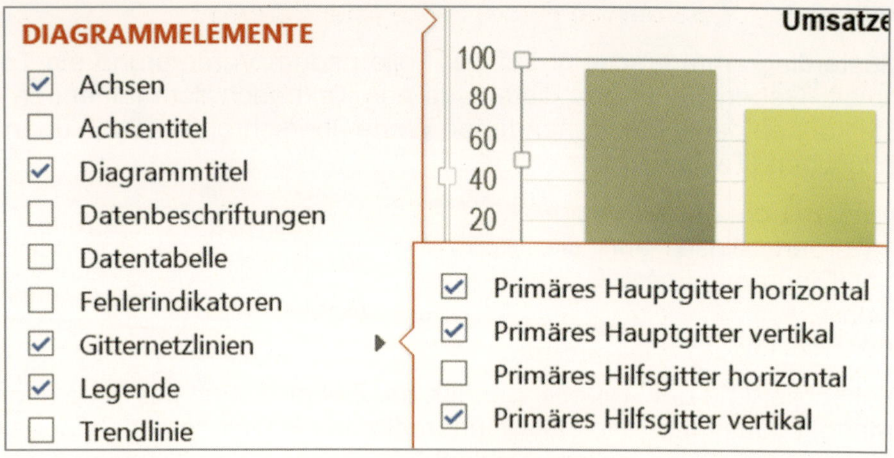

Bitte beachten: Die Diagrammelemente kann man auch im Register ENTWURF, Schaltfläche DIAGRAMMELEMENT HINZUFÜGEN einblenden. Im Untermenü finden Sie die Gestaltungsvarianten.

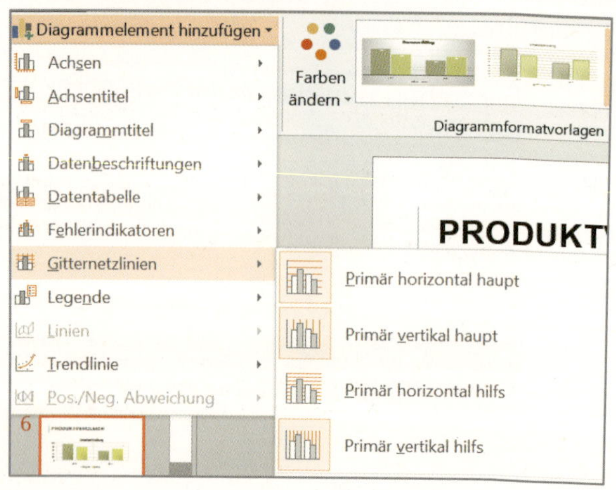

12. Wählen Sie in der Liste der Diagrammelemente den ACHSENTITEL und im Untermenü PRIMÄR VERTIKAL. Verschieben Sie das Feld für den Achsentitel nach oben über die Zahlenreihe.

13. Wählen Sie in der Liste der Diagrammelemente noch einmal den ACHSENTITEL und dann WEITERE OPTIONEN FÜR ACHSENTITEL. Darauf wird der Aufgabenbereich am rechten Bildschirmrand geöffnet. Klicken oder tippen Sie hier auf die Schaltfläche GRÖßE UND EIGENSCHAFTEN.

Wählen Sie die Textrichtung HORIZONTAL.

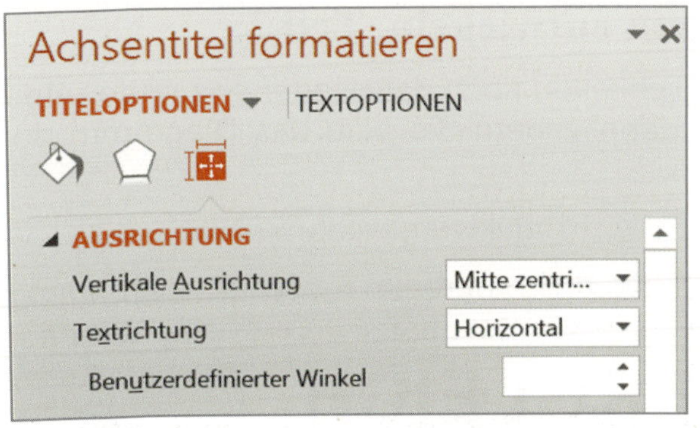

Übung

14. Beschriften Sie das Feld für den Achsentitel mit dem Text „in Mio. Euro". Formatieren Sie den Text mit der Schrift ARIAL NARROW, Größe 24, nicht fett.

15. Formatieren Sie die Gitternetzlinien schwarz: Nutzen Sie dazu die Schaltfläche FORMKONTUR (für die Rahmenfarbe) im Register FORMAT.

16. Wählen Sie in der Liste der Diagrammelemente die DATENBESCHRIFTUNG und im Untermenü AM ENDE AUßERHALB.

17. Formatieren Sie die Zahlen mit der Schrift ARIAL NARROW, Schriftgrad 24.

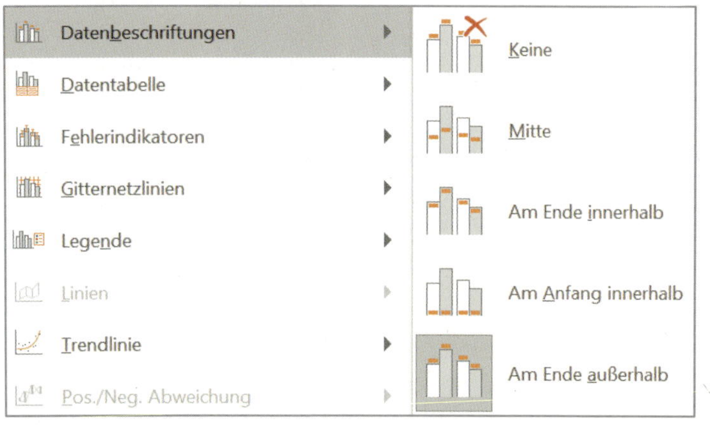

18. Fügen Sie ein Textfeld ein und schreiben Sie die Quellenangabe.

19. Speichern Sie die Präsentation unter MARKETINGSTRATEGIEN2.PPTX.

20. Drucken Sie die Folie aus.

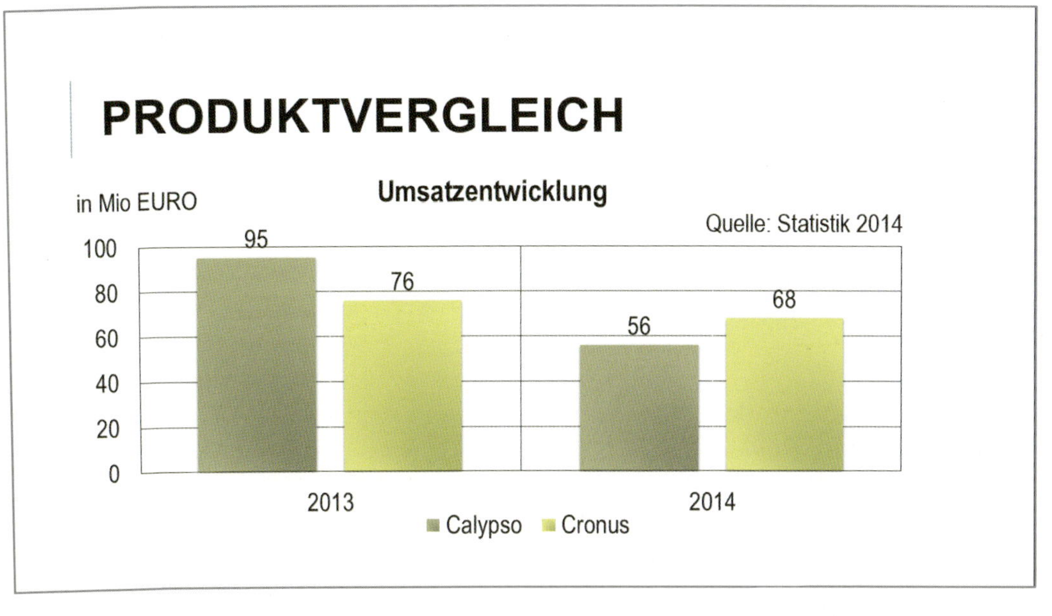

9.3 Übung: Säulendiagramm entwickeln, Teil 2

Übung

1. Falls Sie die Gestaltungsmöglichkeiten noch detaillierter erkunden und eine Zusatzaufgabe lösen möchten, dann ändern Sie bitte das Diagramm der Übung 9.2:

   Duplizieren Sie zunächst die Folie „Produktvergleich".

2. Verändern Sie auf der neuen Folie das Diagramm nach dem folgenden Muster:

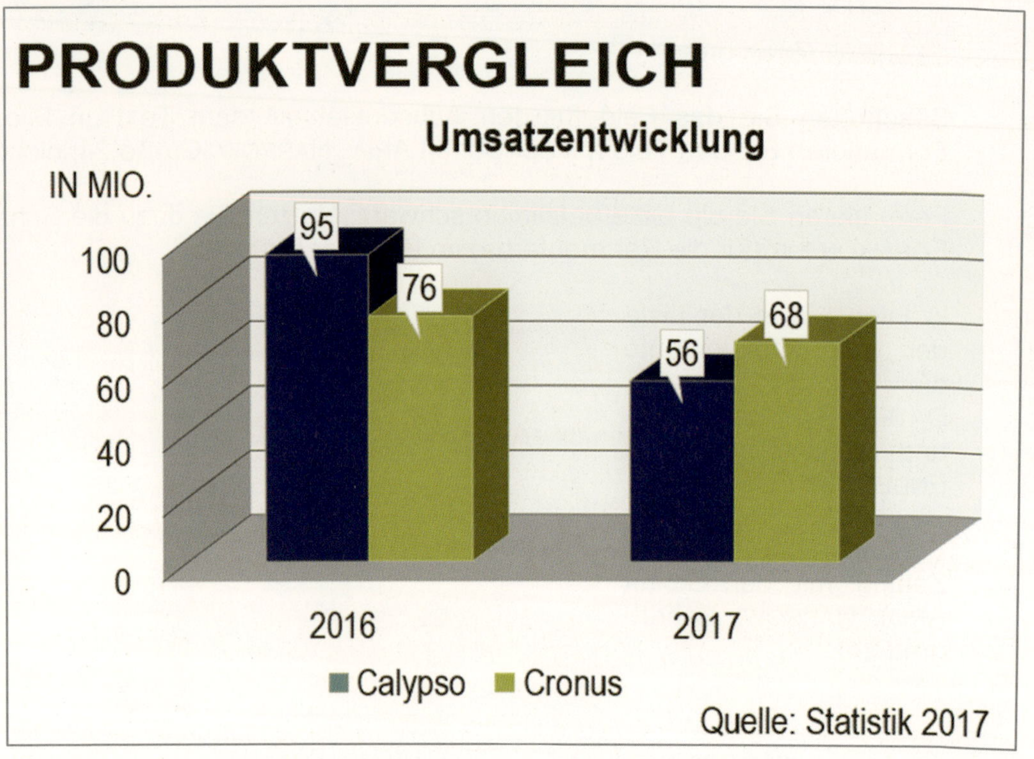

Ihre Lösung muss nicht exakt mit dem Muster übereinstimmen, sie sollte aber folgende Arbeitsschritte enthalten:

- Änderung des Diagrammtyps (Register ENTWURF).
- Die BODENFLÄCHE (Diagrammelement) erhält eine neue Füllfarbe.
- Die Farbe der Säulen (z. B. im Register FORMAT, FÜLLFARBE) ändert sich.
- Die Diagrammwände werden neu eingefärbt.
- Den Gitternetzlinien erhalten eine dunkle Farbe.
- Die Rückwand wird etwas gedreht. (Im Arbeitsbereich rechts finden Sie die 3D-DREHUNG.)

3. Speichern Sie die Präsentation: Dateiname MARKETINGSTRATEGIEN2.PPTX und drucken Sie die Folie aus.

4. Vergleichen Sie die Diagramme „Produktvergleich": Wie wirkt sich die 3D-Darstellung im Hinblick auf die Lesbarkeit der Diagramminhalte aus?

9.4 Übung: Balkendiagramme erstellen

Übung

1. Öffnen Sie die Präsentation MARKETINGSTRATEGIEN2.PPTX.

2. Fügen Sie eine neue Folie ein mit dem Folienlayout NUR TITEL. Geben Sie die Überschrift „Nachfrage in Abhängigkeit vom Preis“ ein. Ändern Sie die Schriftgröße, sodass die Überschrift in eine Zeile passt.

3. Fügen Sie ein Diagramm auf der Folie ein. Wählen Sie als Diagrammtyp die Kategorie BALKEN, Variante GRUPPIERTE BALKEN.

4. Geben Sie die Werte des folgenden Musters in das Datenblatt ein:

	A	B	C
1		**Frauen**	**Männer**
2	10.000	510	490
3	20.000	375	400
4	30.000	155	256
5	40.000	23	64
6	50.000	0	8

Grenzen Sie anschließend den Diagrammbereich ein, sodass nur die Daten des Musters umrandet sind. Schließen Sie das Datenblatt.

5. Ändern Sie die Größe des Diagrammobjekts auf der Folie.

6. Weisen Sie dem Diagramm neue Farben zu. (Register ENTWURF, Schaltfläche FARBEN ÄNDERN).

7. Gestalten Sie das Diagramm nach dem folgenden Muster. Geben Sie dabei den DIAGRAMMTITEL ein und formatieren Sie die Schrift:

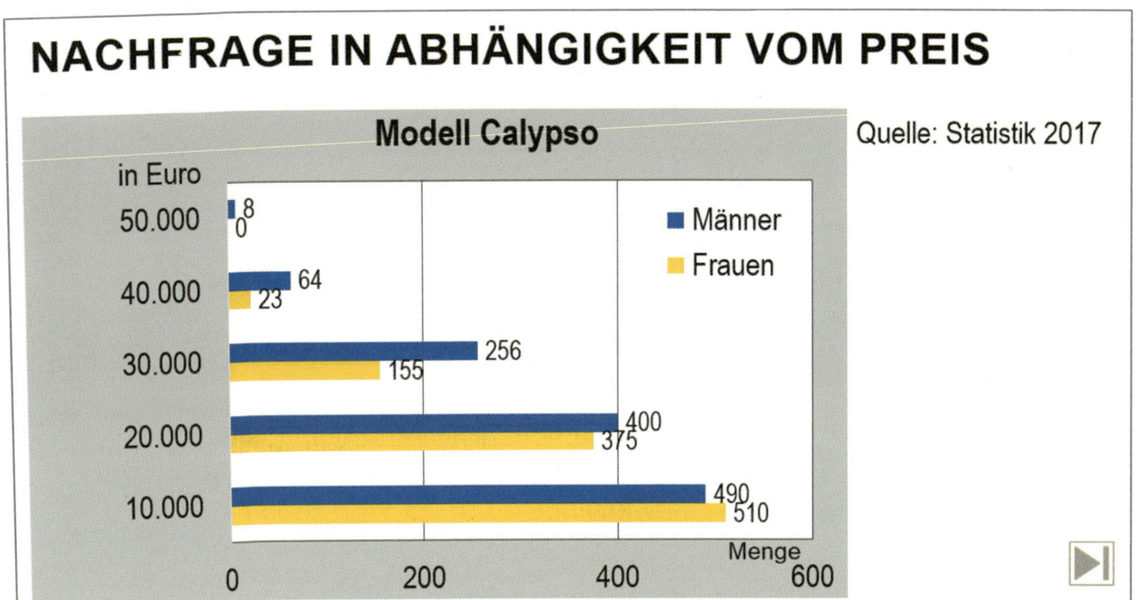

8. Fügen Sie an die vertikale Achse den ACHSENTITEL „Euro“ ein (Textrichtung HORIZONTAL). Verschieben Sie den Achsentitel.

9. Die Zahlenwerte werden am Ende der Balken angezeigt: DATENBESCHRIFTUNG AM ENDE AUßERHALB.

10. Weisen Sie der Diagrammfläche eine hellgraue Füllfarbe und der Zeichnungsfläche eine weiße Füllfarbe zu.

11. Fügen Sie das Textfeld mit der Quellenangabe ein.

12. Speichern Sie die Folie unter dem gleichen Dateinamen.

9.5 Übung: Liniendiagramme

Übung

1. Öffnen Sie die Präsentation MARKETINGSTRATEGIEN2.PPTX.
2. Duplizieren Sie die Folie „Nachfrage in Abhängigkeit vom Preis“ aus der vorangehenden Übung.
3. Ändern Sie auf der neuen Folie den DIAGRAMMTYP: Wählen Sie ein Liniendiagramm und die Variante LINIE MIT DATENPUNKTEN.
4. Fügen Sie in den Diagrammbereich eine Texturfüllung oder ein Bild ein.
5. Weisen Sie den Linien unterschiedliche Farben zu.
6. Gestalten Sie die Diagrammfläche mit einer Farbstruktur oder einem Foto.
7. Erproben Sie weitere Änderungen bei unterschiedlichen Diagrammelementen.

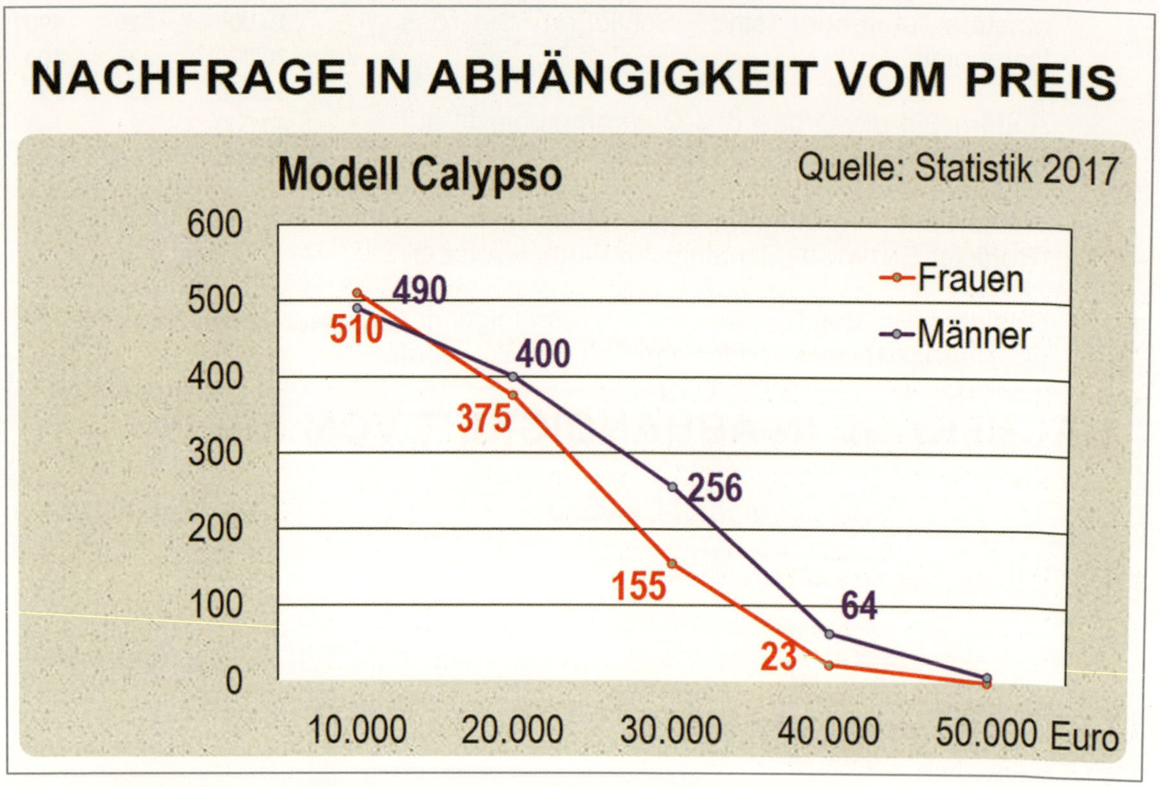

8. Speichern Sie die Präsentation unter dem gleichen Dateinamen.
9. Drucken Sie die Folie auf einer Notizenseite aus. Drucken Sie danach alle Folien der Präsentation als Handzettel aus.

9.6 Übung: Kreisdiagramme

1. Öffnen Sie die Präsentation MARKETINGSTRATEGIEN2.PPTX und fügen Sie eine neue Folie mit dem Folienlayout NUR TITEL ein.
2. Fügen Sie ein Kreis-Diagramm ein, Variante 3D-KREIS, und entwickeln Sie die Folieninhalte nach dem folgenden Muster.

   Werte im Datenblatt:

	A	B
1		Werbeausgaben
2	Tageszeitung	15.000 €
3	Plakatwerbung	6.500 €
4	Werbebriefe	6.000 €
5	Fernsehen	9.000 €
6	Kinowerbung	11.000 €

Gestaltung des Diagramms:

Übung

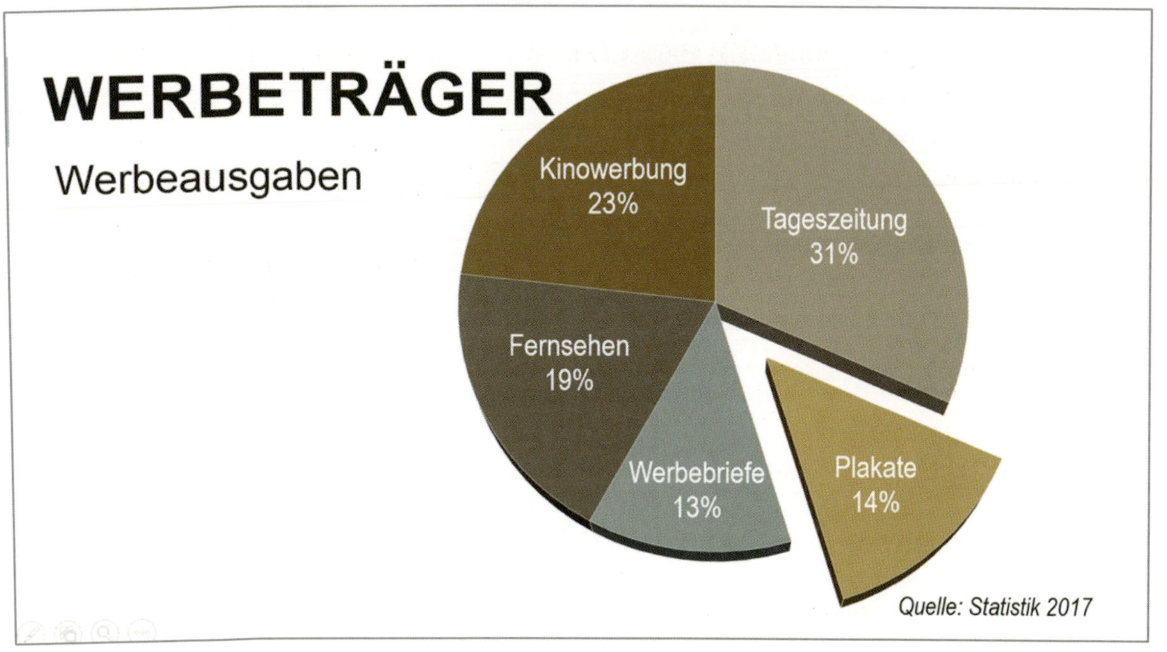

3. Ändern Sie die Größe und die Position des Diagrammobjekts auf der Folie.
4. Wählen Sie eine Diagrammformatvorlage nach Ihrem Geschmack.
5. Der DIAGRAMMTITEL lautet „Werbeausgaben".
6. Das Diagramm hat keine LEGENDE.
7. Ändern Sie Werte in der Datentabelle: Register ENTWURF, Schaltfläche DATEN BEARBEITEN (Listenpfeil).

8. Die DATENBESCHRIFTUNG ist in diesem Diagramm ZENTRIERT.
9. Passen Sie die Schriftgrößen an.
10. Ziehen Sie ein Kreissegment etwas hervor: Zunächst den ganzen Kreis markieren, dann das Segment markieren und aus dem Kreis ziehen.
11. Speichern Sie die Präsentation unter dem gleichen Dateinamen.
12. Drucken Sie die Folie aus.
13. Animieren Sie das Kreisdiagramm: Diagrammobjekt am Rahmen anklicken und im Register ANIMATIONEN eine Animation auswählen.

9.7 Diagramm aus EXCEL auf einer Folie einfügen

Wenn Sie auf einer Folie ein in Excel erstelltes Diagramm einfügen wollen, wählen Sie die Registerkarte EINFÜGEN, Schaltfläche OBJEKT EINFÜGEN. Klicken Sie dann im Dialogfeld OBJEKT EINFÜGEN auf die Option AUS DATEI ERSTELLEN und auf die Schaltfläche DURCHSUCHEN. Wählen Sie die gewünschte EXCEL-Datei aus.

Sie können die Option VERKNÜPFUNG anklicken: Spätere Änderungen in der EXCEL-Datei werden dann in POWERPOINT übernommen.

Mit einem Klick auf OK wird das Diagramm auf der Folie eingefügt. Wenn Sie es bearbeiten wollen, klicken Sie es doppelt an. Sie finden die vertrauten EXCEL-Funktionen oben im Menüband.

9.8 Empfehlungen für die Diagrammgestaltung

- Achten Sie darauf, dass Sie den richtigen Diagrammtyp wählen: In Säulen- und Balkendiagrammen werden Zahlenwerte und Größen miteinander verglichen, Häufigkeiten gezeigt und Rangfolgen dargestellt (z. B. Umsatzzahlen in Unternehmen).
- Kreisdiagramme zeigen ein Ganzes und seine Teile. Die Mengen werden in Prozent umgerechnet. 360° entsprechen einhundert Prozent. (Typischer Anwendungsbereich: Darstellung von Marktanteilen.)
- Achten Sie bei der Gestaltung der Kreisdiagramme darauf, dass diese nicht zu viele Segmente enthalten. Sonst könnte die Darstellung unübersichtlich werden. Bis zu sechs Segmente reichen meistens aus.
- Liniendiagramme werden zur Darstellung von Prozessen und Entwicklungsverläufen verwendet. Man kann hier Trends und Tendenzen aufzeigen. (Beispiele: Kostenverläufe, Umsatzzahlen, Verdeutlichung eines Modetrends.)
- Liniendiagramme sollten nicht mehr als drei bis vier Linien enthalten, damit man die Datenwerte ohne Probleme ablesen kann. Verwenden Sie unterschiedliche Linienstärken, Linienfarben und Linienmuster.
- Der Titel eines Diagramms soll die zentrale Aussage gut „rüberbringen". Schreiben Sie nicht „Werbung", sondern „Die fünf größten Werbeträger 2017", nicht „Strompreise", sondern „Strompreise fallen".
- Beschränken Sie sich inhaltlich und gestalterisch auf das Wichtigste.
- Die Inhalte müssen lesbar und übersichtlich sein. Wählen Sie möglichst große Schriftgrade und ggf. die Schmalschrift ARIAL NARROW.
- Vermeiden Sie die Wiederholung von Maßzahlen. Runden Sie Zahlenangaben, sodass diese höchstens dreistellig im Diagramm erscheinen. Nutzen Sie Abkürzungen für die Achsenbeschriftung wie zum Beispiel: „in Tsd.", „in Mio.".
- Ergänzen Sie das Diagramm durch eine Quellenangabe.

10 Videos in Präsentationen, gesprochene Sprache und Musik

In POWERPOINT-Präsentationen kann man Video-Szenen, Klänge und Musik einbinden. Außerdem kann man die Folien mit gesprochener Sprache vertonen. Fotopräsentationen werden zu bewegten und bewegenden Multimediashows. In diesem Kapitel erproben Sie die Möglichkeiten.

Lernziele und Themen in diesem Kapitel

a) Videosequenzen einfügen und bearbeiten

b) Form des Videobildes festlegen

c) Sounds einfügen

d) Während der Präsentationsvorführung Musik von einer CD abspielen

e) Gesprochenen Text auf einzelne Folien eingeben

f) Eine vollständige Präsentation vertonen

15 Schröder ISBN 978-3-8120-0815-0

10.1 Sound-Dateien und Musik einbinden

Wenn Sie auf einer Folie Töne oder Musik aus einem internen Verzeichnis oder von einem externen Datenträger einfügen wollen, wählen Sie im Register EINFÜGEN die Schaltfläche AUDIO (Listenpfeil), AUDIO AUF MEINEM COMPUTER.

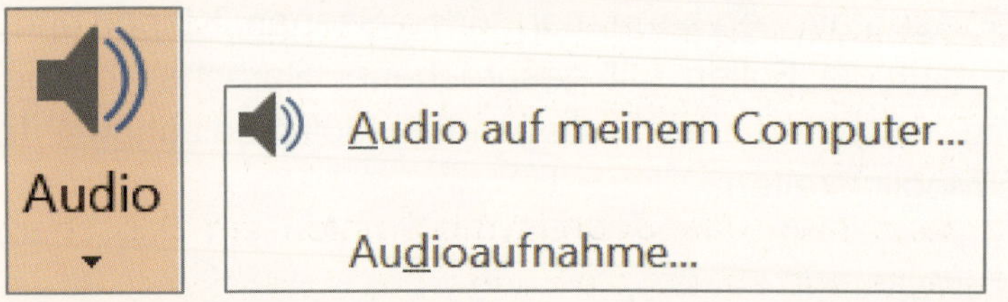

Wählen Sie die gewünschte Audio-Datei aus und klicken oder tippen Sie auf EINFÜGEN. Auf der Folie erscheint nun ein Sound-Symbol und beim Markieren des Symbols auch eine Leiste für die Audio-Steuerung.

- Über die Schaltfläche WIEDERGABE (Dreieck) starten Sie den Sound / die Musik.
- Über die Schaltfläche PAUSE kann man die Wiedergabe unterbrechen. ➔
- Über das Lautsprecher-Symbol in der Leiste regeln Sie die Lautstärke:

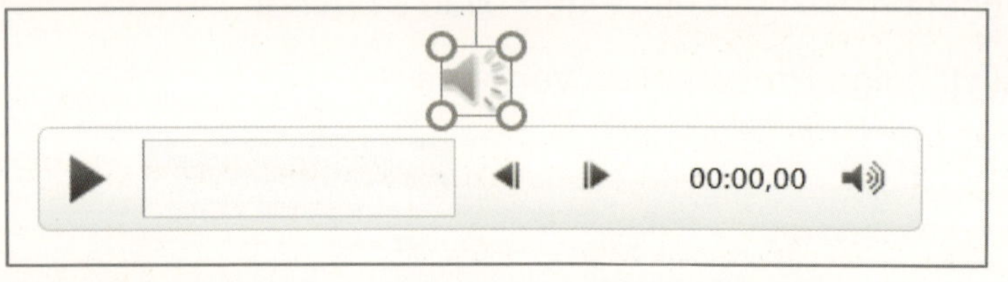

Wiedergabe-Optionen: Markieren Sie das Audio-Objekt auf der Folie: Darauf wird das Register WIEDERGABE im Menüband eingeblendet. Es liefert Ihnen die Schaltflächen für die detaillierte Gestaltung der Audio-Wiedergabe:

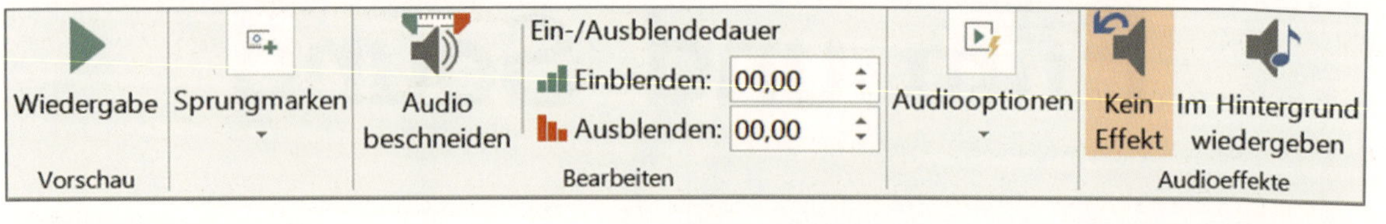

Man kann SPRUNGMARKEN festlegen oder die Audio-Wiedergabe kürzen: Dazu wählen Sie die Schaltfläche AUDIO BESCHNEIDEN.

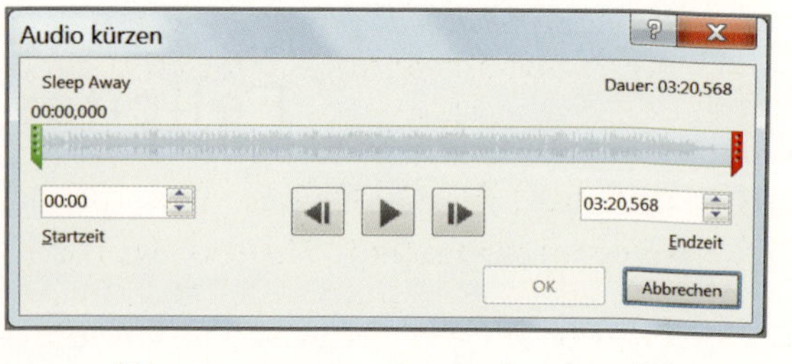

Außerdem ist sowohl eine FOLIENÜBERGREIFENDE WIEDERGABE als auch eine ENDLOS-WIEDERGABE möglich: Schaltfläche AUDIOOPTIONEN.

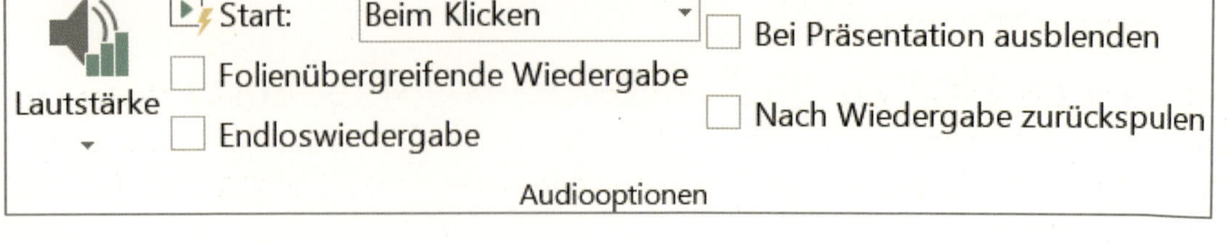

Sound löschen

Ein Soundobjekt wird von der Folie gelöscht, indem man das Sound-Symbol anklickt oder antippt und die Löschtaste ENTF drückt.

Falls die Wiedergabe zu leise oder kein Ton zu hören ist

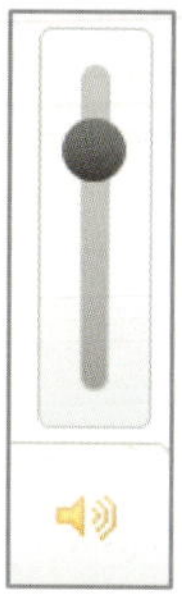

- Über das Lautsprechersymbol in der Leiste des Audioobjekts ändert man die Lautstärke.
- Außerdem kann man das Soundsymbol unten am Bildschirmrand in der START-Leiste nutzen, um die Lautstärke zu verändern.
- Um Klänge und Musikstücke in einer Bildschirmshow wiederzugeben, muss der Computer mit einer Soundkarte und Lautsprechern ausgestattet sein. Überprüfen Sie in der SYSTEMSTEUERUNG, was auf Ihrem Computer installiert ist und ob externe Lautsprecher angeschlossen und eingeschaltet sind.

10.2 Übung: Audioobjekte

Übung

1. Fügen Sie auf einer Folie ein Audio-Objekt ein.
2. Steuern Sie die Wiedergabe über die Wiedergabeleiste am Objekt.
3. Prüfen Sie den Sound in der Bildschirmshow.
4. Aktivieren Sie im Register WIEDERGABE, Schaltfläche AUDIOOPTIONEN das Kontrollkästchen BEI PRÄSENTATION AUSBLENDEN. Dann erscheint das Sound-Symbol nicht in der Bildschirmshow.
5. Wählen Sie im Register WIEDERGABE, AUDIOOPTIONEN, START und im Listenfeld daneben AUTOMATISCH. Der Sound wird nun beim Einblenden der Folie (und endlos) abgespielt. Prüfen Sie das Ergebnis in der Bildschirmpräsentation.
6. Fügen Sie weitere Sounds auf weiteren Folien ein und erproben Sie die Schaltflächen des Registers WIEDERGABE.

10.3 Musik von einer CD

Legen Sie eine CD ins Laufwerk Ihres Rechners ein und klicken oder tippen Sie im entsprechenden Verzeichnis die CD an. Wählen Sie einen Titel aus. Die Musik startet gleich darauf. Am Bildschirmrand unten finden Sie die Schaltfläche für die Lautstärkeregelung.

10.4 Gesprochene Texte auf POWERPOINT-Folien

Folien können Sie mit eigenem Sprechertext vertonen. Dazu benötigen Sie eine Soundkarte und ein Mikrofon. Schließen Sie das Mikrofon an Ihren Rechner an (Mikrofonstecker in den Mikroeingang stecken). Anschließend fügen Sie den Sprechertext auf einer Folie der Präsentation ein:

- Register EINFÜGEN, Schaltfläche AUDIO (Listenpfeil), AUDIOAUFNAHME.
- Im Dialogfeld SOUND AUFZEICHNEN geben Sie der Aufnahme einen Namen.
- Klicken oder tippen Sie auf die Schaltfläche für den Aufnahmestart (roter Punkt).
- Sprechen Sie Ihren Text.

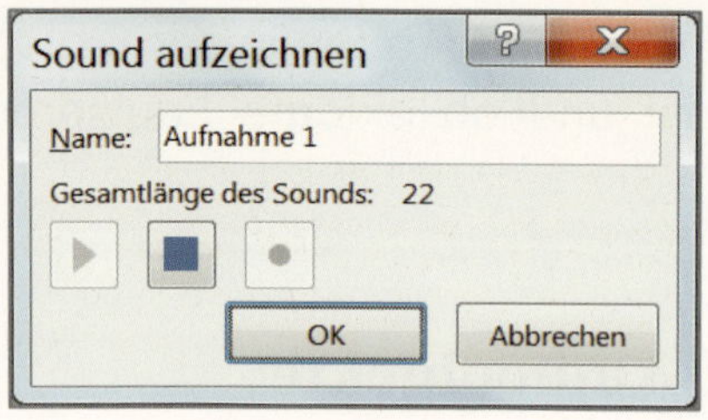

- Sie beenden die Aufnahme über die blaue Schaltfläche (Quadrat).
- Zur Wiedergabe nutzen Sie die Schaltfläche links (Dreieck).
- Prüfen Sie die Aufnahme in der Bildschirmshow.
- Ändern Sie die Wiedergabe des Sprechertextes mithilfe der Funktionen im Register WIEDERGABE (Sound-Symbol markieren).

Sprechertext nicht wiedergeben

Wenn eine Bildschirmshow, die eine Stimmaufzeichnung enthält, ohne den Sprechertext ablaufen soll, aktivieren Sie im Register BILDSCHIRMPRÄSENTATION das Kontrollkästchen PRÄSENTATION OHNE KOMMENTAR. Sie können Sprechertext von einzelnen Folien entfernen, indem Sie dort das Soundsymbol löschen.

Vollständige Präsentation vertonen

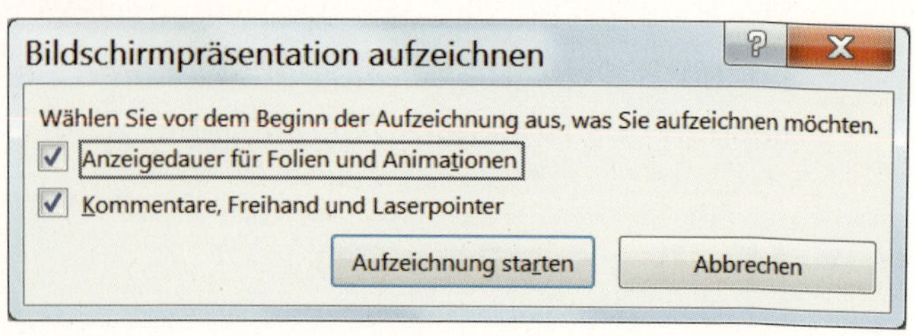

Zum Vertonen der vollständigen Bildschirmshow wählen Sie im Register BILDSCHIRMPRÄSENTATION die Schaltfläche BILDSCHIRMPRÄSENTATION AUFZEICHNEN, VON ANFANG AN AUFZEICHNEN. Das Dialogfenster BILDSCHIRMPRÄSENTATION AUFZEICHNEN wird geöffnet. Hier sollte KOMMENTARE, FREIHAND UND LASERPOINTER aktiviert sein. Klicken oder tippen Sie auf die Schaltfläche AUFZEICHNUNG STARTEN. Die Bildschirmshow beginnt. Sprechen Sie den Text ins Mikrofon. Auf dem Bildschirm sehen Sie eine kleine Leiste mit Steuerungsfunktionen. Arbeiten Sie Ihren Sprechertext Folie für Folie ein und prüfen Sie das Ergebnis in der Bildschirmpräsentation.

10.5 Übung: Videodateien einfügen

Auf POWERPOINT-Folien kann man Online-Videos einfügen: Register EINFÜGEN, VIDEO, ONLINE-VIDEO. Außerdem kann man Videos nutzen, die man auf einem Rechner oder externen Datenträger gespeichert hat:

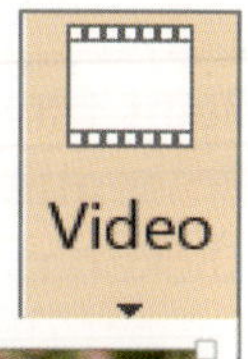

1. Wählen Sie im Register EINFÜGEN die Schaltfläche VIDEO, VIDEO AUF MEINEM COMPUTER. Suchen Sie eine Videodatei aus und klicken oder tippen Sie auf die Schaltfläche EINFÜGEN.

2. Das Videoobjekt erscheint auf der Folie und darunter die Steuerungsleiste: Über die Pfeilschaltfläche wird das Video gestartet, über die Schaltfläche mit den beiden senkrechten Linien hält man den Film an, über das Lautsprechersymbol regelt man die Lautstärke.

3. Detailliert kann man die Wiedergabe im Register WIEDERGABE festlegen. (Damit es erscheint, muss das Videoobjekt auf der Folie markiert sein.)

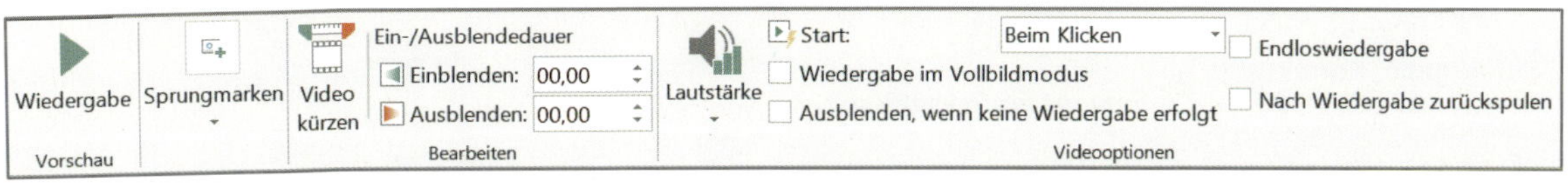

4. Lassen Sie die Bildschirmshow ablaufen und prüfen Sie das Ergebnis.

10.6 Übung: Videoobjekte bearbeiten

Übung

1. Fügen Sie auf einer Folie ein Video ein.
2. Steuern Sie die Wiedergabe über die Wiedergabeleiste am Objekt.
3. Prüfen Sie das Video in der Bildschirmshow.
4. Ändern Sie im Register WIEDERGABE die Lautstärke.
5. Aktivieren Sie im Register WIEDERGABE die Kontrollkästchen neben WIEDERGABE IM VOLLBILDMODUS und NACH WIEDERGABE ZURÜCKSPULEN.
6. Wählen Sie im Register WIEDERGABE im Listenfeld neben START: AUTOMATISCH. Lassen Sie die Bildschirmshow ablaufen und prüfen Sie das Ergebnis.
7. Erproben Sie die Funktion VIDEO KÜRZEN. Sie können im Register WIEDERGABE auch SPRUNGMARKEN HINZUFÜGEN und SPRUNGMARKEN ENTFERNEN.
8. Erproben Sie auch die ENDLOSWIEDERGABE.

Multimedia-Präsentationen: Medien komprimieren

Videos werden in POWERPOINT-Folien gewöhnlich nicht eingefügt, sondern lediglich mit der Präsentation verknüpft, da sie eine Menge Speicherplatz benötigen. Achten Sie darauf, dass die Video-Datei im gleichen Verzeichnis abgespeichert ist, in das Sie auch Ihre Präsentation abgelegt haben.

Beim Einfügen eines längeren Videos können Sie selbst festlegen, dass es mit der Präsentation verknüpft wird: Register EINFÜGEN, VIDEO, VIDEO AUF MEINEM COMPUTER. Klicken oder tippen Sie auf den Listenpfeil der Schaltfläche EINFÜGEN, dann auf VERKNÜPFUNG MIT DATEI.

Um die Größe einer Präsentation zu verringern, kann man Videos in POWERPOINT komprimieren: Wählen Sie im Register DATEI, INFORMATIONEN die Schaltfläche MEDIEN KOMPRIMIEREN. Bitte beachten: Die Schaltfläche erscheint nur, wenn die Präsentation ein oder mehrere Videos enthält.

10.7 Videobilder formatieren: Bildform, Bildfarbe

Die Form des Videobildes kann man ändern: Markieren Sie ein auf einer Folie eingefügtes Videoobjekt und erproben Sie die Funktionen im Register FORMAT.

Korrigieren Sie die Bild Form, den VIDEORAHMEN und weisen Sie dem Video Effekte zu. Man kann in der Menüleiste auch die Farben und die Helligkeit ändern.

Weitere Gestaltungsmöglichkeiten finden Sie im Aufgabenbereich am rechten Bildschirmrand.

Prüfen Sie das Ergebnis durch einen Klick auf WIEDERGABE.

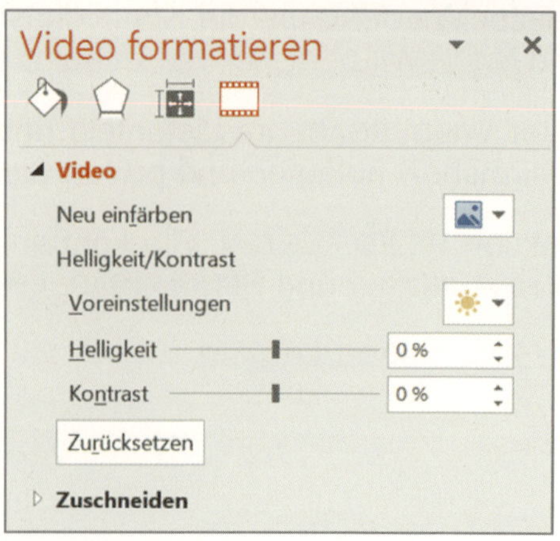

11 Präsentationen vorführen und veröffentlichen

POWERPOINT-Präsentationen kann man auf unterschiedliche Weise veröffentlichen, also nicht nur persönlich vorführen, sondern auch als selbstablaufende Endlosshows zeigen (Messe-Kiosk). Darüber hinaus kann man Präsentationen derart gestalten, dass die Betrachterinnen und Betrachter über interaktive Schaltflächen selbst navigieren. Zusätzliche schriftliche Kommentare oder Sprechertext auf den Folien erleichtern es, die Präsentationsinhalte richtig, vollständig und nachhaltig zu erfassen. In diesem Kapitel lernen Sie die unterschiedlichen Varianten der Veröffentlichung näher kennen.

Lernziele und Themen in diesem Kapitel

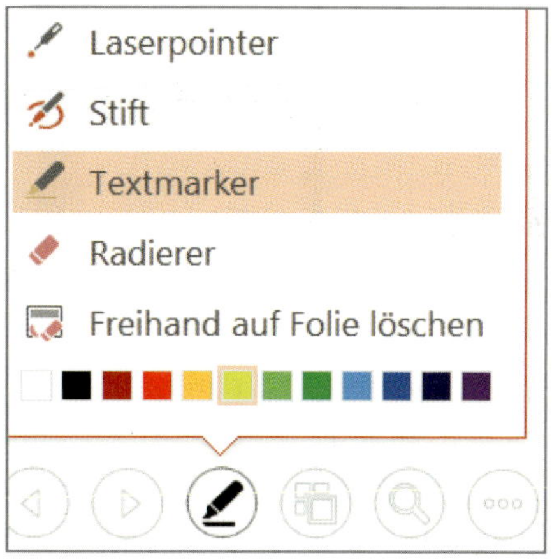

a) Professionell präsentieren: den Foliennavigator und die Stifte, den Laserpointer und Tastencodes nutzen
b) Die Referentenansicht verwenden (nicht nur bei 2 Bildschirmen)
c) Selbstablaufende Endlos-Shows herstellen, Folienübergänge festlegen, Anzeigedauern testen
d) Mit interaktiven Schaltflächen arbeiten
e) Mithilfe von Hyperlinks Verknüpfungen erstellen
f) Zielgruppenbezogene Präsentationen einrichten
g) Große Präsentationen in Abschnitte gliedern
h) Folien ein- und ausblenden
i) Die Rechtschreibung prüfen, persönliche Informationen entfernen
j) Die Präsentation in unterschiedlichen Formaten speichern
k) Schreibschutz und Kennwort vergeben
l) Präsentationen als E-Mail-Anhang exportieren, auf eine CD oder DVD packen
m) Die Präsentation in ein Video umwandeln

11.1 Navigationshilfen und Schalter für die Folienvorführung

Wenn Sie Ihre Präsentation vorführen und auf vorangehende oder nachfolgende Folien zugreifen wollen, sollten Sie hektisches Durchblättern der Folienseiten vermeiden. Nutzen Sie lieber den **Foliennavigator**:

- Drücken Sie während der Bildschirmshow die rechte Maustaste und wählen Sie im Kontextmenü Alle Folien anzeigen. Darauf werden die Folien nebeneinander aufgeführt. Klicken oder tippen Sie hier die gewünschte Folie an:

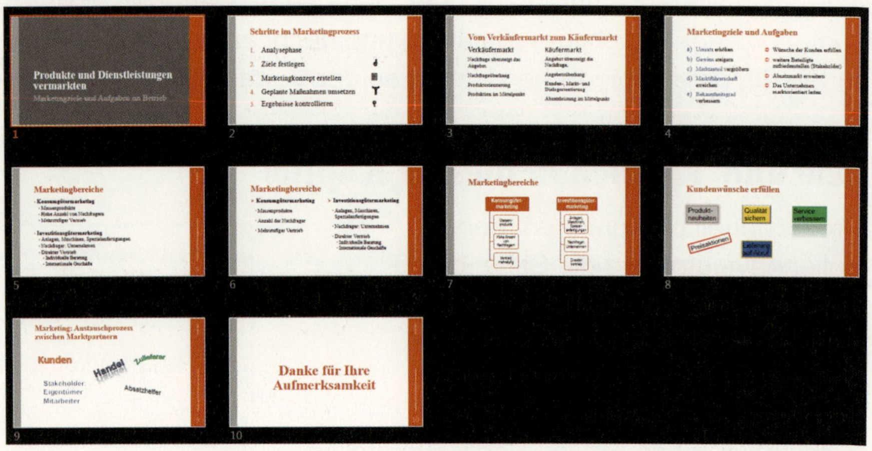

PowerPoint 2016 bietet viele hilfreiche Funktionen, die es erleichtern, die Bildschirmshow souverän zu steuern:

- Starten Sie eine PowerPoint-Präsentation und wechseln Sie zur Ansicht Bildschirmpräsentation. Sie sehen am unteren Bildschirmrand Schaltflächen, auf die man während der Folienvorführung schnell zugreifen kann.
    - Die ersten beiden Schaltflächen dienen dem Vor- und Zurückblättern.
    - Über die dritte Schaltfläche gelangen Sie zu den Stiften, Textmarkern und zum Laserpointer.
    - Die vierte Schaltfläche blendet für die Auswahl die Folienübersicht ein.
    - Über die fünfte Schaltfläche rufen Sie die Bildschirmlupe auf.
    - Die sechste Schaltfläche zeigt das Kontextmenü: Hier gelangen Sie zur Referentenansicht (z. B. für die Arbeit mit zwei Bildschirmen). Hier kann man das Bildschirmbild auch ein- und abschalten.

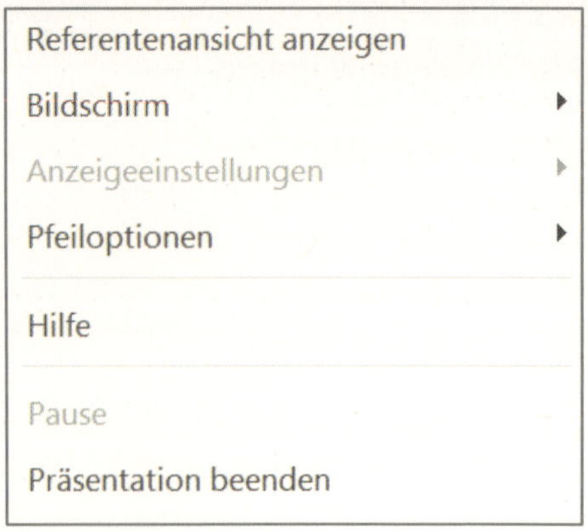

11.2 Stifte, Textmarker und den Laserpointer nutzen

Während des Vortrags und auch in einer anschließenden Diskussionsrunde, kann man die Folieninhalte in der Ansicht BILDSCHIRMPRÄSENTATION durch Anmerkungen und Skizzen ergänzen. Zu den Stiften und Textmarkern gelangen Sie über die dritte Schaltfläche unten am Bildschirmrand oder über das Kontextmenü (rechte Maustaste drücken), Menüpunkt ZEIGEROPTIONEN.

Hier finden Sie auch den LASERPOINTER. Er lässt sich sowohl mit der Maus als auch mit dem Finger über die Folieninhalte führen. Wenn Sie dessen Farbe ändern möchten (Rot, Blau oder Grün), wählen Sie im Register BILDSCHIRMPRÄSENTATION, BILDSCHIRMPRÄSENTATION EINRICHTEN die LASERPOINTERFARBE.

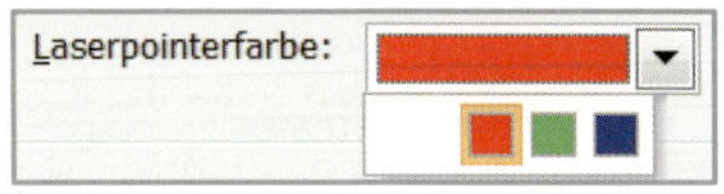

LASERPOINTER

11.3 Die Referentenansicht in POWERPOINT 2016

In POWERPOINT 2016 kann man die Referentenansicht jederzeit einblenden, also **auch, wenn nur ein Monitor aktiv ist**. Während Sie als Vortragende/r die Referentenansicht mit den Notizentexten vor Augen haben, sieht das Publikum nur das Folienbild in der Ansicht Bildschirmshow. Wählen Sie in der BILDSCHIRMPRÄSENTATION im Kontextmenü (rechte Maustaste) die REFERENTENANSICHT:

Referentenansicht: ALT+F5

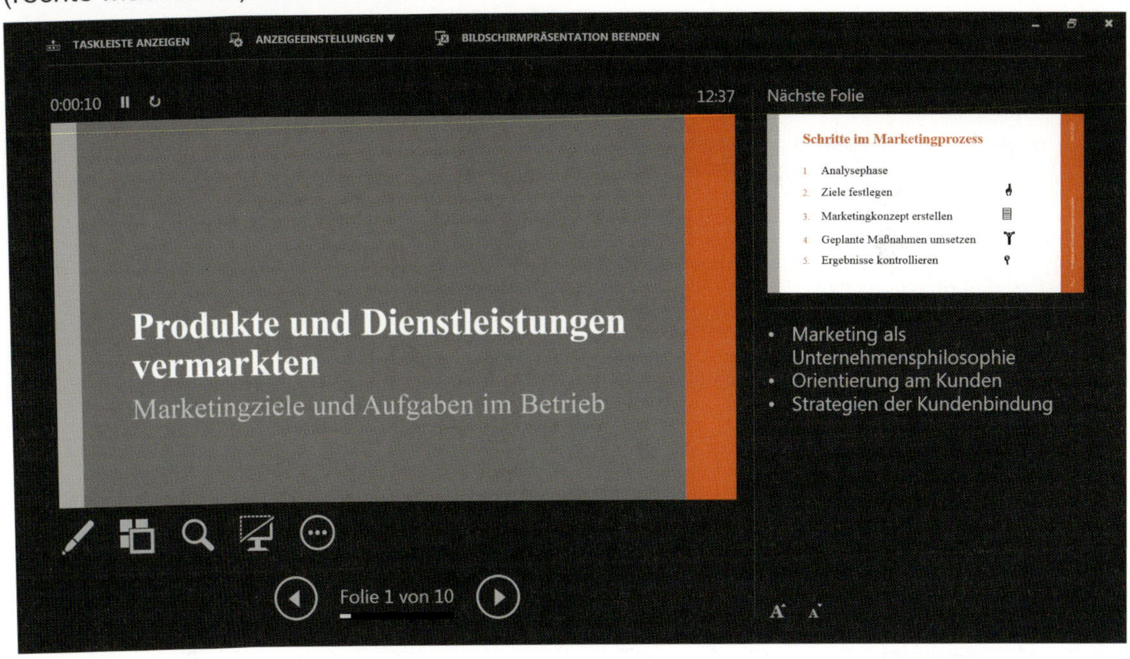

Sie sehen hier die aktuelle Folie und rechts daneben den zugehörenden Notizentext. Darüber wird bereits die nächste Folie eingeblendet. Unter der Hauptfolie finden Sie die Schaltflächen zur Steuerung der Bildschirmshow. Über die Schaltfläche für das Kontextmenü kann man die Referentenansicht wieder ausschalten.
Die Pfeilschaltflächen dienen dem Vor- und Zurückblättern.

Oben am Bildschirmrand finden Sie ANZEIGEEINSTELLUNGEN für die Arbeit mit zwei Bildschirmen: REFERENTENANSICHT UND DIE BILDSCHIRMPRÄSENTATION VERTAUSCHEN sowie BILDSCHIRMPRÄSENTATION DUPLIZIEREN.

16 Schröder ISBN 978-3-8120-0815-0

11.4 Mit zwei Bildschirmen präsentieren

Wenn Sie die Präsentation an zwei Bildschirmen zeigen wollen, ist Folgendes zu beachten: Im Register BILDSCHIRMPRÄSENTATION, BILDSCHIRMPRÄSENTATION EINRICHTEN legen Sie fest, welcher Monitor der Hauptmonitor ist und welcher zur Vorführung verwendet wird. Die Referentenansicht blendet man gewöhnlich auf dem eigenen Computerbildschirm ein, die Vollbildansicht der Präsentationsfolien auf dem Vorführbildschirm bzw. BILDSCHIRMPRÄSENTATIONSMONITOR (zweiter Computer, elektronische Tafel, ...).

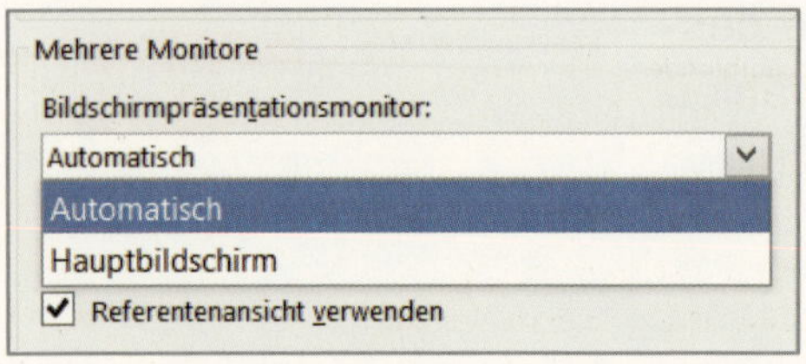

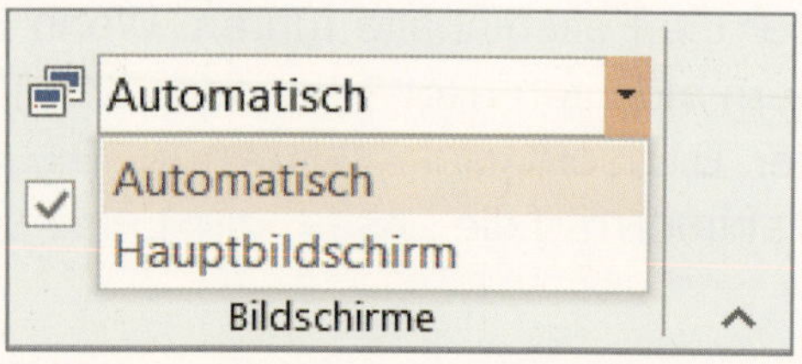

Nachdem Sie rechts unten im Dialogfenster BILDSCHIRMPRÄSENTATION EINRICHTEN den BILDSCHIRMPRÄSENTATIONSMONITOR als Hauptbildschirm definiert haben, können Sie im Listenfeld darunter die AUFLÖSUNG anpassen.

Wenn zwei Bildschirme angeschlossen sind, kann man den jeweiligen Verwendungszweck in der WINDOWS 8 bzw. WINDOWS 10-Leiste am rechten Rand festlegen, in älteren WINDOWS-Versionen in der Systemsteuerung.

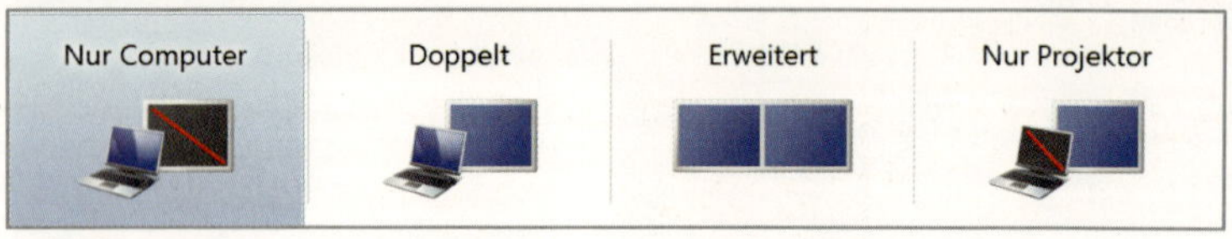

Folgende Vorführvarianten stehen zur Auswahl:

- NUR PC-BILDSCHIRM (Präsentation nur auf einem PC oder Laptop zeigen)
- DUPLIZIEREN (das gleiche Bild auf zwei Monitoren zeigen)
- ERWEITERN (für die Referentenansicht)
- NUR ZWEITER BILDSCHIRM (Präsentation nur auf dem Projektionsgerät zeigen).

Wählen Sie die gewünschte Variante aus.

11.5 Präsentation über Tastencodes steuern

Nutzen Sie die Funktionstaste **F5**, um die Bildschirmpräsentation zu starten. Über den Tastencode **Umschalt + F5** beginnt die Show bei der Folie, die gerade aktiviert ist.

Während Sie die Bildschirmpräsentation vorführen, gelangen Sie über die Taste F1 zu allen wichtigen Steuerungscodes. Das Dialogfenster HILFE ZUR BILDSCHIRMPRÄSENTATION hat fünf Registerkarten. Die letzte Registerkarte informiert Sie über Touch-Gesten für die Bearbeitung der Inhalte auf Touch-Bildschirmen.

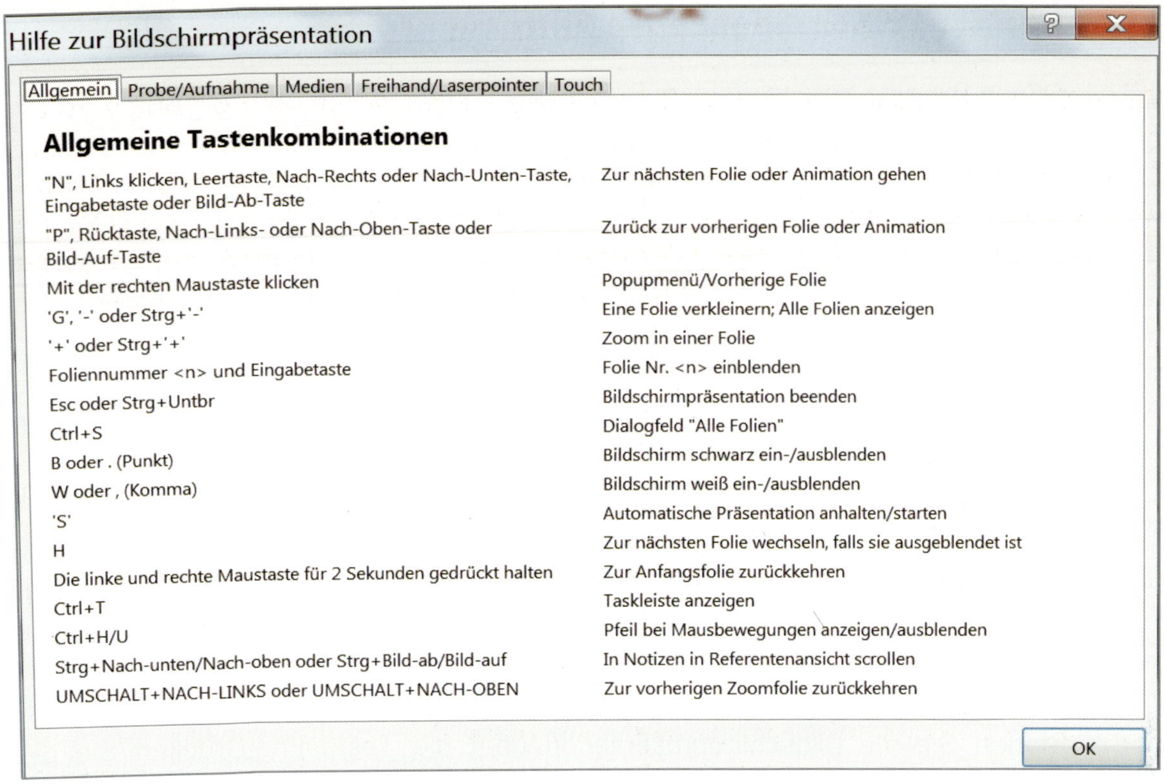

Hilfe zur Bildschirmpräsentation

Allgemein | Probe/Aufnahme | Medien | Freihand/Laserpointer | Touch

Allgemeine Tastenkombinationen

"N", Links klicken, Leertaste, Nach-Rechts oder Nach-Unten-Taste, Eingabetaste oder Bild-Ab-Taste	Zur nächsten Folie oder Animation gehen
"P", Rücktaste, Nach-Links- oder Nach-Oben-Taste oder Bild-Auf-Taste	Zurück zur vorherigen Folie oder Animation
Mit der rechten Maustaste klicken	Popupmenü/Vorherige Folie
'G', '-' oder Strg+'-'	Eine Folie verkleinern; Alle Folien anzeigen
'+' oder Strg+'+'	Zoom in einer Folie
Foliennummer <n> und Eingabetaste	Folie Nr. <n> einblenden
Esc oder Strg+Untbr	Bildschirmpräsentation beenden
Ctrl+S	Dialogfeld "Alle Folien"
B oder . (Punkt)	Bildschirm schwarz ein-/ausblenden
W oder , (Komma)	Bildschirm weiß ein-/ausblenden
'S'	Automatische Präsentation anhalten/starten
H	Zur nächsten Folie wechseln, falls sie ausgeblendet ist
Die linke und rechte Maustaste für 2 Sekunden gedrückt halten	Zur Anfangsfolie zurückkehren
Ctrl+T	Taskleiste anzeigen
Ctrl+H/U	Pfeil bei Mausbewegungen anzeigen/ausblenden
Strg+Nach-unten/Nach-oben oder Strg+Bild-ab/Bild-auf	In Notizen in Referentenansicht scrollen
UMSCHALT+NACH-LINKS oder UMSCHALT+NACH-OBEN	Zur vorherigen Zoomfolie zurückkehren

OK

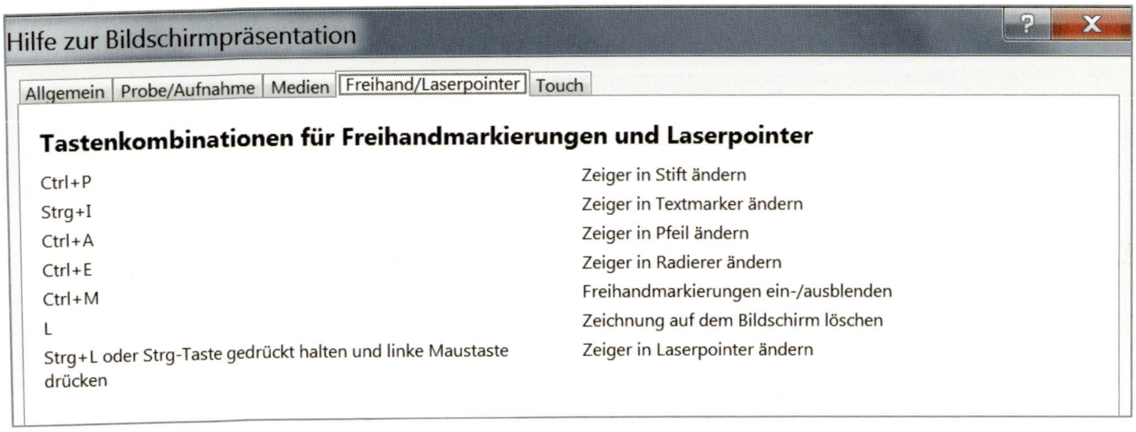

Hilfe zur Bildschirmpräsentation

Allgemein | Probe/Aufnahme | Medien | Freihand/Laserpointer | Touch

Tastenkombinationen für Freihandmarkierungen und Laserpointer

Ctrl+P	Zeiger in Stift ändern
Strg+I	Zeiger in Textmarker ändern
Ctrl+A	Zeiger in Pfeil ändern
Ctrl+E	Zeiger in Radierer ändern
Ctrl+M	Freihandmarkierungen ein-/ausblenden
L	Zeichnung auf dem Bildschirm löschen
Strg+L oder Strg-Taste gedrückt halten und linke Maustaste drücken	Zeiger in Laserpointer ändern

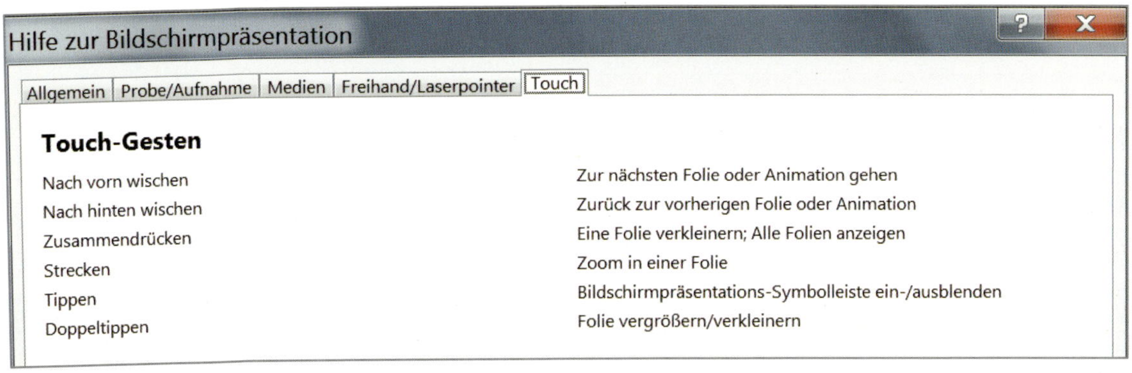

Hilfe zur Bildschirmpräsentation

Allgemein | Probe/Aufnahme | Medien | Freihand/Laserpointer | Touch

Touch-Gesten

Nach vorn wischen	Zur nächsten Folie oder Animation gehen
Nach hinten wischen	Zurück zur vorherigen Folie oder Animation
Zusammendrücken	Eine Folie verkleinern; Alle Folien anzeigen
Strecken	Zoom in einer Folie
Tippen	Bildschirmpräsentations-Symbolleiste ein-/ausblenden
Doppeltippen	Folie vergrößern/verkleinern

11.6 Übung: Präsentationen vorführen

Übung

1. Öffnen Sie eine bereits erstellte Präsentation zum Thema „Marketing".

2. Wechseln Sie zum Register ANSICHT, FOLIENSORTIERUNG. Weisen Sie den Folien verschiedene Folienübergänge zu (Register ÜBERGÄNGE).

In der Gruppe ANZEIGEDAUER kann man den Folien Sounds und Einblendzeiten zuweisen. Bei einer persönlichen Vorführung der Folien ist gewöhnlich das Kontrollkästchen BEI MAUSKLICK aktiviert. Sobald Sie einen Übergang festgelegt haben, erscheint dafür unter der Folie (Foliensortieransicht) ein kleines Symbol.

3. Geben Sie im Register ANSICHT, NOTIZENSEITE ergänzende Inhalte zu einzelnen Folien ein (als Spickzettel für Ihre Vorführung).

4. Speichern Sie die Präsentation: Dateiname PRODUKTEVERMARKTEN.PPTX.

5. Starten Sie die Bildschirmpräsentation über die Taste F5. Drücken Sie die rechte Maustaste (Kontextmenü) und wählen Sie ALLE FOLIEN ANZEIGEN. Blenden Sie Folien ein.

6. Klicken oder tippen Sie im Kontextmenü auf BILDSCHIRM. Wählen Sie im Untermenü WEIßER BILDSCHIRM.

7. Erproben Sie im Kontextmenü die Funktion VERGRÖßERN.

8. Erproben Sie den LASERPOINTER.

9. Erproben Sie im Kontextmenü die ZEIGEROPTIONEN (STIFT, TEXTMARKER, FREIHANDFARBE). Malen Sie auf einer Folie eine kleine Skizze. Verwenden Sie den Radierer. Wenn Sie zum Mauspfeil zurückkehren wollen, schalten Sie die eingestellte Funktion wieder ab.

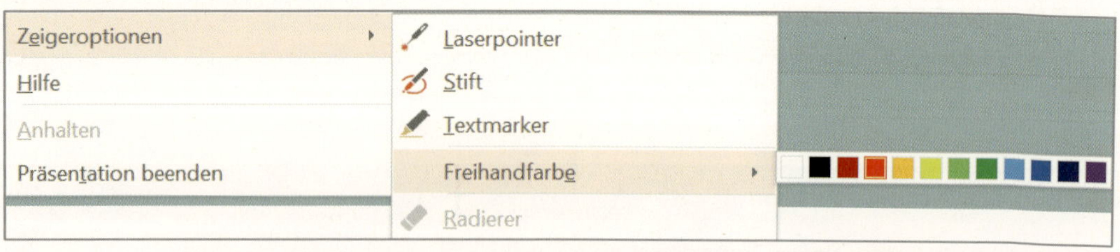

Am Ende der Bildschirmshow werden Sie gefragt, ob Sie Ihre gezeichneten FREIHANDANMERKUNGEN beibehalten wollen. Klicken Sie auf BEIBEHALTEN.

10. Wechseln Sie zur Bildschirmpräsentation. Drücken Sie die Taste F1. Erproben Sie im Dialogfenster HILFE ZUR BILDSCHIRMPRÄSENTATION die Tastencodes der Register ALLGEMEIN, PROBE/AUFNAHME, MEDIEN und FREIHAND/LASERPOINTER.

Drucken Sie einen Handzettel fürs Publikum: DATEI, EXPORTIEREN, HANDZETTEL ERSTELLEN.

11.7 Vorhang auf: Besondere Übergänge in PowerPoint 2016

Erproben Sie in einer bereits erstellten Präsentation auch den Übergang **VORHÄNGE** (im Register ÜBERGÄNGE). Beispiel:

Beispiel: Übergang ZERKNÜLLEN, Entwicklung beim Wechsel zur nächsten Folie

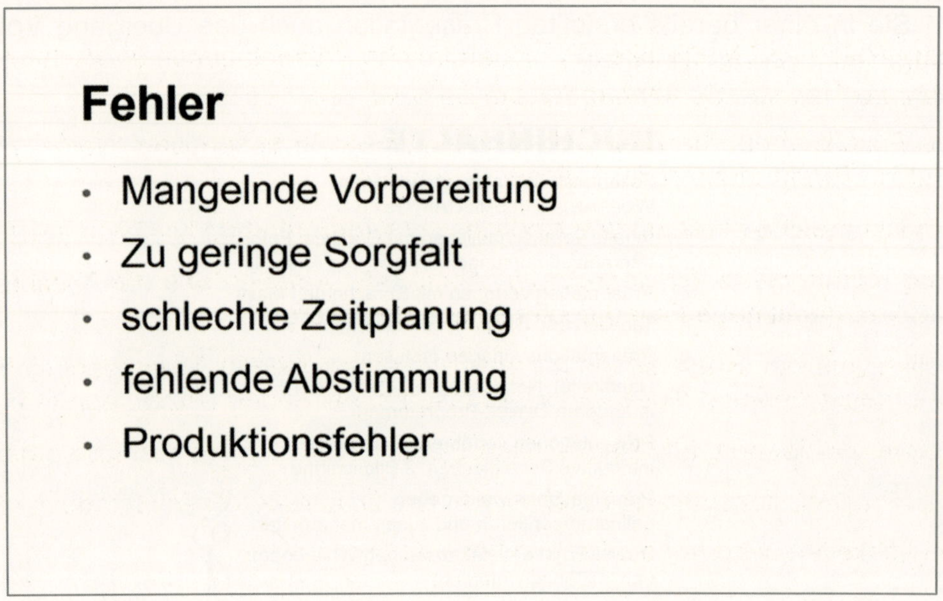

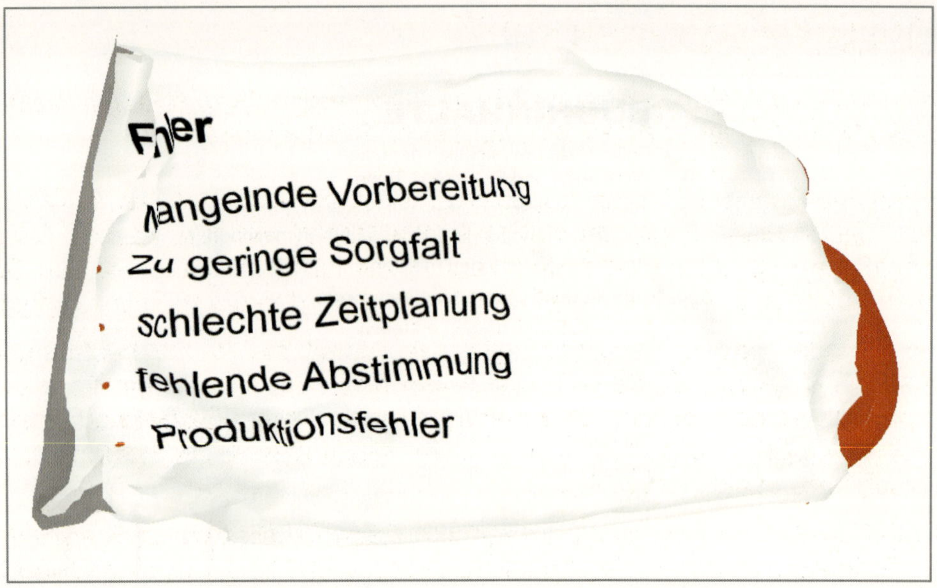

11.8 Große Präsentationen „in den Griff bekommen“

Es gibt eine Reihe von Möglichkeiten, umfangreiche Präsentationen überschaubar und handhabbar zu machen. So kann man zum Beispiel

- die Folienlayouts für Titel- oder Abschnittfolien in besonderer Weise gestalten und zur Strukturierung der Präsentation nutzen.
- Inhaltsbereiche durch unterschiedliche Hintergrundfarben kenntlich machen.
- eine umfangreiche Präsentation in Abschnitte zerlegen und die Abschnitte benennen, damit neue Folien richtig eingeordnet werden.
- Folien aus der Präsentation zu zielgruppenorientierten Teilpräsentationen zusammenstellen und diese Teilpräsentationen bei Bedarf einzeln abrufen.
- Folien ausblenden, sodass sie in der Bildschirmshow nicht gezeigt werden.
- den Präsentationsumfang durch Hyperlinks zu anderen Dateien reduzieren

Diese Möglichkeiten werden nachfolgend beschrieben:

11.9 Übung: Folien zusammenführen

Übung

1. Öffnen Sie eine bereits erstellte Präsentation mit mehreren Folien. Wählen Sie die ANSICHT, FOLIENSORTIERUNG. Markieren Sie die letzte Folie.

2. Fügen Sie Folien aus einer anderen Präsentation ein: Register START, Schaltfläche NEUE FOLIE (Listenpfeil), FOLIEN WIEDERVERWENDEN. Klicken Sie auf die Schaltfläche DURCHSUCHEN, dann auf DATEI DURCHSUCHEN. Wählen Sie eine Präsentation aus. Am rechten Bildschirmrand werden deren Folien aufgelistet.

   Klicken oder tippen Sie zwei Folien an, damit sie in die bestehende Präsentation eingefügt werden. Beachten Sie bitte: Um das Design der Folien, die eingefügt werden sollen, beizubehalten, muss das Kontrollkästchen neben URSPRÜNGLICHE FORMATIERUNG BEIBEHALTEN unten in der Leiste am rechten Bildschirmrand aktiviert sein.

   Schließen Sie die Folienliste am rechten Rand (Schließkreuz). Verkleinern Sie die Zoom-Einstellung in der ANSICHT FOLIENSORTIERUNG. Löschen Sie einzelne Folien.

3. Blenden Sie zwei Folien aus (diese sind dann noch vorhanden, werden aber in der Bildschirmpräsentation nicht mehr gezeigt): Folie markieren und im Register BILDSCHIRMPRÄSENTATION die Schaltfläche FOLIE AUSBLENDEN wählen. Das Symbol unter der Folie ist nun durchgestrichen.

   Zum Einblenden der Folie markieren Sie diese und deaktivieren Sie die Schaltfläche FOLIE AUSBLENDEN. Prüfen Sie dann das Ergebnis in der Bildschirmpräsentation.

4. Markieren Sie in der Foliensortierung die letzte Folie. Durchlaufen Sie noch einmal den Arbeitsschritt 2: Fügen Sie Folien aus einer weiteren Präsentation ein.

5. Speichern Sie die Präsentation unter einem neuen Dateinamen.

6. Speichern Sie die Präsentation als reine Bildschimshow: Format *.PPSX

11.10 Übung: Zielgruppenorientierte Präsentationen anlegen

Innerhalb einer Präsentation kann man zielgruppenorientierte Folienpakete zusammenstellen. Dadurch lassen sich umfangreiche Präsentationen mit zahlreichen Folien vielfach verwenden. Die Ausgangspräsentation dient hier nicht nur als Folienpool, sondern sie liefert fertige und zugleich passgenaue, zielgruppenbezogene Teilpräsentationen, die man bei Bedarf schnell abrufen kann. So erstellen Sie eine zielgruppenorientierte Präsentation:

Übung

1. Öffnen Sie eine bereits vorhandene Präsentation.
2. Wechseln Sie zur ANSICHT FOLIENSORTIERUNG.
3. Wählen Sie im Register BILDSCHIRMPRÄSENTATION die Schaltfläche BENUTZERDEFINIERTE BILDSCHIRMPRÄSENTATION (Listenpfeil), ZIELGRUPPENORIENTIERTE PRÄSENTATIONEN.

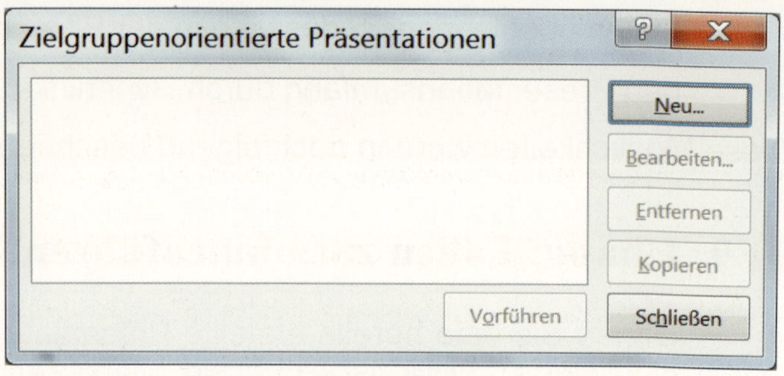

Das Dialogfenster ZIELGRUPPENORIENTIERTE PRÄSENTATIONEN öffnet sich. Klicken oder tippen Sie auf die Schaltfläche NEU. Geben Sie der neuen Präsentation einen Namen.

Wählen Sie in der Liste im linken Bereich des Dialogfensters, welche Folien in die neue, zielgruppenorientierte Präsentation übernommen werden sollen: Markieren Sie in der Liste jeweils einen Folientitel und klicken Sie auf HINZUFÜGEN.

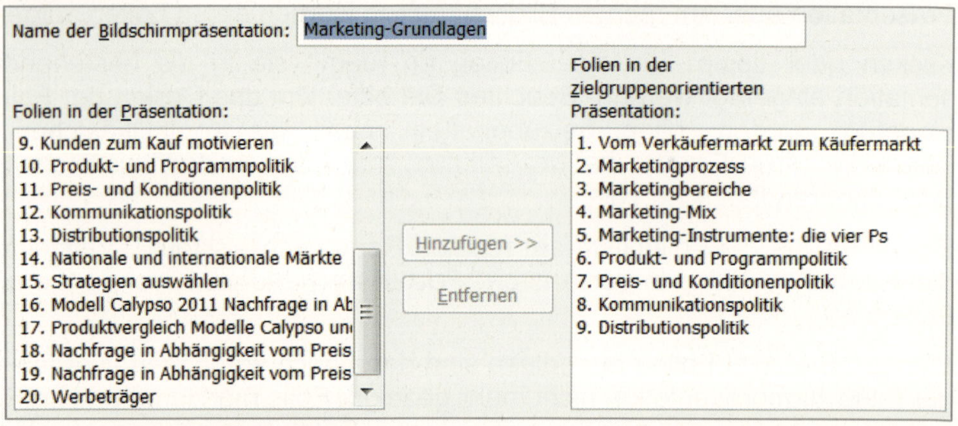

Prüfen Sie die Reihenfolge der Folien. Über die Pfeile am rechten Rand kann man die Reihenfolge ändern, über die mittlere Schaltfläche Folien aus der neuen Präsentation entfernen. Klicken oder tippen Sie am Ende auf OK.

4. Erstellen Sie aus der Ausgangspräsentation eine zweite zielgruppenorientierte Präsentation. **Die Teilpräsentationen bleiben Bestandteile der Gesamtpräsentation.** Prüfen Sie das: Speichern Sie die Gesamtpräsentation, beenden Sie POWERPOINT und starten Sie das Programm erneut. Öffnen Sie eine der zielgruppenorientierten Präsentationen: BLDSCHIRMPRÄSENTATION, BENUTZERDEFINIERTE BILDSCHIRMPRÄSENTATION.

11.11 Übung: Die Präsentation in Abschnitte gliedern

Übung

Um Übersicht zu schaffen, werden große Präsentationen in Abschnitte gegliedert. Dabei gehen Sie folgendermaßen vor:

1. Öffnen Sie eine Präsentation, die viele Folien enthält oder eine mit wenigen Folien, in der Sie Seiten duplizieren: Register START, NEUE FOLIE, AUSGEWÄHLTE FOLIEN DUPLIZIEREN.

2. Wechseln Sie zur ANSICHT FOLIENSORTIERUNG. Verkleinern Sie die Zoom-Stufe, sodass Sie einen Überblick über die Folien erhalten.

3. Klicken oder tippen Sie dort, wo ein neuer Abschnitt beginnen soll, zwischen zwei Folien. Wählen Sie im Register START, Gruppe FOLIEN, die Schaltfläche ABSCHNITT und im Menü ABSCHNITT HINZUFÜGEN.

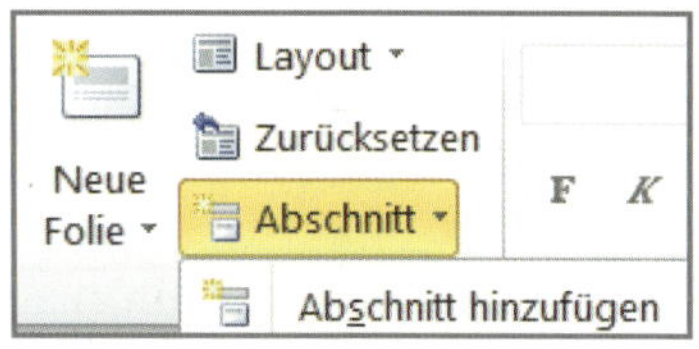

4. Erstellen Sie auf die gleiche Weise an einer anderen Stelle einen Abschnitt.

5. Sortieren Sie die Folien, indem Sie diese mit gedrückter linker Maustaste in die verschiedenen Abschnitte ziehen.

6. Im Menü der Schaltfläche ABSCHNITT können Sie
   - die einzelnen Abschnitte benennen: ABSCHNITT UMBENENNEN,
   - löschen: ABSCHNITT ENTFERNEN oder ALLE ABSCHNITTE ENTFERNEN,
   - die Abschnittüberschriften herausfiltern: ALLE REDUZIEREN,
   - über den Menüpunkt ALLE ERWEITERN alles wieder einblenden.

   Erproben Sie die Möglichkeiten.

7. Speichern Sie am Ende die Präsentation, damit die Abschnitte erhalten bleiben.

17 Schröder ISBN 978-3-8120-0815-0

11.12 Einblendzeiten für selbstablaufende Bildschirmshows

Übung

1. Öffnen Sie eine bereits vorhandene Präsentation.

2. Wechseln Sie zum Register ANSICHT, FOLIENSORTIERUNG und weisen Sie den Folien Folienübergänge zu: Register ÜBERGÄNGE.

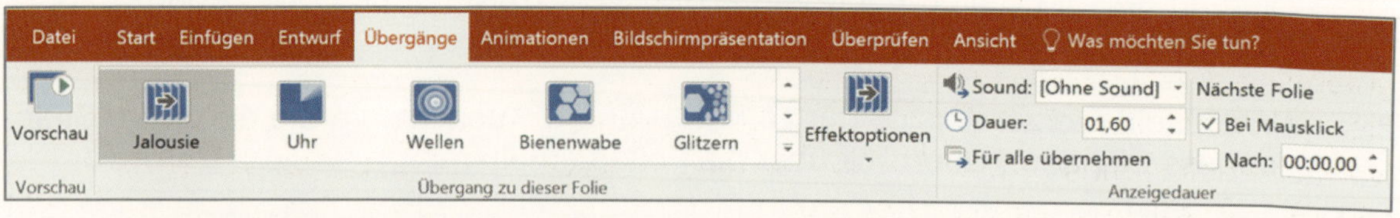

Tipp: In der Foliensortierung kann man **Abschnitten den gleichen Übergang zuweisen**: Abschnittüberschrift markieren und den Übergang wählen.

3. Die Präsentation soll automatisch ablaufen (ohne Mausklick). Wenn aber alle Folien die gleiche Einblendzeit haben, werden manche Folien zu lange gezeigt und die Betrachter verlieren das Interesse; bei anderen Folien wird die Einblendzeit zum Verständnis der Inhalte nicht ausreichen.

   Jede Folie benötigt also eine eigene, angemessene Anzeigedauer, damit die Inhalte beim Publikum ankommen und in Erinnerung bleiben. Aber wie viel Zeit ist jeweils erforderlich? Das finden Sie heraus, wenn Sie die Inhalte probeweise vortragen und dabei die Anzeigedauer der Folien testen:

   Wählen Sie im Register BILDSCHIRMPRÄSENTATION die Schaltfläche NEUE ANZEIGEDAUERN TESTEN. Darauf läuft die Bildschirmshow ab und es erscheint eine kleine Aufzeichnungsleiste: Über den Pfeil nach rechts blättern Sie zur nächsten Folie, die beiden Striche lösen eine Pause aus (und beenden diese wieder). Mitten in der Leiste läuft die Einblendzeit hoch. Mit einem Klick auf den Rückwärtspfeil beginnt die Zählung von vorn.

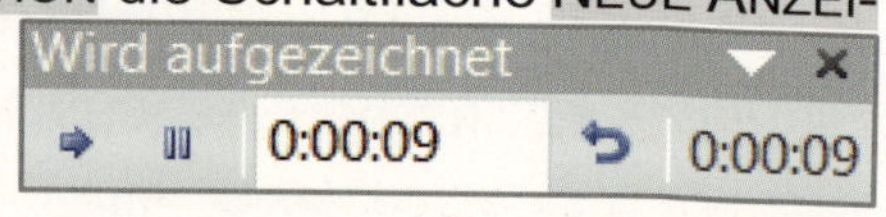

   Tragen Sie Ihren Text vor und schalten Sie nach einer angemessenen Zeit weiter zur nächsten Folie. Am Ende der Bildschirmpräsentation werden Sie gefragt, ob Ihre Einblendzeiten gespeichert werden sollen. Klicken Sie auf JA.

   Beachten Sie bitte: Die Anzeigedauer für die einzelnen Folien wird in der ANSICHT FOLIENSORTIERUNG (bei ausreichend großer Zoom-Stufe) unter den Folien angezeigt.

4. Diese Präsentation soll automatisch und als Endlosshow ablaufen: Am Ende angekommen, beginnt die Präsentation also wieder von vorn. Aktivieren Sie im Register BILDSCHIRMPRÄSENTATION, Schaltfläche BILDSCHIRMPRÄSENTATION EINRICHTEN, das Kontrollkästchen ANSICHT AN EINEM KIOSK (VOLLE BILDSCHIRMGRÖßE). Klicken Sie auf OK. Starten Sie die Endlos-Bildschirmpräsentation. Wenn Sie diese beenden wollen, drücken Sie auf die Taste ESC.

5. Speichern Sie die Präsentation als reine Bildschirmshow, sodass auch Personen, die kein POWERPOINT auf ihrem Rechner haben, die Show betrachten können: Register DATEI, SPEICHERN UNTER, Dateityp: POWERPOINT-BILDSCHIRMPRÄSENTATION (*.PPSX). Öffnen Sie dann die Datei zur Probe direkt im Dateiverzeichnis.

Beachten Sie bitte die Einstellungen im Register BILDSCHIRMPRÄSENTATION, BILDSCHIRMPRÄSENTATION EINRICHTEN, Dialogfenster BILDSCHIRMPRÄSENTATION EINRICHTEN. Man kann hier eingeben, dass eine festgelegte Reihe von Folien gezeigt wird: (VON ... BIS).

Außerdem kann man hier auch eine zielgruppenorientierte Präsentation auswählen.

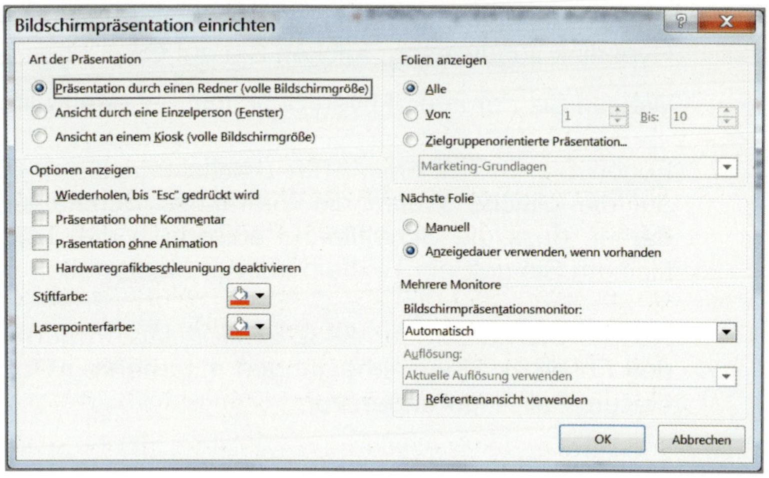

Wenn die von Ihnen festgelegte Anzeigedauer für die Folien eingehalten werden soll, muss die Option ANZEIGEDAUER VERWENDEN, WENN VORHANDEN aktiviert sein.

Wenn vorhandene Animationen ablaufen sollen, darf das Kontrollkästchen PRÄSENTATION OHNE ANIMATION nicht aktiviert sein.

11.13 Interaktive Schaltflächen verwenden

Texten, Bildern, Formen und anderen Objekten auf POWERPOINT-Folien kann man Aktionen zuweisen (z. B. einen Sprung zu einer anderen Folie oder einer anderen Datei). Der Weg lautet: Register EINFÜGEN, AKTION.

Auch über interaktive Schaltflächen werden entsprechende Aktionen ausgelöst. Sie finden diese Schaltflächen im Register EINFÜGEN, FORMEN am Ende des Formenkatalogs. Fast alle der interaktiven Schaltflächen sind schon mit Aktionen verbunden (z. B. Sprung zum ENDE oder ANFANG der Präsentation). Sie können diese Aktionen ändern und der letzten leeren interaktiven Schaltfläche auch eine Aktion zuweisen.

Nach dem Einfügen einer interaktiven Schaltfläche aus dem Register EINFÜGEN, FORMEN (und auch nach einem Klick in die Registerkarte EINFÜGEN, AKTION) erscheint das Dialogfenster AKTIONSEINSTELLUNGEN.

Es enthält zwei Register, die gleich aufgebaut sind. Die Aktionen des Registers MAUSKLICK laufen ab, wenn man in der Bildschirmshow das Objekt anklickt oder antippt, dem die Aktion zugewiesen wurde. Dagegen werden die Aktionen des Registers MAUS RUHEN LASSEN schon ausgelöst, wenn man das Objekt berührt (MOUSEOVER).

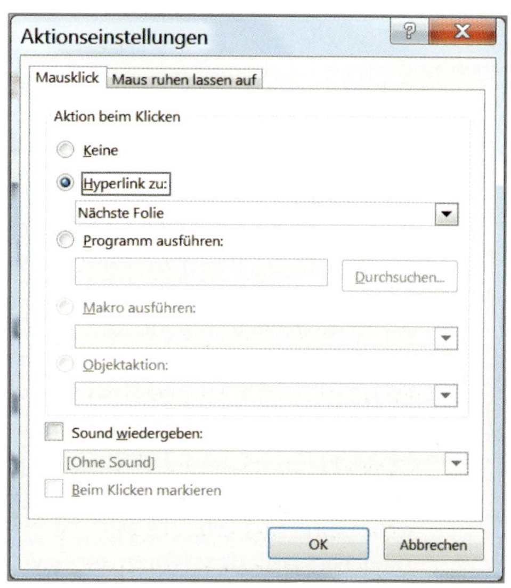

11.14 Übung: Hyperlinks zu Folien, Dateien und Webseiten

Übung

1. Öffnen Sie eine fertige Präsentation und ziehen Sie auf der ersten Folie in der rechten unteren Ecke eine Interaktive Schaltfläche auf: Register EINFÜGEN, FORMEN. Klicken Sie am Ende des Formenkatalogs auf die INTERAKTIVE SCHALTFLÄCHE: ENDE.

   Dieser Schaltfläche ist im Dialogfenster AKTIONSEINSTELLUNGEN bereits ein Hyperlink zugewiesen. Klicken Sie auf OK.

   Weisen Sie der interaktiven Schaltfläche eine Füllfarbe zu (Register FORMAT).

2. Fügen Sie im FOLIENMASTER (Register ANSICHT) auf der obersten Masterfolie auf die gleiche Weise die interaktive Schaltfläche ANFANG ein. Achten Sie darauf, dass die Schaltfläche außerhalb der Textfelder positioniert wird. Verkleinern Sie ggf. ein Textfeld auf der Masterfolie.

3. Kehren Sie zurück zur ANSICHT NORMAL. Prüfen Sie, ob die Schaltflächen auf den Folien zu Überschneidungen mit anderen Objekten führen. Nehmen Sie in diesem Fall Änderungen vor.

4. Erproben Sie die Interaktiven Schaltflächen in der Bildschirmshow: Ein Klick auf die interaktive Schaltfläche auf der Titelfolie bewirkt einen Sprung ans Ende der Präsentation. Mithilfe der im Folienmaster eingefügten interaktiven Schaltfläche gelangt man von jeder Folie aus an den Anfang der Präsentation.

   Hinweis: Ggf. müssen Sie erst die Einblendzeiten und Folienübergänge löschen oder ändern (z. B. die Einblendzeit verlängern), damit die Aktionen der interaktiven Schaltflächen ablaufen können.

Text und andere Objekte verlinken

Über Links (Hyperlinks) kann man während einer Bildschirmshow zu anderen Folien, externen Dateien oder Webseiten „springen". Erproben Sie die Möglichkeiten:

Hyperlink einfügen: Objekt markieren, Strg + k

1. **Text-Link:** Markieren Sie ein Wort auf einer Folie und wählen Sie im Register EINFÜGEN die Schaltfläche AKTION. Darauf erscheint das Dialogfenster AKTIONSEINSTELLUNGEN. Wählen Sie im Register MAUSKLICK die Option HYPERLINK ZU (Listenpfeil). Nun definieren Sie die Aktion, die der Hyperlink auslösen soll.

   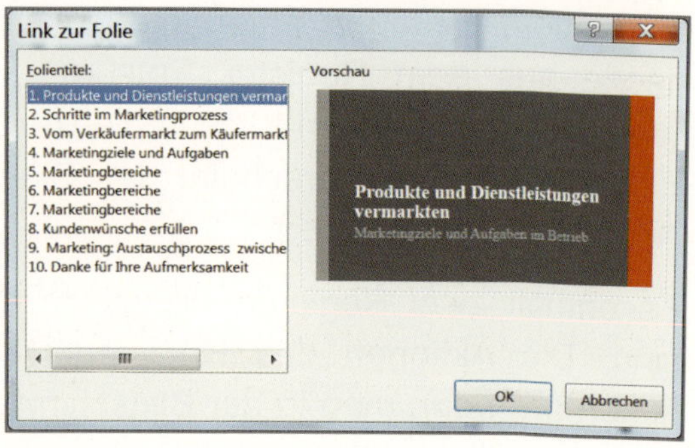

   Klicken oder tippen Sie in der Liste auf FOLIE. Das Dialogfeld LINK ZUR FOLIE erscheint. Links werden die Folientitel der Präsentation aufgelistet. (Bei Folien ohne Titel steht hier „FOLIE" und davor die Foliennummer.) Wählen Sie einen Folientitel aus. Bestätigen Sie die Eingaben mit OK.

   Der Text, dem der Hyperlink zugewiesen wurde, ist auf der Folie unterstrichen.

2. Lassen Sie die Bildschirmshow ablaufen. Wenn Sie auf der Folie auf den unterstrichenen Text zeigen, wird ein Hand-Symbol eingeblendet. Klicken oder tippen Sie auf den Text: Sofort erscheint die Folie, deren Titel Sie in der Liste ausgewählt haben.

Übung

3. **Hyperlink auf einem Grafikobjekt:** Markieren Sie auf einer Folie ein Bild oder eine Form. (Sie können auch ein neues Bild einfügen oder eine neue Form aufziehen.) Wählen Sie im Menüband das Register EINFÜGEN, AKTION und im Dialogfenster AKTIONSEINSTELLUNGEN, Register MAUS RUHEN LASSEN, die Option HYPERLINK ZU (Listenpfeil).

   Markieren Sie in der Liste die ANDERE POWERPOINT-PRÄSENTATION und wählen Sie in einem Verzeichnis Ihres Rechners eine Präsentationsdatei aus. Der Pfad wird im Dialogfenster AKTIONSEINSTELLUNGEN gezeigt.

   Es erscheint das Dialogfeld LINK ZUR FOLIE. Markieren Sie hier eine Folie, die in Ihrer Bildschirmpräsentation später mithilfe des Hyperlinks (Bild oder Form) eingeblendet werden soll. Bestätigen Sie Ihre Auswahl mit OK.

4. Lassen Sie die Bildschirmpräsentation ablaufen: Wenn Sie mit der Maus in der Folie auf das Objekt (Bild oder Form) zeigen, wird die Folie der anderen Präsentation eingeblendet. Wenn Sie weiterblättern, sehen Sie weitere Folien der zweiten Präsentation. Mit ESC können Sie die zweite Präsentation verlassen.

5. Markieren Sie ein anderes Objekt auf einer Folie (ANSICHT, NORMAL). Wählen Sie das Register EINFÜGEN, AKTION und im Dialogfenster AKTIONSEINSTELLUNGEN unter HYPERLINK ZU die ANDERE DATEI. Suchen Sie eine Datei aus (zum Beispiel eine EXCEL- oder WORD-Datei). Bestätigen Sie Ihre Auswahl mit OK.

   Lassen Sie die Bildschirmshow ablaufen und prüfen Sie auf der Folie den Hyperlink: Die verbundene Datei wird geöffnet. Über das Schließkreuz des Programms gelangen Sie zurück zu Ihrer Präsentation.

6. Mithilfe von interaktiven Schaltflächen und Hyperlinks kann man Folien derselben Präsentation und anderer Präsentationen ein- und ausblenden, außerdem Dateien und Webseiten aufrufen. Erproben Sie es:

   Markieren Sie ein Objekt auf einer Folie. Wählen Sie das Register EINFÜGEN, AKTION, dann unter HYPERLINK ZU den Listenpunkt URL. Geben Sie eine URL-Adresse ein. Bestätigen Sie die Auswahl mit OK. Prüfen Sie den Hyperlink in der Ansicht BILDSCHIRMPRÄSENTATION.

Interaktive Schaltflächen und Hyperlinks erleichtern die Navigation bei der Vorführung einer Präsentation. Außerdem kann man sie zur Steuerung einer Präsentation durch fremde Benutzer verwenden. Dies bietet sich z. B. bei einer Präsentation an, die Sie versenden wollen.

Hyperlinks entfernen

Um einen Hyperlink zu entfernen, zeigen Sie auf den unterstrichenen Text oder das verlinkte Objekt (Bild oder Form). Dann drücken Sie die rechte Maustaste. Wählen Sie im Kontextmenü HYPERLINK ENTFERNEN.

Einen Link kann man auch entfernen, indem man das mit der Aktion verbundene Objekt markiert und im Register EINFÜGEN, AKTION unter AKTION BEIM KLICKEN die Option KEINE auswählt.

11.15 Kommentare einfügen, Register Überprüfen

Reichern Sie Präsentationen, die Sie versenden oder zur Bearbeitung weitergeben wollen, mit schriftlichen Kommentaren an, damit die Folieninhalte oder Inhaltsänderungen richtig verstanden werden:

Wählen Sie im Register EINFÜGEN die Schaltfläche KOMMENTAR.

Darauf erscheint am rechten Rand des Bildschirms der Arbeitsbereich. Geben Sie in dessen Textfeld einen Kommentar ein. Auf der Folie erscheint nun ein Kommentar-Symbol (Sprechblase). Blenden Sie den Arbeitsbereich aus (Schließkreuz) und klicken oder tippen Sie auf das Symbol: der Kommentar wird eingeblendet.

Zur Bearbeitung der Kommentare nutzt man im Menüband das Register ÜBERPRÜFEN. Hier kann man Kommentare erstellen, anzeigen und löschen. Man kann auf einer Folie mehrere Kommentare einfügen, wobei dann jeder durch ein Symbol gekennzeichnet wird.

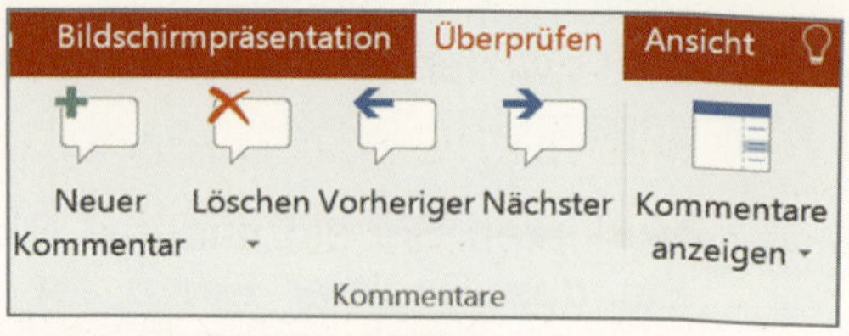

Chat: Kommentare sind wichtig für die Zusammenarbeit. Im Aufgabenbereich kann man sehen, wer den Kommentar geschrieben hat und auf den Kommentar antworten.

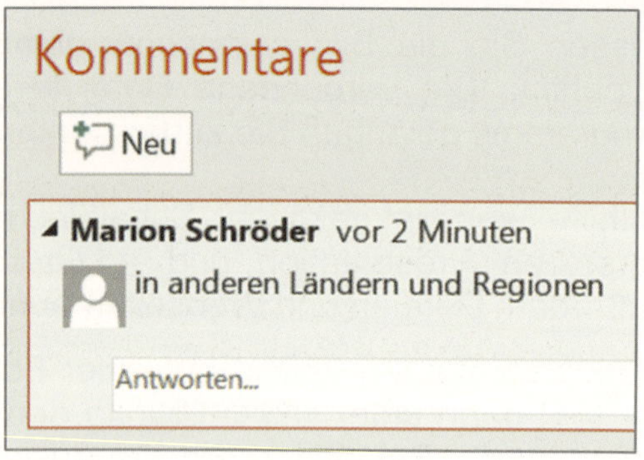

11.16 Übung: Folieninhalte mündlich kommentieren (Mikrofon)

Übung

1. Schließen Sie ein Mikrofon an Ihren Rechner an. Öffnen Sie eine vorhandene Präsentation und wählen Sie im Register BILDSCHIRMPRÄSENTATION die Schaltfläche BILDSCHIRMPRÄSENTATION AUFZEICHNEN. Nach einem Klick auf deren Listenpfeil entscheiden Sie, ob die AUFZEICHNUNG AM ANFANG BEGINNEN oder von der eingeblendeten Folie an starten soll: AUFZEICHNUNG AB AKTUELLER FOLIE BEGINNEN.
2. Das Dialogfenster BILDSCHIRMPRÄSENTATION AUFZEICHNEN wird geöffnet. Die Kommentare müssen hier aktiviert sein.

   Wählen Sie die Schaltfläche AUFZEICHNUNG STARTEN. Nun beginnt die Bildschirmshow. In einer kleinen Leiste wird die Zeit der Aufzeichnung angezeigt. Über die Schaltflächen der Leiste kann man vor- und zurückblättern, eine Pause einlegen oder den Kommentar fortsetzen. Sprechen Sie Ihre Kommentare auf die Folien.
3. Prüfen Sie das Ergebnis in der Bildschirmpräsentation und speichern Sie am Ende die Präsentation ab.

Mündliche Kommentare (Erzählung) löschen

Wenn Sie gesprochene Kommentare von Ihren Folien löschen wollen, wählen Sie im Register BILDSCHIRMPRÄSENTATION, BILDSCHIRMPRÄSENTATION AUFZEICHNEN (Listenpfeil) und im Menü LÖSCHEN. Im aufgeklappten Untermenü kann man die Erzählung und die Anzeigedauer für die aktuelle oder für alle Folien löschen.

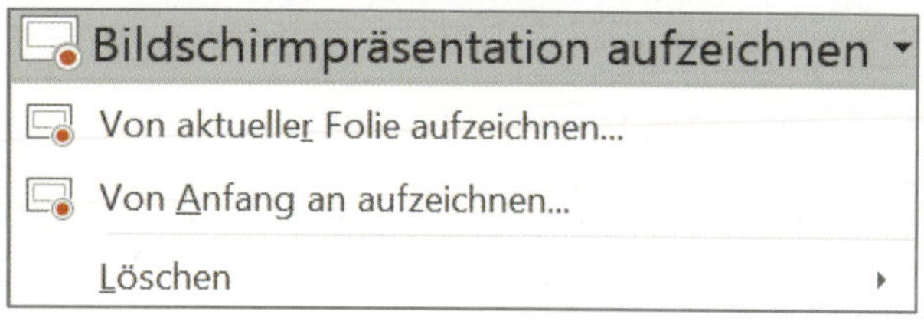

Vor der Weitergabe

Bevor man dann die Präsentation an andere Personen weitergibt, sind oft noch einige Arbeiten zu erledigen:

- zur Präsentation Zusatzinfos und Schlüsselwörter hinzufügen
- die automatische Rechtschreibprüfung nutzen,
- den Speicherplatz verkleinern, indem man eingefügte Medien komprimiert,
- nicht sichtbare Elemente automatisch entfernen lassen,
- einen Kennwortschutz vergeben.

Diese Aufgaben werden nachfolgend detailliert beschrieben:

11.17 Vor der Weitergabe: Zusatzinfos hinzufügen

Kennzeichnen Sie die Präsentation vor der Weitergabe durch Zusatzinformationen:

Übung

1. Klicken oder tippen Sie im Register DATEI, INFORMATIONEN auf den Listenpfeil der Schaltfläche EIGENSCHAFTEN (rechte Bildschirmseite) und im aufgeklappten Menü auf ERWEITERTE EIGENSCHAFTEN.

   Im eingeblendeten Dialogfenster kann man Informationen zur Präsentation hinzufügen: Autoren, Kategorien, Schlüsselwörter.

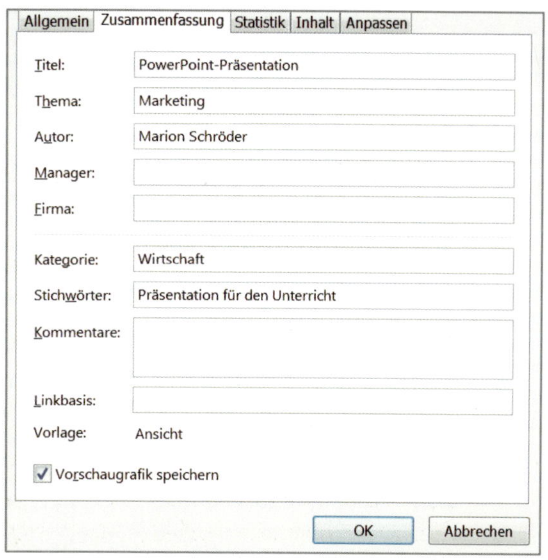

2. Speichern Sie die Präsentation.

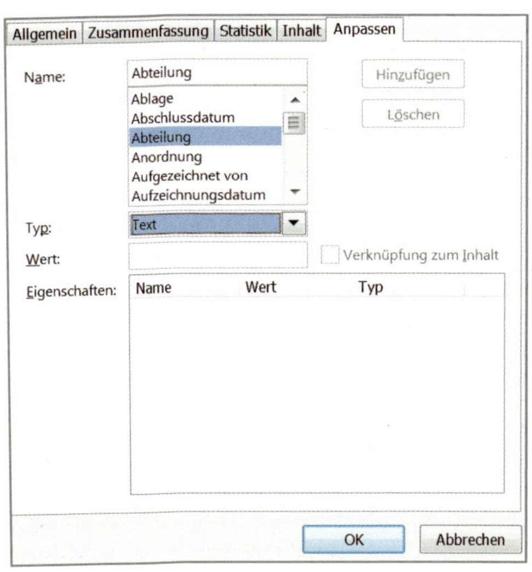

11.18 Die Rechtschreibung prüfen

Rechtschreibhilfe: F7
SUCHEN: Strg + f
ERSETZEN: Strg + h

POWERPOINT überprüft die Rechtschreibung Ihrer Texte, auch in selbst erstellten Textfeldern und WORDART-Objekten: Wählen Sie im Register ÜBERPRÜFEN die Schaltfläche RECHTSCHREIBUNG.

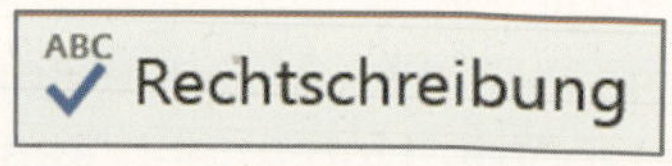

Gleich darauf wird das erste, möglicherweise fehlerhafte, Wort eingeblendet. Überlegen Sie, ob es sich dabei um einen echten Rechtschreibfehler handelt oder z. B. um ein Fremdwort, das nicht im deutschen Wörterbuch des Programms enthalten ist.

Beachten Sie bitte auch, dass im Register ÜBERPRÜFEN die Schaltfläche SPRACHE weitere Korrekturhilfen liefert.

11.19 Übung: Dokumentenprüfung, Überflüssiges entfernen

Manchmal übersieht man Textfelder, die außerhalb der Folien (z. B. direkt neben einer Folie) noch in der Präsentation enthalten sind. Diese sind dann zwar nicht in der Bildschirmshow zu sehen, können aber zu Irritationen führen, wenn die Präsentation an andere Personen weitergegeben wird. Auch Notizen und weitere Informationen sollen oft nicht mitgeliefert werden. POWERPOINT entfernt diese Informationen automatisch:

Übung

1. Öffnen Sie eine vorhandene Präsentation.

2. Prüfen Sie, ob nicht sichtbare Elemente in der Präsentation stecken: Klicken (oder tippen) Sie im Register DATEI, INFORMATIONEN auf den Listenpfeil der Schaltfläche AUF PROBLEME ÜBERPRÜFEN und dann auf den Menüpunkt DOKUMENT PRÜFEN.

Sie werden darauf gebeten, die Präsentation zunächst zu speichern.

Dann erscheint das Dialogfenster DOKUMENTPRÜFUNG. Klicken (oder tippen) Sie hier an, was geprüft werden soll und dann auf die Schaltfläche PRÜFEN.

POWERPOINT durchläuft die gesamte Präsentation und liefert das Ergebnis in Form von Meldungen zu den geprüften Inhaltsbereichen. Sie erhalten Vorschläge, welche Elemente automatisch entfernt werden könnten. Klicken Sie, wenn Sie es wünschen, auf ALLE ENTFERNEN.

Schließen Sie am Ende das Dialogfenster.

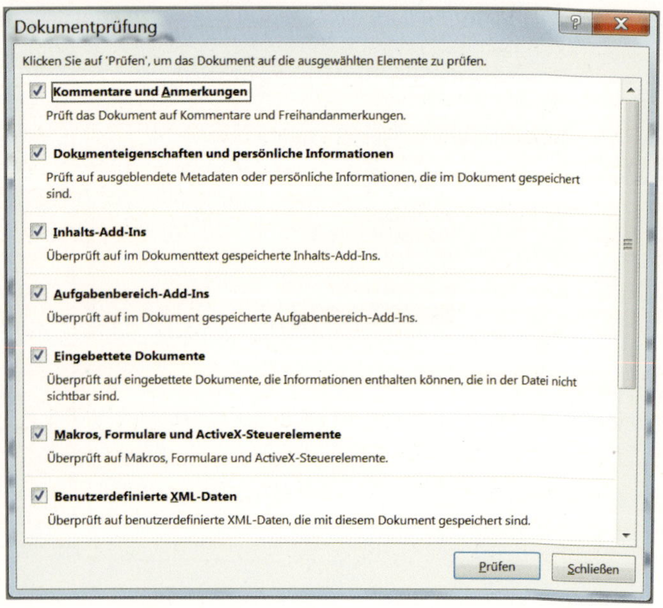

11.20 Übung: Schreibschutz und Kennwörter vergeben

Eine POWERPOINT-Präsentation kann man auf unterschiedliche Weise schützen. Man kann einen Schreibschutz anlegen oder die Präsentation durch ein Kennwort verschlüsseln und die Zugriffsberechtigung einschränken.

Übung

1. Sie finden die Einstellungen im Register DATEI, INFORMATIONEN. Klicken oder tippen Sie auf den Listenpfeil der Schaltfläche PRÄSENTATION SCHÜTZEN.

2. Wählen Sie zum Beispiel den ersten Listenpunkt: ALS ABGESCHLOSSEN KENNZEICHNEN. Die Präsentation erhält nun einen Schreibschutz. Sie wird als „abgeschlossen" gekennzeichnet (Status: „Endgültig" bei Datei-EIGENSCHAFTEN).

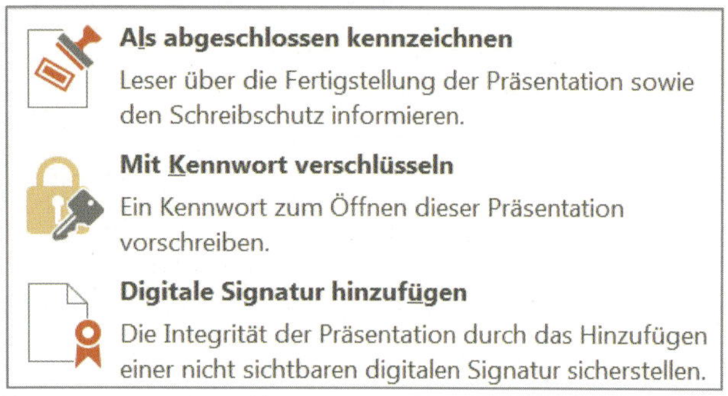

Eine Meldung, die auf den abgeschlossenen Status der Präsentation hinweist, erscheint von nun an über der Folie. Die Präsentation hat einen Schreibschutz: versehentliche Änderungen werden verhindert Man kann sie aber bei Bedarf trotzdem bearbeiten: Schaltfläche: TROTZDEM BEARBEITEN.

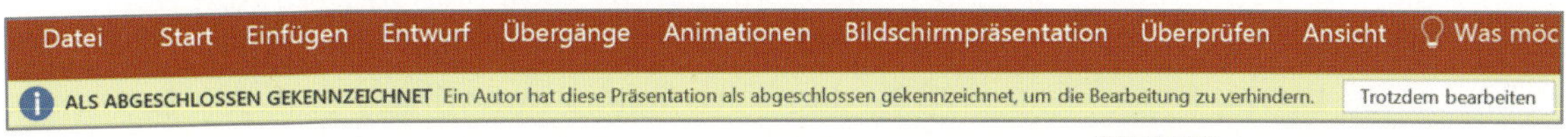

Außerdem finden Sie in der Statusleiste das  Symbol für eine abgeschlossene Präsentation.

3. Wenn Sie eine Präsentation stärker schützen wollen, dann vergeben Sie besser ein **Kennwort**: Wählen Sie im Register DATEI, INFORMATIONEN die Schaltfläche PRÄSENTATION SCHÜTZEN und MIT KENNWORT VERSCHLÜSSELN.

   Geben Sie im Dialogfenster DOKUMENT VERSCHLÜSSELN ein Kennwort ein:

   Geben Sie das Kennwort im Dialogfeld KENNWORT BESTÄTIGEN noch einmal ein.

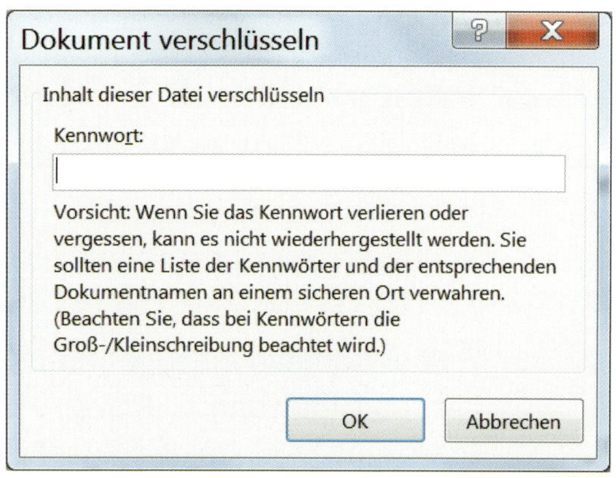

4. Speichern Sie die Datei unter einem neuen Dateinamen. Schließen Sie die Datei.

   Öffnen Sie die Datei und geben Sie das Kennwort ein. - Kennwort vergessen? Gut, dass Sie die Präsentation unter einem neuen Namen gespeichert haben. ;-)

5. Werfen Sie am Ende auch einen Blick auf den Listenpunkt DIGITALE SIGNATUR HINZUFÜGEN.

18 Schröder ISBN 978-3-8120-0815-0

11.21 Präsentation in verschiedenen Formaten weitergeben

POWERPOINT-Präsentationen werden für verschiedene Verwendungszwecke in unterschiedlichen Formaten gespeichert. Wählen Sie das Register DATEI, SPEICHERN UNTER und einen Ordner in den Verzeichnissen Ihres Rechners. Klappen Sie die Liste neben dem Feld DATEITYP auf. Sie sehen jetzt die unterschiedlichen Dateitypen. Unten in der Liste finden Sie das Format für Open-Document-Präsentationen.

Sie können jede Folie einzeln als Bild speichern und dieses in anderen Dokumenten verwenden. Dabei haben Sie die Wahl zwischen unterschiedlichen Bildformaten: In der Liste der Dateitypen finden Sie Formate wie GIF (GRAPHICS INTERCHANGE FORMAT *.GIF), das JPEG-DATEIAUSTAUSCHFORMAT (*.JPG) und weitere Bildformate.

Beachten Sie bitte: Wenn Sie Ihre Folien gesammelt als Bildobjekte nach Word senden wollen, wählen Sie das Register DATEI, EXPORTIEREN, HANDZETTEL ERSTELLEN.

Speichern für ältere POWERPOINT-Versionen

Um eine Präsentation in älteren POWERPOINT-Versionen zeigen zu können, speichert man die Datei im Register DATEI, SPEICHERN UNTER. Dabei wählt man den DATEITYP POWERPOINT 97-2003-PRÄSENTATION (*.PPT).

Speichern als POWERPOINT-unabhängige Bildschirmshow

Wenn Sie Ihre Präsentation als reine Bildschirmshow abspeichern, können auch Personen die Folien betrachten, die kein POWERPOINT auf Ihrem Rechner haben. Der Weg dahin lautet: DATEI, SPEICHERN UNTER, das Verzeichnis auswählen und den DATEITYP: POWERPOINT-BILDSCHIRMPRÄSENTATION (*.PPSX).

Die Präsentation als PDF-Datei speichern

POWERPOINT-Präsentationen kann man im PDF- und im XPS-Format (gute Bild- und Farbwiedergabe) speichern. Wählen Sie dazu das Register DATEI, EXPORTIEREN und PDF/XPS-DOKUMENT ERSTELLEN, Schaltfläche PDF/XPS-DOKUMENT ERSTELLEN. Der zweite Weg lautet: Register DATEI, SPEICHERN UNTER, DATEITYP PDF (*.PDF).

11.22 Präsentation als E-Mail-Anlage weitergeben

Klicken Sie im Register DATEI, FREIGEBEN auf E-MAIL. Hier gibt es verschiedene Möglichkeiten:

- ALS ANLAGE SENDEN. Die Präsentation wird automatisch in eine neue E-Mail als Anlage eingefügt. Der Betreff ist schon vorhanden. Sie brauchen nur noch Ihre E-Mail-Adresse einzugeben und den Begleittext zu schreiben. Die Präsentation hat das gewohnte POWERPOINT-Format *.pptx (oder *.ppsx, falls Sie die Präsentation als reine Bildschirmshow weitergeben).
- Die Schaltfläche ALS PDF SENDEN. Hier wird sofort eine PDF-Datei erstellt und als Anlage in eine neue E-Mail eingefügt.
- Weitere Möglichkeiten: Als XPS-Datei oder als INTERNETFAX senden.

11.23 Übung: Präsentationen auf CDs oder DVDs brennen

Fertige Präsentationen kann man auch auf CDs oder DVDs brennen:

1. Legen Sie eine CD oder DVD in das dafür vorgesehene Laufwerk ein.

2. Wählen Sie im Register DATEI, EXPORTIEREN den Menüpunkt BILDSCHIRMPRÄSENTATION FÜR CD VERPACKEN und die Schaltfläche VERPACKEN FÜR CD. Übung

Darauf erscheint ein Dialogfenster, in dem Sie die CD benennen (maximal 16 Zeichen) und Dateien hinzufügen können. Klicken oder tippen Sie jeweils auf die Schaltfläche HINZUFÜGEN und wählen Sie in den Rechnerverzeichnissen die gewünschte Datei.

Wenn Ihre Präsentation Verknüpfungen zu anderen Dateien enthält, fügen Sie die Dateien hinzu (OFFICE-Dokumente, Videos, Musik, Tonaufnahmen, Schriften, ...).

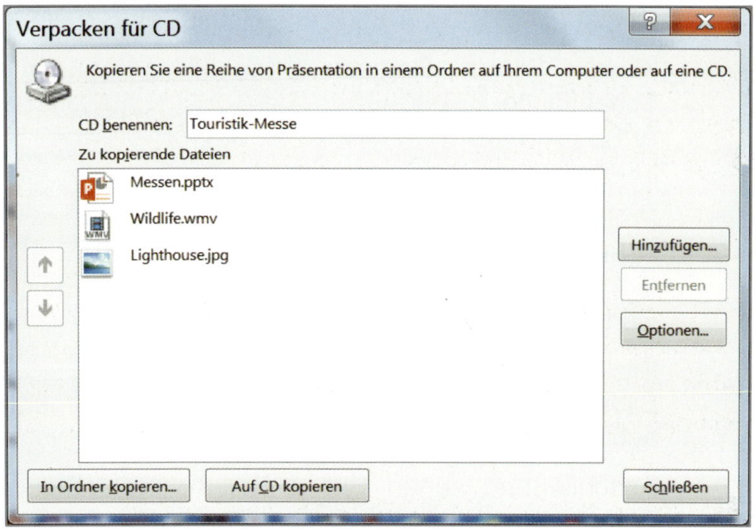

Nach einem Klick auf die Schaltfläche OPTIONEN kann man im eingeblendeten Dialogfenster Kennwörter zum Öffnen und Ändern der Präsentation vergeben:

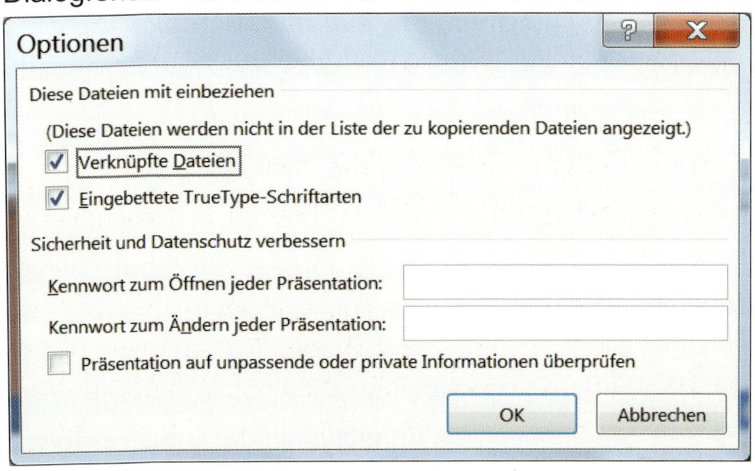

Klicken oder tippen Sie dann auf OK.

3. Über die Schaltfläche AUF CD KOPIEREN im Dialogfenster VERPACKEN FÜR CD (und Ihrem „Ja-Wort", dass Sie den Urhebern der hinzugefügten Dateien vertrauen) werden die ausgewählten Dateien zusammengefasst und kopiert: Ein „Präsentationspaket" entsteht. Klicken Sie am Ende auf SCHLIEßEN.

11.24 Übung: Fertige Präsentation in ein Video umwandeln

Fast am Ende dieses Kapitels angekommen, erproben Sie noch, eine Bildschirmpräsentation (incl. Vortrag und Laserpointerhinweise) in ein Video umzuwandeln. Auch Übergänge, Animationen, Audio- und Video-Objekte werden ins Video aufgenommen.

Später kann man das Video auf einer CD oder DVD weitergeben. Es läuft auch auf Rechnern, auf denen POWERPOINT nicht installiert ist.

Übung

1. Öffnen Sie eine fertige Präsentation.
2. Fügen Sie auf einer Folie ein Video-Objekt (EINFÜGEN, VIDEO) und ein Audio-Objekt (EINFÜGEN, AUDIO) ein. Schließen Sie ein Mikrofon an.
3. Klicken Sie im Register BILDSCHIRMPRÄSENTATION auf den Listenpfeil der Schaltfläche BILDSCHIRMPRÄSENTATION AUFZEICHNEN. Wählen Sie in der Liste AUFZEICHNUNG AM ANFANG BEGINNEN.

   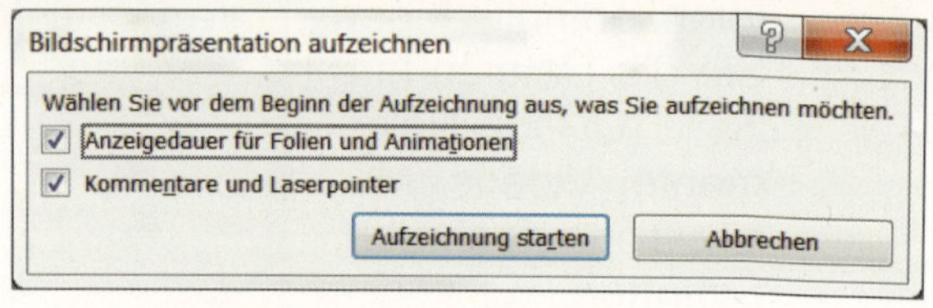

   Prüfen Sie im Dialogfeld BILDSCHIRMPRÄSENTATION AUFZEICHNEN die Einstellungen. Alles soll aktiviert sein.

   Klicken Sie dann auf die Schaltfläche AUFZEICHNUNG STARTEN. Während die Bildschirmshow läuft, sprechen Sie Ihre Kommentare auf die Folien. Nutzen Sie auch den Laserpointer.
4. Anschließend sehen Sie in der ANSICHT FOLIENSORTIERUNG die Dauer der Sprechzeiten unter den Folien. Prüfen Sie das Ergebnis in der Bildschirmshow.
5. Weisen Sie den einzelnen Folien FOLIENÜBERGÄNGE zu und angemessene Einblendzeiten (nicht kürzer als der Sprechertext). Die Show soll automatisch ablaufen (nicht BEI MAUSKLICK). Prüfen Sie das Ergebnis in der Ansicht Bildschirmpräsentation und nehmen Sie Korrekturen vor. Speichern Sie die Präsentation.
6. Wandeln Sie die Präsentation in ein Video um: Wählen Sie im Register DATEI, EXPORTIEREN, VIDEO ERSTELLEN.

   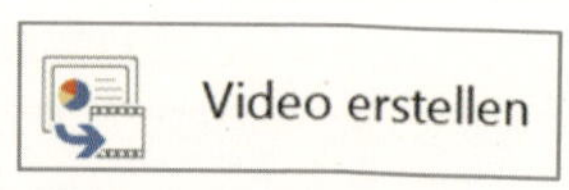

7. Wählen Sie im rechten Bildschirmbereich die Option AUFGEZEICHNETE ZEITABLÄUFE UND KOMMENTARE VERWENDEN.
8. Klicken oder tippen Sie auf die Schaltfläche VIDEO ERSTELLEN. Geben Sie der Video-Datei einen Namen und speichern Sie die Datei. Das Video wird erstellt. Dies dauert einige Zeit. Sie können den Fortschritt in der Statusleiste verfolgen:

   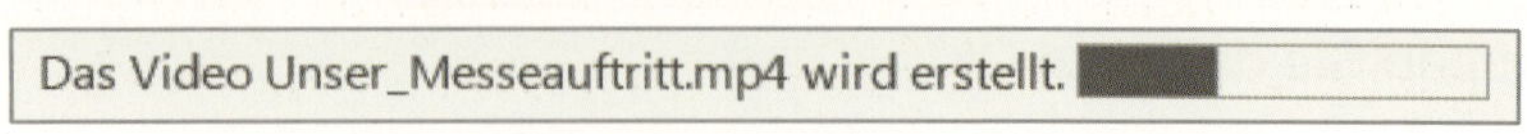

9. Wenn das Video fertiggestellt ist, finden Sie es in Ihrem Rechnerverzeichnis. Starten Sie es durch Doppelklick. Brennen Sie es ggf. auf eine CD oder DVD.

12 Gemeinsam Präsentationen bearbeiten, Tablet-Unterricht

POWERPOINT-Präsentationen kann man auf eigenen Speichermedien ablegen und auf passwortgeschützten internen Netzwerkspeichern (zum Beispiel in der Schule), zudem auf externen Servern und in Internet-Clouds. Sie können Ihre Präsentationen also auch mobil nutzen, unabhängig von Ort und Zeit.

POWERPOINT-Präsentationen kann man außerdem gemeinsam mit anderen Personen teilen und bearbeiten (sofern die Personen dazu berechtigt sind). Dazu gibt es zum Beispiel die ONEDRIVE-Cloud, in der man auch mit POWERPOINT arbeiten kann, wenn man das Programm nicht auf dem eigenen Rechner hat. Aus diesem Grunde, und aufgrund seiner zahlreichen Werkzeuge und vielfältigen Einsatzmöglichkeiten, eignet sich POWERPOINT sehr gut für den Tablet-Unterricht.

Dabei lässt sich der Tablet-Einsatz mit den neuen elektronischen Whiteboards verknüpfen (SMART Board, Promethean ActiveBoard, Legomaster Board, Mimio Board usw.). In technisch entsprechend ausgestatteten Arbeits- und Unterrichtsräumen (mit WLAN-Verbindung u.a.) können die anwesenden Personen, Lehrende und Lernende, vom Tablet oder dem eigenen Notebook aus ihre Präsentationen aufs Whiteboard bringen und gemeinsam bearbeiten. Umgekehrt kann man die auf dem Whiteboard freigegebenen POWERPOINT-Inhalte aufs eigene Gerät übertragen.

Auf diese Weise unterstützt das Programm die Zusammenarbeit und den Austausch. Dazu gehört, dass man die Präsentationsergebnisse bereits aus dem Unterricht an Lernende senden kann, die gerade nicht anwesend sind. Darüber hinaus können sich Lernende, die sich an einem anderen Ort befinden, über die ONEDRIVE-Cloud (mithilfe von OFFICE ONLINE) direkt an der gemeinsamen Arbeit beteiligen.

Da es auch noch POWERPOINT-Apps für Smartphones gibt, kann man die in ONEDRIVE abgelegten Präsentationen sogar auf dem eigenen Smartphone betrachten, bearbeiten und versenden, z.B. direkt in den Unterricht aufs interaktive Whiteboard ;-).

In diesem Kapitel erfahren Sie, wie sich POWERPOINT-Präsentationen auf mobilen Geräten und elektronischen Whiteboards einsetzen lassen.

Lernziele und Themen in diesem Kapitel

a) POWERPOINT-Präsentationen auf einem SHAREPOINT-Server speichern

b) Präsentationsdateien in einer Internet-Cloud ablegen (Beispiel ONEDRIVE)

c) Dateien in der Cloud löschen, kopieren und umbenennen, Offline- und Online-Präsentationen synchronisieren

d) POWERPOINT im Tablet-Unterricht: Präsentationen für die Zusammenarbeit freigeben, Personen einladen und gemeinsam Folieninhalte entwickeln

e) Folien auf elektronischen Whiteboards präsentieren und gemeinsam bearbeiten

f) POWERPOINT-Präsentationen auf dem Smartphone verwenden

12.1 Externe Speicherorte, SharePoint-Server

Wenn Sie auf Ihre Präsentationen jederzeit und unabhängig von Ort und Zeit zugreifen wollen, bietet sich ein externer Speicherplatz an. Hier gibt es verschiedene Möglichkeiten: So kann man in POWERPOINT 2016 einen SHAREPOINT-Server als Speicherort wählen. MICROSOFT bietet OFFICE 365 SHAREPOINT an. Man kann hier seine Dateien ablegen und für den Datenaustausch mit anderen Personen bereitstellen.

Um eine Präsentation auf dem SHAREPOINT-Server zu speichern,

1. klicken oder tippen Sie in POWERPOINT auf das Register DATEI, SPEICHERN UNTER und auf die Schaltfläche ORT HINZUFÜGEN. Stellen Sie spätestens jetzt eine Internetverbindung her. Wählen Sie den Speicherort: Falls man hier Zugang hat, kann man OFFICE 365 SHAREPOINT wählen.

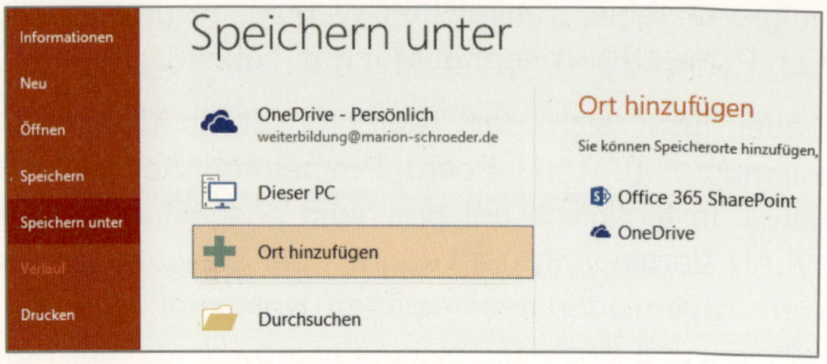

2. Um den externen Dienst nutzen zu können, muss man angemeldet sein. Dazu benötigt man eine E-Mail-Adresse: Geben Sie die Mail-Adresse ein und klicken oder tippen Sie auf WEITER.

3. Anschließend können Sie die Datei ins entsprechende Verzeichnis auf dem Server speichern.

4. Wenn Sie Ihre Präsentation zur Veröffentlichung freigeben wollen, damit andere Personen die Inhalte betrachten und bearbeiten können, klicken oder tippen Sie in POWERPOINT im Register DATEI, FREIGEBEN auf FOLIEN VERÖFFENTLICHEN und auf die Schaltfläche FOLIEN VERÖFFENTLICHEN. Dann wählen Sie den Speicherort.

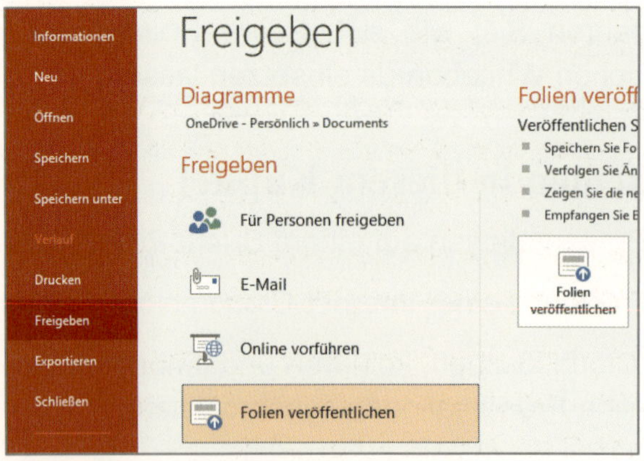

Die Folieninhalte können von dazu berechtigten Personen bearbeitet werden (auch zeitgleich). Wenn Mitglieder der SHAREPOINT-Gruppe Präsentationsfolien bearbeiten, werden Sie per E-Mail darüber informiert. Die verschiedenen Bearbeitungsversionen bleiben erhalten, sodass man auf frühere Versionen bei Bedarf zurückgreifen kann.

12.2 Präsentationen aus der Internet-Cloud

Vielleicht möchten Sie Ihre POWERPOINT-Präsentationen lieber in einer Internet-Cloud ablegen. Auch hier können Sie, und auch die von Ihnen dazu berechtigten Personen, jederzeit von jedem PC aus und über mobile Geräte auf die Folien zugreifen. MICROSOFT bietet den Filehosting-Onlinedienst ONEDRIVE (Cloud-Speicherdienst, früher SKYDRIVE) an. Andere Dienste sind ICLOUD von APPLE, DROPBOX, GOOGLEDRIVE u.a.

1. Öffnen Sie eine POWERPOINT-Präsentation, die Sie in einer Internet-Cloud speichern wollen. Übung
2. Stellen Sie für Ihren Rechner die Internet-Verbindung her.
3. Nachfolgend wird die Arbeitsweise am Beispiel von MICROSOFT ONEDRIVE beschrieben, da dieses Programm seit WINDOWS 8.1 ein Bestandteil von WINDOWS ist. Im WINDOWS EXPLORER gibt es entsprechend ein ONEDRIVE-Verzeichnis, in das Sie Ihre Dateien für die Cloud speichern können:

Klicken oder tippen Sie in POWERPOINT im Register DATEI, SPEICHERN UNTER auf die Schaltfläche ONEDRIVE. Wählen Sie im Dialogfenster SPEICHERN UNTER das ONEDRIVE-Verzeichnis und dort den Ordner DOCUMENTS. (Falls dieser nicht vorhanden ist, legen Sie einen Ordner an, in den Sie alle Dateien ablegen, die Sie auf ONEDRIVE hochladen wollen.) Tippen oder klicken Sie auf die Schaltfläche SPEICHERN.

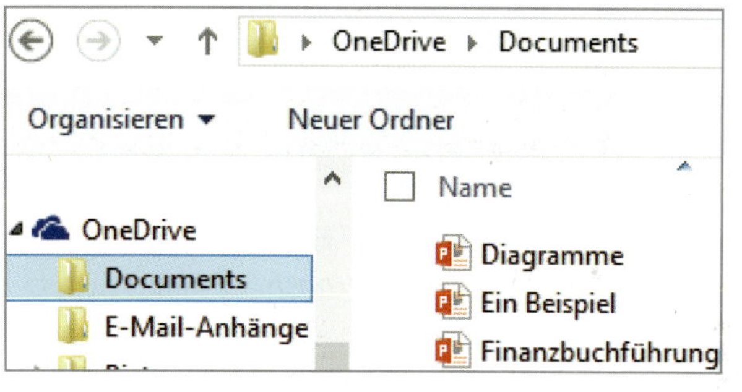

Die Datei wird damit in der ONEDRIVE-Cloud abgelegt. Sie können die Präsentation ab sofort jederzeit und von jedem Ort aus öffnen und bearbeiten. Die dabei entstehenden Änderungen in der Datei werden zwischen Ihrem Computer und ONEDRIVE synchronisiert.

Voraussetzung, damit es gelingt: Um den Dienst nutzen zu können, müssen Sie sich beim ersten Mal anmelden und ein **Konto einrichten.** Wählen Sie dazu in POWERPOINT das Register DATEI, KONTO.

Falls Sie mit OFFICE 365 arbeiten, steht Ihnen derzeit 1 TB Speicherplatz kostenlos zur Verfügung, anderenfalls 5 GB.

Hinweis: Die ONEDRIVE-App findet man im MICROSOFT STORE. Auch für Smartphones (WINDOWS PHONE, IOS, ANDROID) gibt es entsprechende Apps für den mobilen Zugriff auf Ihre Dateien in der Cloud.

OFFICE-ONLINE: Außerdem findet man hier die OFFICE-Apps (für POWERPOINT, ONENOTE, WORD, EXCEL), damit man die Dateien in der Cloud bearbeiten kann, und zwar auch dann, wenn man kein OFFICE auf dem eigenen Rechner hat.

4. **Vergleichen Sie nun das Ergebnis in der OneDrive-Cloud**: Hier sehen Sie die Dateien, die Sie auf Ihrem Rechner ins OneDrive-Verzeichnis kopiert oder gespeichert haben.

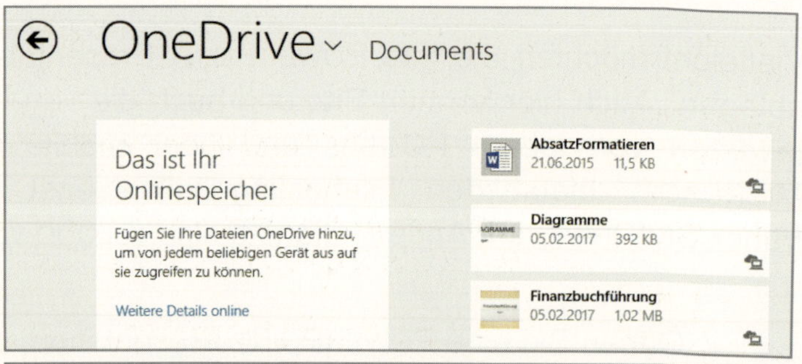

5. Man kann von OneDrive aus weitere Dateien aus dem Rechner-Verzeichnis aufnehmen: Tippen oder klicken Sie auf den Listenpfeil oben am Bildschirmrand und auf Dieser PC. Laden Sie weitere Dateien hoch. (Beispiel rechts: Word- und PowerPoint-Dateien in der Cloud.)

6. Links unten am Bildschirmrand sehen Sie in OneDrive eine Reihe von Schaltflächen (rechte Maustaste drücken): Darüber kann man Dateien löschen (Papierkorbsymbol), kopieren, umbenennen, ausschneiden usw. Erproben Sie die Funktionen. Rechts unten gibt es eine Schaltfläche zum Synchronisieren der Inhalte.

7. Fügen Sie bei Bedarf auch Fotos ins OneDrive-Verzeichnis ein (Ordner Pictures). Über die beiden Schaltflächen oben wechseln Sie jeweils den Speicherort. ➔

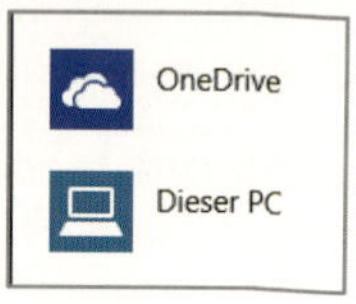

8. Starten Sie anschließend eine hochgeladene OneDrive-Präsentation, indem Sie auf deren Schaltfläche auf dem OneDrive-Bildschirm klicken oder tippen.

9. Um OneDrive zu verlassen, klicken oder tippen Sie oben in der Leiste auf das Schließkreuz.

12.3 Tablet-Unterricht: PowerPoint-Dateien „teilen“

Wie viele Personen gemeinsam an Offline- und Online-Präsentationen arbeiten, hängt davon ab, wie viele eine Zugangsberechtigung erhalten oder zur Zusammenarbeit über eine E-Mail eingeladen werden. Die ONEDRIVE-Cloud erleichtert die Zusammenarbeit, da man sie auch auf Tablets, Smartphones und anderen mobilen Geräten nutzen kann; außerdem integriert sie OFFICE-ONLINE, sodass man die Dateien in der Cloud bearbeiten kann, auch ohne OFFICE-Programme auf dem eigenen Rechner.

Diese Möglichkeiten erleichtern und unterstützen den Tablet-Unterricht und die Einbindung von anderen Menschen in allen Teilen der Welt.

Erproben Sie die Möglichkeiten:

Übung

1. Stellen Sie eine Internetverbindung her.
2. Klicken oder tippen Sie auf die ONEDRIVE-Kachel auf Ihrem Rechner (oder auf das ONEDRIVE-Symbol in der Taskleiste). Darauf erscheint der ONEDRIVE-Bildschirm.
3. Zeigen Sie auf eine bereits hochgeladene Präsentation (s. a. vorangehender Abschnitt) und drücken Sie die rechte Maustaste. Wählen Sie unten am Bildschirmrand das Symbol **TEILEN**. Nun kann man über die eingeblendeten beiden Schaltflächen einen LINK ABRUFEN und PERSONEN EINLADEN.

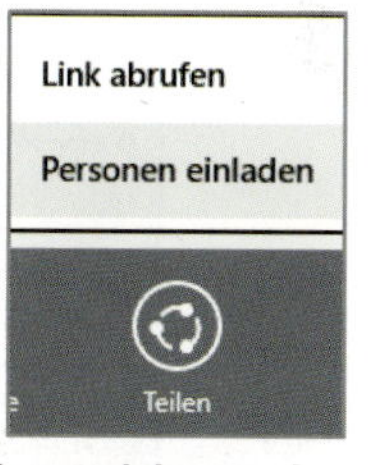

4. Tippen oder klicken Sie hier zunächst auf LINK ABRUFEN, um einen Link zu erstellen, der in der OFFICE-Zwischenablage Ihres Rechners abgelegt wird.

   (Prüfen Sie die Funktion: Öffnen Sie in POWERPOINT die Zwischenablage im Register START. Sie können den Link in eine E-Mail einfügen und Personen einladen, die an der Bearbeitung der Präsentation teilnehmen sollen.)

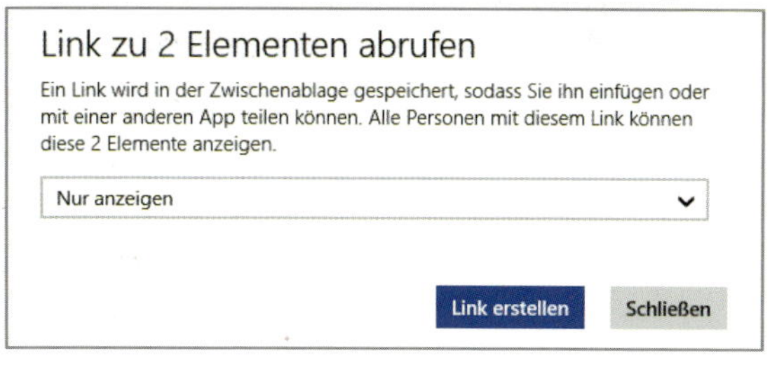

5. Erproben Sie aber in dieser Übung, die Einladungen gleich von ONEDRIVE aus zu versenden: Nutzen Sie dazu die zweite Schaltfläche PERSONEN EINLADEN.

   Geben Sie die E-Mail-Adressen ein und schreiben Sie einen kurzen Einladungstext. Klicken oder tippen Sie dann auf SENDEN. ➔

6. Verlassen Sie ONEDRIVE über das Schließkreuz in der obersten Leiste.

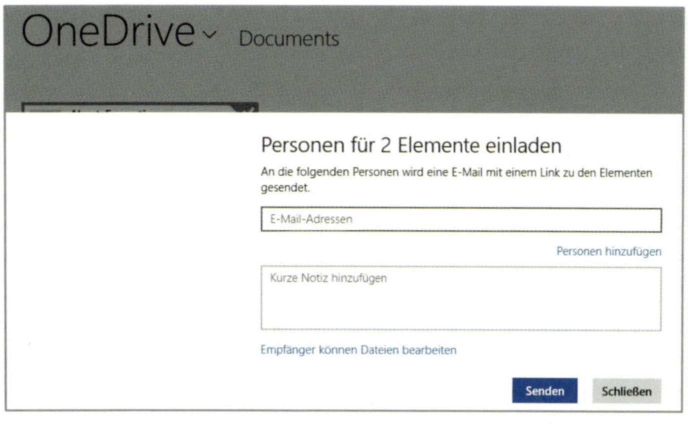

19 Schröder ISBN 978-3-8120-0815-0

12.4 Online-Folien gemeinsam bearbeiten

(Fortsetzung der vorangehenden Übung)

Übung

7. Als ausgewählte Person haben Sie nun eine Einladungs-E-Mail erhalten. Sie erhalten zugleich automatisch die Benachrichtigung, dass Dateien mit ihnen „geteilt" worden sind, sodass sie diese öffnen und in eigene Ordner speichern können. (Im nachfolgenden Bildschirmausschnitt wird auf 2 Dateien hingewiesen.)

1. Sehen Sie sich in der ONEDRIVE-Cloud an, um welche Dateien es sich handelt. Im folgenden Beispiel stehen eine WORD- und eine POWERPOINT-Datei bereit:

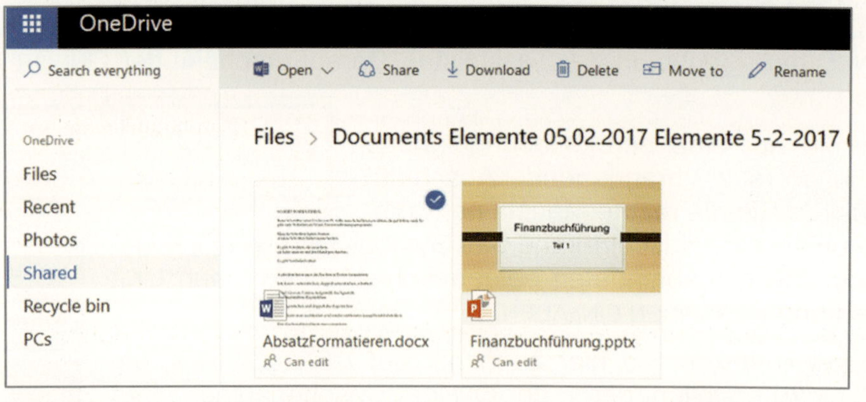

2. Sie können die Inhalte der Dateien nun lesen, die POWER-POINT-Bildschirmshow betrachten und alle Inhalte mithilfe von OFFICE-Apps bearbeiten. Die folgenden beiden Beispiele zeigen jeweils das Menüband mit den Werkzeugen von WORD ONLINE und POWERPOINT ONLINE:

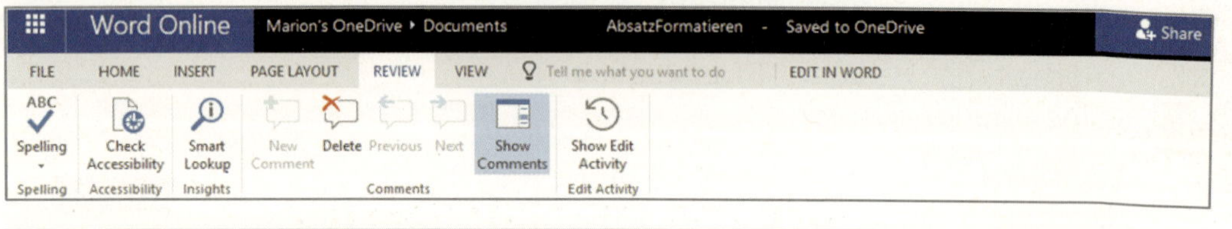

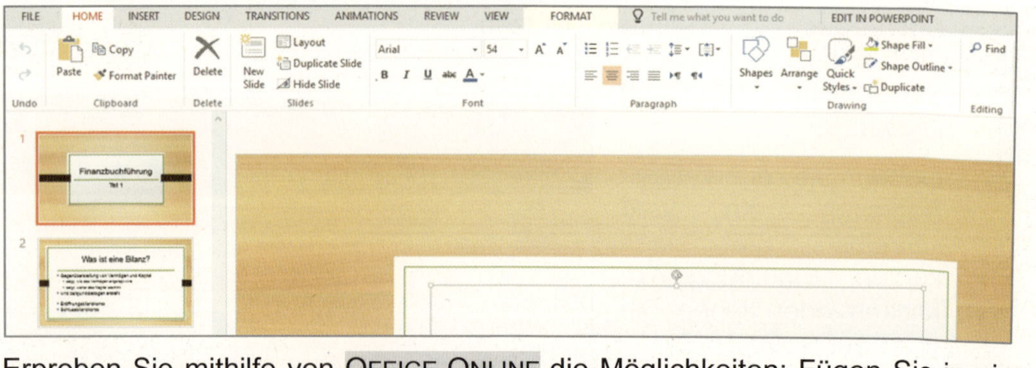

Erproben Sie mithilfe von OFFICE ONLINE die Möglichkeiten: Fügen Sie in eine POWERPOINT-Präsentation Textfelder mit Hinweisen für die anderen beteiligten Personen ein. Schreiben Sie einen Kommentar in ein Kommentarfeld (Register REVIEW). Zeichnen Sie auf die Folien kleine Skizzen.

Beispiel für einen Kommentar in POWERPOINT:

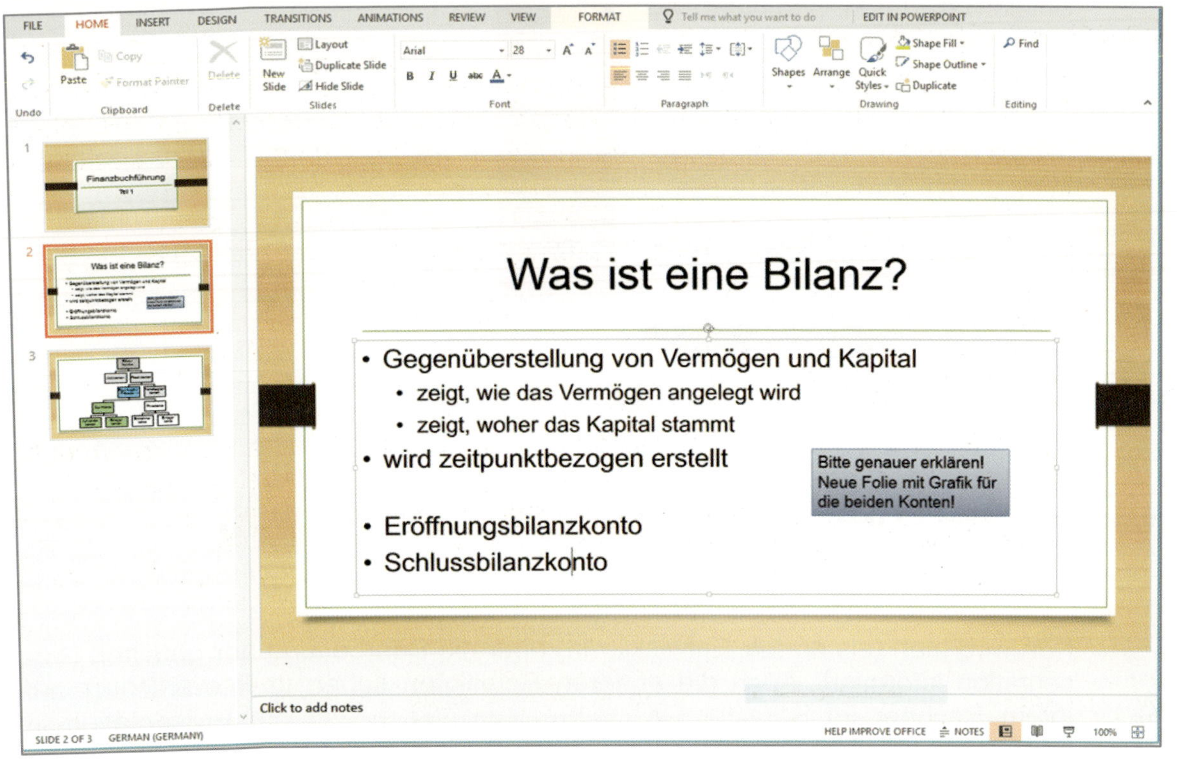

Sie können bei der Bearbeitung der Präsentation POWERPOINT-Online nutzen und auch den ONEDRIVE-Browser:

Downloaden Sie die bearbeiteten Dateien auf Ihren Computer, als Kopie, als PDF- oder als ODP-Datei.

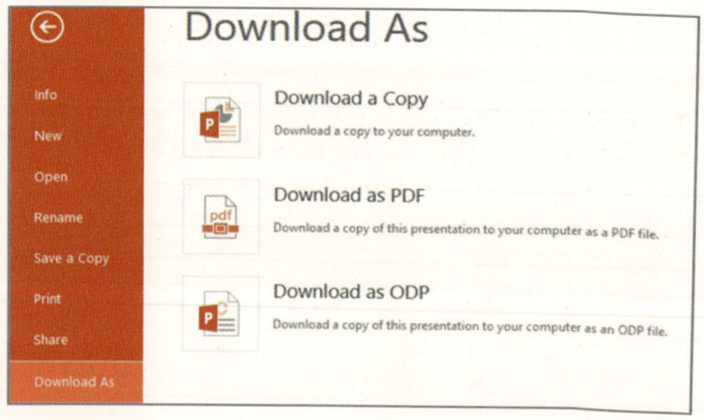

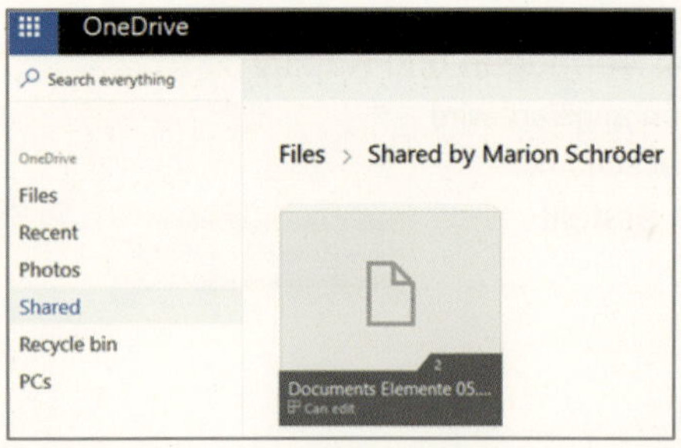

3. Nun wird man (als erste/r Entwickler/in) über die Bearbeitung der geteilten Präsentation informiert. Auch die anderen Beteiligten sehen in POWERPOINT auf Ihrem Rechner im Register DATEI, INFORMATIONEN, wer die Präsentation in ONEDRIVE aktuell bearbeitet und wann sie zuletzt aktualisiert worden ist.

4. Links daneben kann man über die Schaltfläche NACHRICHT SENDEN sofort einen Beitrag schreiben. Man kann die Präsentation auch im ONEDRIVE-Ordner auf dem eigenen Rechner öffnen, speichern und bearbeiten (bis man diese wieder freigibt, worüber wieder alle informiert werden, usw. …).

   Sobald Ihre Präsentation im ONEDRIVE-Ordner gespeichert ist und eine Internetverbindung besteht, werden die Inhalte automatisch auf Ihrem Rechner und in der Cloud synchronisiert.

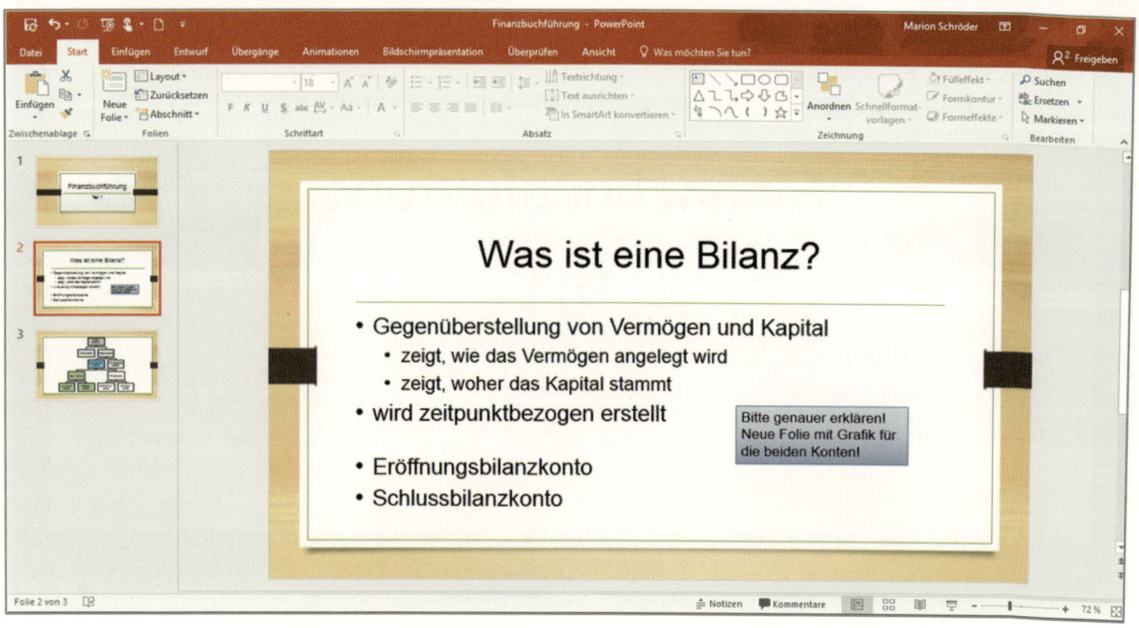

12.5 Präsentationen online vorführen

Online-Präsentationen haben den Vorteil, dass die Teilnehmenden nicht am selben Ort sein müssen, denn Online-Präsentationen laufen im Internet ab. Um eine Präsentation nur vorzuführen, kann man den Webbrowser des OFFICE-Präsentationsdienstes nutzen. Dabei braucht man einen Internetanschluss und auch ein MICROSOFT-Konto.

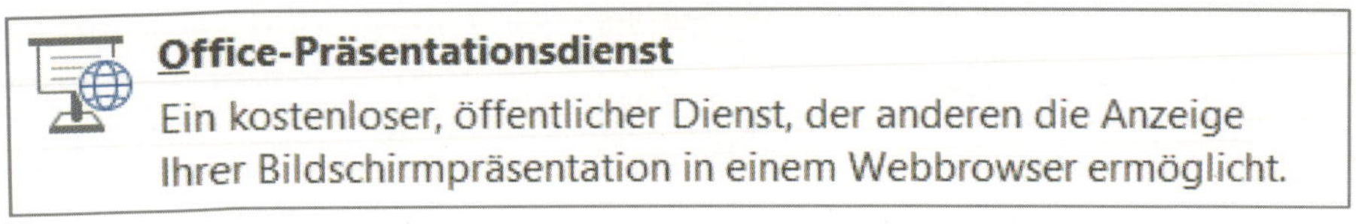

1. Für die Vorführung müssen Sie Ihre **POWERPOINT-Präsentation** noch freigeben: Wählen Sie in POWERPOINT das Register DATEI, FREIGEBEN, ONLINE VORFÜHREN und klicken oder tippen Sie auf die Schaltfläche ONLINE VORFÜHREN.

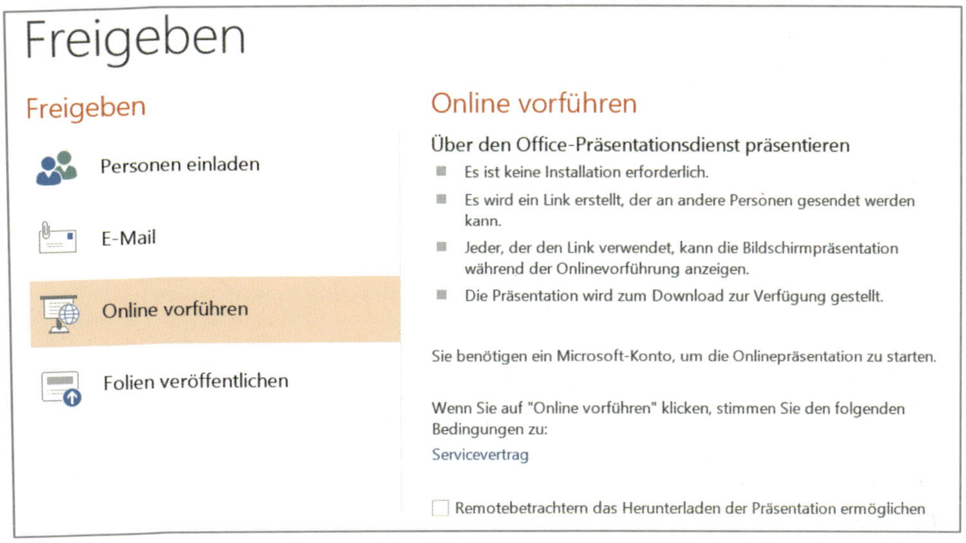

Lesen Sie die Ablaufbeschreibung zur Online-Vorführung ↑ im rechten Teil des Backstage-Bildschirms. Aktivieren Sie das Kontrollkästchen neben REMOTEBETRACHTERN DAS HERUNTERLADEN DER PRÄSENTATION ERMÖGLICHEN.

2. Anschließend wird eine Verbindung mit dem Präsentationsdienst hergestellt und ein Link angeboten, den Sie an die Teilnehmenden über die Schaltfläche ALS E-MAIL SENDEN weitergeben können.

   Danach öffnet sich Ihr OUTLOOK-Fenster mit der E-Mail, die bereits einen Text im Betreff und den Link enthält, sodass Sie nur noch die Adressen eingeben, einen Einladungstext schreiben und die E-Mail senden müssen.

   Über den Link blenden die eingeladenen Personen die Präsentation auf ihrem Rechner oder Tablet ein. Diese steht zugleich als Download zur Verfügung.

3. Über die Schaltfläche PRÄSENTATION STARTEN beginnt die Online-Präsentation. Während der Vorführung kann man oben im Menüband, Register ONLINE PRÄSENTIEREN, eine Reihe von Schaltflächen nutzen (EINLADUNGEN SENDEN, BESPRECHUNGSNOTIZEN FREIGEBEN, ONLINEPRÄSENTATION BEENDEN ...).

4. Beim Beenden der Online-Präsentation endet auch die Verbindung bei den Teilnehmenden.

12.6 PowerPoint-Präsentationen auf dem Smartphone

Wenn Sie Ihre POWERPOINT-Präsentationen auch auf Ihrem Smartphone nutzen wollen, finden Sie im WINDOWS STORE Apps für ONEDRIVE und die OFFICE-Programme. Sie können dann über eine Kachel vom Smartphone aus (WINDOWS PHONE, ANDROID, IOS) direkt auf die ONEDRIVE-Cloud zugreifen.

In ONEDRIVE werden die Ordner DOCUMENTS, PICTURES und E-MAIL-ANHÄNGE standardmäßig angezeigt. Sie können selbst weitere Ordner anlegen. Die POWERPOINT-, WORD-, EXCEL- und ONENOTE-Dateien in den Ordnern erkennt man sofort am bekannten Programm-Symbol.

1. Klicken oder tippen Sie auf die ONEDRIVE-Kachel auf Ihrem Smartphone und dann auf den Ordner, der Ihre POWERPOINT-Dateien enthält.
2. Öffnen Sie hier eine Präsentation. Dateien, die Sie auch für andere Personen freigegeben haben, sind gekennzeichnet durch das Wort GETEILT.
3. Sehen Sie sich die POWERPOINT-Folien an.
4. Unter jeder Folie erscheint der Text: KEINE NOTIZEN HINZUGEFÜGT (was bedeutet: Es gibt keinen Text auf der Notizenseite der Folie). Das können Sie ändern. Geben Sie ein paar Sätze in diesen Bereich ein und schreiben Sie auch auf die nachfolgenden Folien Notizentexte.
5. Speichern Sie die Datei.
6. Legen Sie Ihr Smartphone beiseite und starten Sie Ihren Rechner.
7. Sie können nun
   a. die Präsentation im WINDOWS-Explorer im Verzeichnis ONEDRIVE öffnen
   b. oder über die Kachel auf Ihrem Rechner ONEDRIVE aktivieren.

   Jedes Mal werden Sie die von Ihnen auf dem Smartphone eingegebenen Texte auf der Notizenseite der Präsentation wiederfinden. Dabei werden Sie aufgefordert, die Präsentation auch auf dem eigenen Rechner zu speichern.

12.7 PowerPoint auf elektronischen Whiteboards

Wie kann man POWERPOINT auf den neuen elektronischen Whiteboards nutzen (SMART BOARD, PROMETHEAN ACTIVBOARD, MIMIOBOARD, STARBOARD usw.…)?

Hier gibt es verschiedene Möglichkeiten:

- **Die klassische Variante:** Man nutzt das Whiteboard wie einen Computerbildschirm und arbeitet mit POWERPOINT wie gewohnt. Dazu gehört die Vorführung der Bildschirmshow, aber auch die gemeinsame Eingabe von Inhalten auf den Folien. Tipp: Nutzen Sie eine Funkmaus und Funktastatur, dann können sich alle Anwesenden beim Erfassen der Inhalte beteiligen.
- **Die Verknüpfung: PowerPoint-Inhalte und die Inhalte des selbst erstellten Tafelbildes miteinander verbinden und interaktiv nutzen.** Die POWERPOINT-Folien werden auf den Seiten des Whiteboard-Tafelprogramms eingefügt und mit den dort zur Verfügung stehenden Werkzeugen bearbeitet und angereichert (Inhalte hervorheben, kommentieren, durch Skizzen ergänzen, in interaktive Tafelbilder integrieren …). Beispiele:

In **ACTIVINSPIRE** (PROMETHEAN ACTIVBOARD) kann man die POWERPOINT-Folien gleich auf zweifache Weise einfügen:

- als Bilder: Register DATEI, IMPORTIEREN, **POWERPOINT ALS BILDER**.

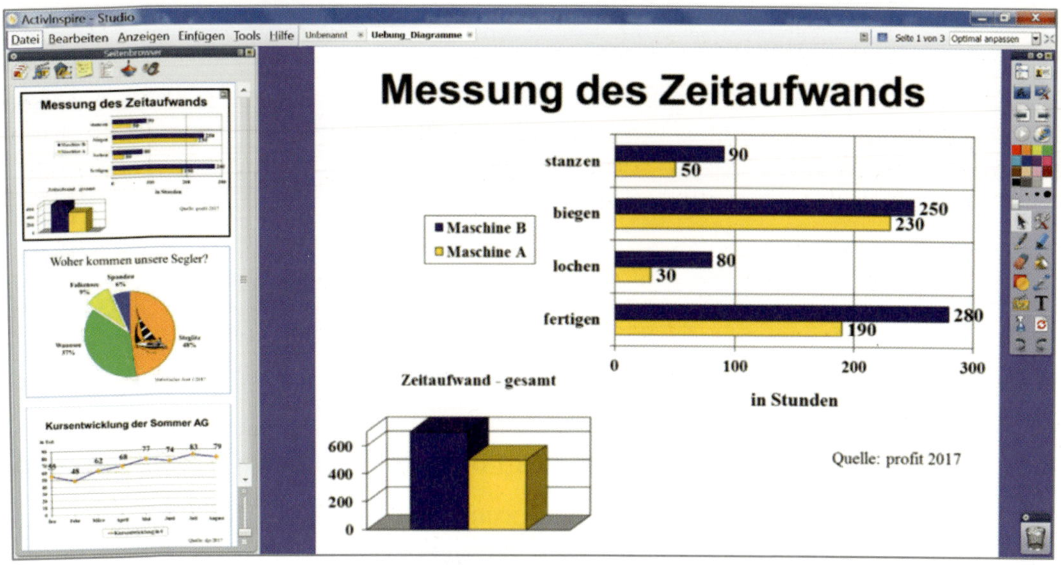

POWERPOINT-Folien als Tafelseiten im Whiteboard-Programm

- oder durch die Übertragung der einzelnen Folienobjekte (Texte, Diagramme, Fotos, Formen usw.), die man auf dem Whiteboard bewegen, umstrukturieren, verändern und mit den bereits vorhandenen Objekten verbinden kann. Der Befehl lautet hier: Register DATEI, IMPORTIEREN, **POWERPOINT ALS OBJEKTE**.

POWERPOINT mit beweglichen Objekten in Verbindung mit Objekten des Whiteboard-Programms

Außerdem kann man POWERPOINT-Präsentationen im ACTIVINSPIRE-Programm in einem Ressourcen-Ordner ablegen und jederzeit aktivieren (auch durch eine Verknüpfung, die von einem Objekt auf der Tafel ausgeht).

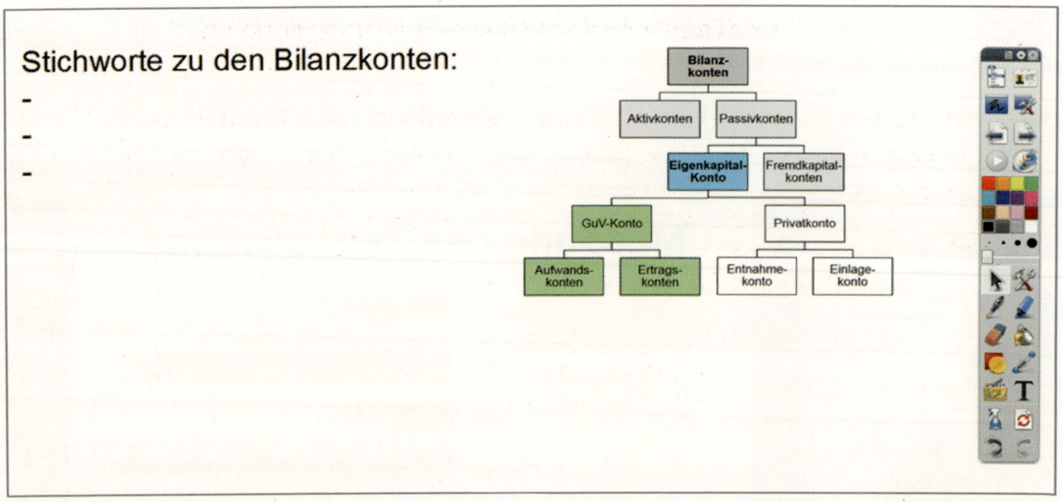

POWERPOINT-Folienbild rechts oben als Anreger für die Wiederholung des Unterrichtsstoffs

Auch auf dem SMART BOARD kann man im **SMART NOTEBOOK-Tafelprogramm**

- POWERPOINT-Präsentationen importieren und die Folien auf den Whiteboard-Seiten bearbeiten (Register DATEI, IMPORTIEREN).
- Außerdem lassen sich die im Unterricht erstellten Tafelseiten als POWERPOINT-Folien abspeichern (Register DATEI, EXPORTIEREN ALS, POWERPOINT).

* s.a. Merkur-Verlag. M. Schröder: *„SMART Board-Einsatz: Neue Wege im Wirtschaftsunterricht“.* Kapitel *4.2 Tafelinhalte nach PowerPoint senden, aus PowerPoint Folien importieren.*

Weitere Whiteboard-Programme unterstützen den Import von POWERPOINT-Präsentationen. **MIMIOSTUDIO NOTEBOOK**, das Whiteboard-Programm des MIMIOBOARDS, bildet die Folien auf den einzelnen Tafelseiten jeweils als Hintergrundbild ab (Einfügen der Präsentation über DATEI, ÖFFNEN). Das **HITACHI-STARBOARD-**Programm zeigt nach dem Öffnen der Präsentation automatisch die Bildschirmshow, wobei man die Folien auch mit den Whiteboard-Stiften beschriften kann.

Auf diese Weise geht die Entwicklung von POWERPOINT-Präsentation mit der Entwicklung der neuen Medien einher. Die Verknüpfung der technischen Möglichkeiten macht Lehrenden und Lernenden viel Spaß und eröffnet neue didaktische Experimentier- und Erfahrungsräume. Dabei bleibt die Technik ein Hilfsmittel der Unterrichtdidaktik.

POWERPOINT-Präsentationen können Lernen unterstützen und erleichtern. Hier die geeigneten Wege zu finden, bleibt eine spannende und immer neue Aufgabe.

Für die Entwicklung, Vorführung und
gemeinsame Nutzung Ihrer PowerPoint-Präsentationen
wünschen Ihnen die Autorin und der Merkur-Verlag

viel Freude und Erfolg!

Anhang

PowerPoint starten	Windows 7: Windows-Schaltfläche, Alle Programme, Microsoft Office, Microsoft PowerPoint 2016 Windows 8, Windows 8.1 und Windows 10: PowerPoint-Kachel
PowerPoint beenden	Schließkreuz / Alt F4
Neue Präsentation	Datei, Neu / Strg n
Neue Folie einfügen	Start, Neue Folie / Strg m
Folienlayout ändern	Start, Layout
Folie duplizieren	Start, Neue Folie, Ausgewählte Folien duplizieren
Präsentation speichern	Datei, Speichern / Strg s
Speichern unter einem neuen Namen oder Dateityp	Datei, Speichern unter / F12
Präsentation schließen	Datei, Schließen
Präsentation öffnen	Datei, Öffnen / Strg o
Präsentation drucken	Datei, Drucken / Strg F2
Bearbeitungsansichten	Ansicht, Foliensortierung
	Ansicht, Notizenseite
	Ansicht, Leseansicht
	Ansicht, Normal
	Ansicht, Gliederungsansicht
Bildschirmshow	Bildschirmpräsentation, Von Beginn an / F5
Lineal ein-/ausschalten	Ansicht, Lineal / Alt Umschalt F9
Gitternetzlinien ein-/aus	Ansicht, Gitternetzlinien / Strg F9
Führungslinien	Ansicht, Führungslinien / Umschalt F9
Gestaltungsleiste (ein/aus)	Alt F10
Kontextmenü	Umschalt F10
Schrift formatieren	Start, Gruppe Schriftart
Dialogfeld Schriftart	Strg t
Symbol einfügen	Einfügen, Symbol
Formel einfügen	Einfügen, Formel

20 Schröder ISBN 978-3-8120-0815-0

Format übertragen	START, FORMAT ÜBERTRAGEN
Absatz formatieren	START, Gruppe ABSATZ
Aufzählungszeichen und Nummerierung	START, AUFZÄHLUNGSZEICHEN START, NUMMERIERUNG
Gliederungsebene ändern	START, LISTENEBENE ERHÖHEN START, LISTENEBENE VERRINGERN
Zeilenabstand ändern	START, ZEILENABSTAND
Spalten	START, SPALTEN HINZUFÜGEN oder ENTFERNEN
Datum und Uhrzeit einfügen	EINFÜGEN, DATUM UND UHRZEIT
Fußzeile einfügen	EINFÜGEN, KOPF- UND FUßZEILE
Text suchen	START, SUCHEN / STRG f
Text ersetzen	START, ERSETZEN / STRG + h
Text oder andere Objekte auf den Folien kopieren	START, KOPIEREN / STRG c START, EINFÜGEN / STRG v
Text oder andere Objekt auf den Folien verschieben	START, AUSSCHNEIDEN / STRG x START, EINFÜGEN / STRG v
Textfeld mit Farbe füllen	START, SCHNELLFORMATVORLAGEN
Rückgängig	Schaltfläche RÜCKGÄNGIG / STRG z
SMARTART-Objekt einfügen	EINFÜGEN, SMARTART
Text in eine SMARTART-Grafik umwandeln	START, IN EINE SMARTART-GRAFIK KONVERTIEREN
WORTART-Objekt einfügen	EINFÜGEN, WORDART
WordArt-Format	FORMAT, Gruppe WORDART-FORMATE
Textfeld einfügen	EINFÜGEN, TEXTFELD
Bild einfügen	EINFÜGEN, BILDER
Online-Bilder einfügen	EINFÜGEN, ONLINEGRAFIKEN
Bildschirm-Schnappschuss	EINFÜGEN, SCREENSHOT
Fotoalbum erstellen	EINFÜGEN, FOTOALBUM

Bildteile ausschneiden	FORMAT, Schaltlfäche ZUSCHNEIDEN
Bildteile entfernen	FORMAT, FREISTELLEN
Form und Linien einfügen	EINFÜGEN, FORMEN
Objekt in den Vordergrund Objekt in den Hintergrund	FORMAT, EBENE NACH VORNE FORMAT, EBENE NACH HINTEN
Objekte gruppieren Objekte entgruppieren	FORMAT, GRUPPIEREN FORMAT, GRUPPIEREN, GRUPPIERUNG AUFHEBEN
Folienformat ändern	ENTWURF, FOLIENGRÖßE
Hoch- und Querformat	ENTWURF, FOLIENGRÖßE
Kopf- und Fußzeilen	EINFÜGEN, KOPF- UND FUßZEILE
Hintergrund ändern	ENTWURF, HINTERGRUND FORMATIEREN
Design-Vorlagen-Katalog	ENTWURF, Gruppe DESIGNS
Folienmaster	ANSICHT, FOLIENMASTER
Handzettelmaster	ANSICHT, HANDZETTELMASTER
Notizenmaster	ANSICHT, NOTIZENMASTER
Eine selbst erstellte Mastervorlage speichern	DATEI, SPEICHERN UNTER, DATEITYP: POWERPOINT-VORLAGE (.POTX)
Objekte animieren	ANIMATIONEN
Video einfügen	EINFÜGEN, VIDEO
Video bearbeiten	FORMAT (VIDEOTOOLS)
Audio-Objekt einfügen	EINFÜGEN, AUDIO
Audio-Objekt bearbeiten	FORMAT (AUDIOTOOLS)
Folienübergänge zuweisen	ÜBERGÄNGE, Gruppe ÜBERGANG ZU DIESER FOLIE
Einblendzeiten der Folien festlegen	ÜBERGÄNGE, Gruppe ANZEIGEDAUER
Anzeigedauer testen	BILDSCHIRMPRÄSENTATION, NEUE ANZEIGEDAUERN TESTEN
Endlosshow	BILDSCHIRMPRÄSENTATION, BILDSCHIRMPRÄSENTATION EINRICHTEN, ANSICHT AN EINEM KIOSK

Video aus einer Bildschirmpräsentation erstellen	DATEI, EXPORTIEREN, VIDEO ERSTELLEN
Bildschirmpräsentation aufzeichnen (mit Laserpointer, Anzeigerdauer der Folie und ggf. auch Sprechertext)	BILDSCHIRMPRÄSENTATION, BILDSCHIRMPRÄSENTATION AUFZEICHNEN
Eine Audioaufnahme in der Präsentation einfügen	EINFÜGEN, AUDIO, AUDIOAUFNAHME
Tabelle einfügen	EINFÜGEN, TABELLE
Tabelle aus EXCEL einfügen	EINFÜGEN, OBJEKT, AUS DATEI ERSTELLEN
Diagramm einfügen	EINFÜGEN, DIAGRAMM
Persönliche Vorführung: Navigationshilfen	Während der Bildschirmshow F1 drücken
Laserpointer während der Präsentationsvorführung	STRG + Maus bewegen
Mehrere Monitore nutzen	BILDSCHIRMPRÄSENTATION, BILDSCHIRMPRÄSENTATION EINRICHTEN
Zielgruppenorientierte Präsentation anlegen	BILDSCHIRMPRÄSENTATION, BENUTZERDEFINIERTE BILDSCHIRMPRÄSENTATION, ZIELGRUPPENORIENTIERTE PRÄSENTATIONEN
Hyperlinks einfügen	EINFÜGEN, AKTION
Interaktive Schaltflächen einfügen	EINFÜGEN, FORMEN, Kategorie INTERAKTIVE SCHALTFLÄCHEN
Schreibschutz einrichten	DATEI, INFORMATIONEN, PRÄSENTATION SCHÜTZEN, ALS ABGESCHLOSSEN KENNZEICHNEN
Kennwort vergeben	DATEI, INFORMATIONEN, PRÄSENTATION SCHÜTZEN, MIT KENNWORT VERSCHLÜSSELN
Präsentation als Bildschirmshow speichern	DATEI, SPEICHERN UNTER, Dateityp: POWERPOINT-BILDSCHIRMPRÄSENTATION (*.PPSX)
Präsentation für ältere POWERPOINT-Versionen	DATEI, SPEICHERN UNTER, Dateityp: POWERPOINT 97-2003-PRÄSENTATION (*.PPT)
Präsentation als PDF-Datei abspeichern	DATEI, SPEICHERN UNTER, Dateityp: PDF (*.PDF) oder DATEI, EXPORTIEREN, PDF/XPS-DOKUMENT
Folien nach MICROSOFT WORD senden	DATEI, EXPORTIEREN, HANDZETTEL ERSTELLEN
Präsentation in ein Video umwandeln	DATEI, EXPORTIEREN, VIDEO ERSTELLEN
Präsentation auf CD packen	DATEI, EXPORTIEREN, BILDSCHIRMPRÄSENTATIONEN FÜR CD VERPACKEN

Stichwortverzeichnis